普通高等教育“十二五”规划教材（高职高专教育）

建设工程投资控制

主　编　雷建平
副主编　史永红　侯文婷
编　写　白　静　郭文娟　陈　红
主　审　斯　庆

中国电力出版社
CHINA ELECTRIC POWER PRESS

内 容 提 要

本书为普通高等教育“十二五”规划教材（高职高专教育）。全书分为8章，主要内容为建设工程投资控制概述、建设工程投资构成、建设工程投资确定的依据、建设工程决策阶段的投资控制、建设工程设计阶段的投资控制、建设工程招标阶段的投资控制、建设工程施工阶段的投资控制、建设工程竣工决算阶段的投资控制及附录复利系数表。书中内容全面、完整，构成新颖，针对性强、实践性强，章节编排合理，以理论知识的讲解为基础，辅以大量的案例与习题，理论与实践有机结合，从全新的角度培养学生掌握相应技能，操作性强，涉及面广。

本书可作为高职高专院校工程监理、建筑工程管理、工程造价等专业的教材，也可作为工程技术人员及相关人员学习的参考书。

图书在版编目（CIP）数据

建设工程投资控制/雷建平主编. —北京：中国电力出版社，2012.2（2017.8重印）

普通高等教育“十二五”规划教材. 高职高专教育

ISBN 978-7-5123-2356-8

Ⅰ. ①建…　Ⅱ. ①雷…　Ⅲ. ①基本建设投资-控制-高等职业教育-教材　Ⅳ. ①F283

中国版本图书馆CIP数据核字（2011）第236891号

中国电力出版社出版、发行

（北京市东城区北京站西街19号　100005　http://www.cepp.sgcc.com.cn）

航远印刷有限公司印刷

各地新华书店经售

*

2012年2月第一版　　2017年8月北京第五次印刷

787毫米×1092毫米　16开本　15.5印张　379千字

定价 **27.00** 元

前　言

随着我国建设行业的不断加快发展，其相关各方面的理论知识也在不断深入研究，建设工程投资控制作为建设行业一项基本理论，受到越来越多的瞩目和重视。为适应职业技术教育的发展需要，结合高职高专监理、造价等相关专业的培养目标，依据建设工程投资控制课程的教学大纲，查阅大量文献，以理论联系实际、提高职业能力为目标编写了本书。

本书较为系统地讲解了建设工程投资的构成、建设工程投资确定的依据、决策阶段的投资控制、设计阶段的投资控制、招投标阶段的投资控制、施工阶段的投资控制以及竣工验收阶段的投资控制。全书内容全面、完整，构成新颖，针对性强、实践性强，章节编排合理，以理论知识的讲解为基础，辅以大量的案例与习题，理论与实践有机结合，从全新的角度培养学生相应的技能，操作性强，涉及面广。本书适用于高职高专院校工程监理、建筑工程管理、工程造价等专业。

本书由内蒙古建筑职业技术学院雷建平任主编，内蒙古建筑职业技术学院史永红、侯文婷任副主编，内蒙古建筑职业技术学院郭文娟、白静、陈红参编，全书由雷建平负责统稿。内蒙古建筑职业技术学院斯庆对本书进行了审读，并提出诸多宝贵意见，在此表示感谢！

由于作者水平有限，书中难免存在不足和疏漏之处，敬请各位读者批评指正。

编　者

2011 年 10 月

目　录

第1章　建设工程投资控制概述

学习目标

熟悉掌握建设工程总投资的构成及相关费用的含义；了解建设工程投资的特点；熟悉建设工程投资控制的目标及具体知识内容；掌握建设工程投资控制的措施；理解并掌握建设工程投资控制的动态过程。

1.1　建设工程投资的概念

建设工程投资控制，就是在投资的决策阶段、设计阶段、发包阶段、施工阶段以及竣工阶段，把建设工程投资控制在批准的投资限额以内，随时纠正实际中发生的偏差，保证项目投资目标的实现，以求在建设工程中合理使用人力、物力、财力，取得较好的投资效益和社会效益。

1.1.1　建设工程投资

建设工程总投资一般是指进行某项工程建设花费的全部费用。生产性建设工程总投资包括建设投资、流动资产投资和建设期利息；非生产性建设工程总投资也称为固定资产投资只包括建设投资和建设期利息。建设投资和建设期利息总称为固定资产投资。

一、建设投资

建设投资由设备工器具购置费、建筑安装工程费、工程建设其他费用、预备费（包括基本预备费和涨价预备费）组成。

（1）设备工器具购置费，是指按照建设工程设计文件的要求，建设单位（或其委托单位）购置或自制达到固定资产标准的设备和新、扩建项目配置的首套工器具及生产家具所需的费用。设备及工器具购置费由设备原价、工器具原价和运杂费（包括设备成套公司服务费）组成。

（2）建筑安装工程费，是指建设单位用于建筑和安装工程方面的投资，它由建筑工程费和安装工程费两部分组成。

（3）工程建设其他费用，是指未纳入以上两项的，根据设计文件要求和国家有关规定应由项目投资支付的、为保证工程建设顺利完成和交付使用后能够正常发挥效用而发生的一些费用，主要包括土地使用费、与项目建设有关的费用和与未来企业生产经营有关的费用。

（4）预备费，按我国现行规定，预备费包括基本预备费和涨价预备费。其中基本预备费是指在项目实施中可能发生的难以预料的支出，需要预先预留的费用，又称不可预见费；涨价预备费是指建设工程项目在建设期内由于价格等变化引起投资增加，需要事先预留的费用。

【例1-1】 下列与涨价预备费相关的项目包括（ ）。

A. 建筑安装工程费 B. 设备及工器具购置费

C. 工程建设其他费用 D. 价格上涨指数

E. 建设期

解析： 正确答案为A、B、D、E。本题考查的是预备费中的涨价预备费的构成情况。

【例1-2】 生产性建设工程总投资包括（ ）。

A. 建设投资和流动资金 B. 建设投资和铺底流动资金、建设期利息

C. 静态投资和动态投资 D. 固定资产投资和无形资产投资

解析： 正确答案为B。本题考查的是生产性建设工程总投资和非生产性建设工程总投资构成上的不同。

二、流动资产投资

流动资产投资是指生产性建设工程项目为保证生产和经营正常进行，按规定应列入建设工程项目总投资的流动资金。生产性建设项目总投资包括固定资产投资和包含铺底流动资金在内的流动资产投资两部分。铺底流动资金是项目投产初期所需，为保证项目建成后进行试运转所必需的流动资金，一般按项目建成后所需全部流动资金的30%计算。

三、建设期利息

在建设投资分年计划的基础上可以设定初步融资方案，对采用债务融资的技术方案应该计算建设期利息。建设期利息是指筹措债务资金时在建设期内发生并按规定允许在投产后计入固定资产的利息。

四、静态投资和动态投资部分

固定资产投资由静态投资部分与动态投资部分组成，只有这样才能共同构成完整的固定资产投资。

(1) 静态投资部分，是针对某一基准日期，完成项目建设所需要的投资，主要包括设备工器具购置费、建筑安装工程费、工程建设其他费用、基本预备费。

(2) 动态投资部分，是指在建设期内，因建设期利息和国家新批准的税率、汇率、利率变动以及建设期价格变动引起的建设投资增加额，包括涨价预备费和建设期利息等。

【例1-3】 某建设工程项目设备工器具购置费为3500万元，建筑安装工程费为1500万元，工程建设其他费为700万元，基本预备费为300万元，涨价预备费为150万元，建设期贷款利息为125万元，铺底流动资金为130万元，分析该项目的静态投资和动态投资部分。

解析： 本题考查的是固定资产投资静态投资部分和动态投资部分的组成。项目的静态投资部分为设备工器具购置费、建筑安装工程费、工程建设其他费和基本预备费；项目的动态投资部分为涨价预备费和建设期利息。

该项目静态投资额为3500＋1500＋700＋300＝6000万元；动态投资额为150＋125＝275万元。

五、工程造价

工程造价是指进行某项工程建设预计或实际发生的全部固定资产投资费用。在这个意义上，工程造价与建设投资的概念一致。因此，在讨论建设投资时，经常使用工程造价这个概念。在实际应用中工程造价还可指工程价格，即为建成一项工程，预计或实际在土地市场、设备市场、技术劳务市场以及承包市场等交易活动中所形成的建筑安装工程价格和建设工程的总价格。

1.1.2 建设工程投资的特点

建设工程投资的特点是由建设工程的特点决定的。

一、建设工程投资数额巨大

2008 年交付使用的中央电视台总部大楼耗费了将近 50 亿元人民币，被美国《时代》周刊评选为 2007 年世界十大建筑奇迹之一，产生了非常大的影响。由此可以看出，建设工程投资数额是非常巨大的，对所属地方的国计民生也会产生重大的影响，从这一点上也说明了建设工程管理的重要意义。

二、建设工程投资差异明显

每个建设工程都有其特定的用途、功能、规模，每项工程的结构、空间分割、设备配置和内外装饰都有不同的要求，工程内容和实物形态都有其差异性。同样的工程处于不同的地区在人工、材料、机械消耗上也有差异。所以，建设工程投资的差异十分明显。

三、建设工程投资需要单独计算

每个建设工程都有专门的用途，所以在结构、面积、造型和装饰上也不尽相同，即技术水平、技术等级和建筑标准也有差别。建设工程还必须在结构、造型等方面适应工程所在地的气候、地质、水文等自然条件。因此，建设工程只能通过特殊的程序（编制估算、概算、预算、合同价、结算价及最后确定竣工决算等），就每项工程单独计算其投资。

四、建设工程投资确定依据复杂

在不同的建设阶段有不同的确定依据，且互为基础和指导，互相影响。如施工定额是预算定额编制的基础，预算定额又是概算定额编制的基础。而概算指标一般又是在预算定额和概算定额的基础上编制的。所以说建设工程投资的确定依据非常多，并且相互之间关系复杂。

五、建设工程投资确定层次繁多

凡是按照一个总体设计进行建设的各个单项工程汇集的总体为一个建设项目。在建设项目中凡是具有独立的设计文件、竣工后可以独立发挥生产能力或工程效益的工程为单项工程，也可将它理解为具有独立存在意义的完整的工程项目。各单项工程又可分解为各个能独立施工的单位工程。

由于工程项目及其投资具有单件性的特点，导致确定建设投资时，需要通过层层分解寻找其中最基本的构成要素（分项工程）；然后，依次分别计算分项工程、分部工程、单位工程、单项工程的投资，最后才能汇总形成建设工程或建设项目的投资。可见建设工程投资应该理解分部工程、分项工程、单位工程、单项工程、建设项目几个层次的含义。

六、建设工程投资需要动态跟踪调整

各项建设工程在建设期都会出现一些不可预料的变化因素，如工程设备、材料价格变化、国家利率调整、不可抗力出现或因承包方、发包方原因等，这此因素必然会引起建设工程投资的变动。所以，建设工程投资在整个建设期内都需随时进行动态跟踪、调整，直至决算后，才能形成建设工程投资。因此，建设工程投资在工程项目长期的建设中必须保持动态的管理。

1.2　建设工程投资控制的原理

1.2.1　建设工程投资控制的目标

一、建设工程投资控制目标

控制这一管理手段的运用是为了确保项目目标的顺利实现，目标的设置是严肃的、科学的。

建设工程投资控制的目标，是指通过有效的投资控制工作和具体的投资控制措施，在满足进度和质量要求的前提下，力求使工程实际投资不超过计划投资。“实际投资不超过计划投资”可能表现为以下几种情况：

（1）在投资目标分解的各个层次上，实际投资均不超过计划投资。这是最理想的情况，是投资控制追求的最高目标。

（2）在投资目标分解的较低层次上。实际投资在有些情况下超过计划投资，在大多数情况下不超过计划投资，因而在投资目标分解的较高层次上，实际投资不超过计划投资。

（3）实际总投资未超过计划总投资，在投资目标分解的各个层次上，都出现实际投资超过计划投资的情况，但在大多数情况下实际投资未超过计划投资。

后两种情况虽然存在局部的超投资现象，但建设工程的实际总投资未超过计划总投资，因而仍然是令人满意的结果。

二、系统控制

在确定投资目标时，需要对投资、进度、质量这三大目标进行反复协调和平衡，力求实现整个目标系统最优。当采取某项投资控制措施时，如果这项措施会对进度目标和质量目标产生不利的影响，就要考虑是否还有别的更好的措施，要慎重决策。系统控制的思想就是要实现目标规划与目标控制之间的统一，三大目标控制的统一。

三、全过程控制

所谓全过程，是指建设工程实施的全过程或工程建设全过程。建设工程的实施阶段包括设计阶段（含设计准备）、招标阶段、施工阶段以及竣工验收和保修阶段。在这几个阶段中都要进行投资控制，但从投资控制的任务来看，主要集中在前三个阶段。

虽然建设工程的实际投资主要发生在施工阶段，但节约投资的可能性却主要在施工以前的阶段，尤其是在设计阶段。在明确全过程控制的前提下，还要特别强调早期控制的重要性，越早进行控制，投资控制的效果越好，节约投资的可能性越大。如果能实现工程建设全过程投资控制，效果应当更好。

四、全方位控制

对投资目标进行全方位控制。包括两种含义：一是对按工程内容分解的各项投资进行控制，即对单项工程、单位工程、分部分项工程的投资进行控制；二是对按总投资构成内容分解的各项费用进行控制，即对建筑安装工程费用、设备和工器具购置费用以及工程建设其他费用等都要进行控制。通常，投资目标的全方位控制主要是指上述第二种含义。

在对建设工程投资进行全方位控制时，应注意以下几个问题：一是认真分析建设工程及其投资构成的特点，了解各项费用的变化趋势和影响因素；二是抓主要矛盾，有所侧重；三是根据各项费用的特点选择适当的控制方式。

【例1-4】 在建设项目中，凡是具有独立设计文件、竣工后可以独立发挥生产能力的工程是（　　）。

A. 分部工程　　B. 分项工程　　C. 单项工程　　D. 单位工程

解析：正确答案为C。在建设工程中单项工程是指在建设项目中具有独立设计文件，竣工后可以独立发挥生产能力和工程效益的工程；单位工程是指可以独立施工的工程；分部工程是指不同工人使用不同工具和材料完成的部分；分项工程是指按不同施工方法、构造和规格分解的。

1.2.2　建设工程投资控制的重点

一、建设工程投资控制的重点

投资控制贯穿于项目建设的全过程，这一点是毫无疑义的，但控制哪一阶段可起到事半功倍的效果是十分重要的。从目前我国情况看，影响项目投资最大的阶段是约占工程项目建设周期 1/4 的技术设计结束前的工作阶段。

在初步设计阶段影响项目投资的可能性约为 75%～95%；在技术设计阶段影响项目投资的可能性约为 35%～75%；在施工图设计阶段影响项目投资的可能性约为 5%～35%。从以上分析可知，项目投资控制的重点在于施工以前的投资决策和设计阶段，一旦项目做出决策后，控制项目投资的关键就在于设计，而目前设计费用一般只占全部工程投资费用的 1% 以下，但正是这微不足道的费用却基本决定了几乎全部随后的费用。

由此可见，设计对整个建设工程的效益是何等重要，正因为如此，把握好设计图实施前的阶段是十分必要的。

二、建设工程投资控制的措施

要有效的控制项目投资，应从组织、技术、经济、合同与信息管理等多方面采取措施。

（一）组织措施

从组织上采取措施，包括明确项目组织结构，明确项目投资控制者及其任务，以使项目投资控制有专人负责，明确管理职能分工。

（二）技术措施

从技术上采取措施，包括重视设计多方案选择，严格审查监督初步设计、技术设计、施工图设计、施工组织设计，深入技术领域研究节约投资的可能性。

（三）经济措施

从经济上采取措施，包括动态地比较项目投资的实际值和计划值，严格审核各项费用支出，采取节约投资的奖励措施等。

从上述措施中可以看到，要想有效地控制建设工程投资最有效的手段就是技术和经济的有机结合，要通过技术比较和经济分析效果评价，正确处理技术先进和经济合理两者之间对立统一的关系，力求达到技术先进下的经济合理，合理基础上的技术先进。

【例 1-5】 在项目投资控制过程中，动态地比较项目投资的实际值和计划值，这一措施属于（　　）。

A. 技术措施　　B. 经济措施　　C. 组织措施　　D. 管理措施

解析： 正确答案为 B。本题考查的是对于建筑工程投资控制措施的灵活运用。

1.2.3　建设工程投资控制动态原理

投资控制是项目控制的主要内容之一。这种控制是动态的，并贯穿于项目建设的始终。

（一）投资控制流程应每两周或一个月循环一次

具体表达的含义如下：

(1) 项目投入，即把人力、物力、财力投入到项目实施中。

(2) 在工程进展过程中，必定存在各种各样的干扰，如恶劣天气、设计出图不及时等。

(3) 收集实际数据，即对工程进展情况进行评估。

(4) 把投资目标的计划值与实际值进行比较。

(5) 检查实际值与计划值有无偏差，如果没有偏差，则工程继续进展，继续投入人力、物力和财力等；如果有偏差，则需要分析产生偏差的原因，采取控制措施。

（二）在投资控制这一动态控制过程中，应着重做好几项工作

(1) 对计划目标值的论证和分析。

(2) 及时对工程进展做出评估，即收集实际数据。

(3) 进行项目计划值与实际值的比较，判断是否存在偏差。

(4) 采取控制措施以确保投资控制目标的实现。

投资控制原理如图 1－1 所示。

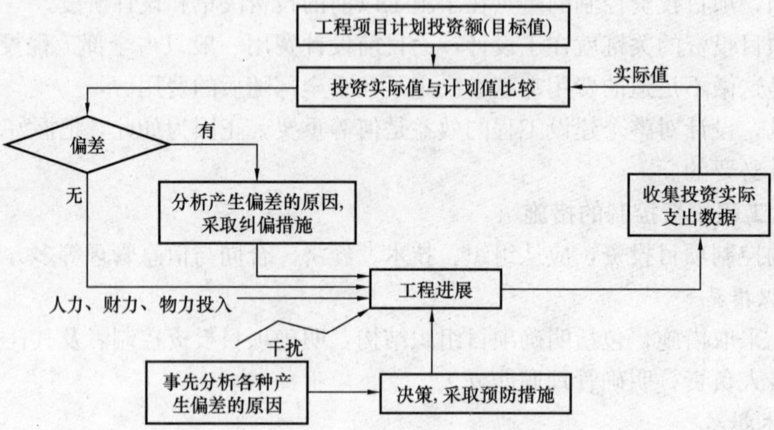

图 1－1 投资控制原理图

本 章 小 结

本章介绍了建设工程投资控制的基本知识点，主要内容包括建设工程总投资的构成、构成各种费用的含义、投资目标的确定及建设工程投资原理的具体流程情况等知识。建设工程投资控制涉及建设工程周期的各个阶段，通过对各个阶段投资的控制并合理使用建设过程中的人力、物力和财力，从而使建设工程具备一定的社会效益和经济效益。学生通过本章基础知识的学习也可以为此后其他章节的学习奠定一定的基础。

习 题

一、单选题（每题的备选项中，只有 1 项为正确选项）

1. 建设工程投资中的积极投资部分是指（　　）。

A. 建筑安装工程费　　B. 设备工器具购置费

C. 工程建设其他费　　D. 固定资产投资方向调节税

2. 生产性建设工程总投资包括（　　）两部分。

A. 建设投资和流动资金　　B. 固定资产投资和流动资产投资

C. 静态投资和动态投资　　D. 固定资产投资和无形资产投资

3. 某项目设备工器具购置费为 2000 万元，建筑安装工程费为 1500 万元，工程建设其他费为 500 万元，基本预备费为 200 万元，涨价预备费为 100 万元，建设期贷款利息为 120 万元，铺底流动资金为 100 万元，则该项目的静态投资为（　　）万元。

A. 4000　　B. 4200　　C. 4300　　D. 4420

4. 在建设投资中，（　　）属于动态投资部分。

A. 基本预备费　　B. 建设期利息　　C. 设备运杂费　　D. 铺底流动资金

5. 在建设项目中，凡是具有独立的设计文件，竣工后可以独立发挥生产能力或工程效益的工程称为（　　）。

A. 分项工程　　B. 分部工程　　C. 单位工程　　D. 单项工程

6. 铺底流动资金按（　　）计算。

A. 流动资金的 30%　　B. 资金的 30%

C. 资金的 20%　　D. 流动资金的 20%

7. 在建设投资中，（　　）属于静态投资部分。

A. 基本预备费　　B. 建设期利息

C. 设备运杂费　　D. 铺底流动资金

8. 技术设计阶段影响项目投资的可能性约为（　　）。

A. 35%～75%　　B. 5%～35%

C. 75%～95%　　D. 5%～15%

9. 建设工程投资控制发生在（　　）。

A. 设计阶段　　B. 准备阶段

C. 所有阶段　　D. 项目准备阶段

10. 动态地比较项目投资的实际值和计划值是属于（　　）。

A. 技术措施　　B. 经济措施

C. 组织措施　　D. 管理措施

二、多选题（每题的备选项中，有 2 项或 2 项以上符合题意，至少有 1 项错项）

1. 建设工程投资中的动态投资部分包括（　　）。

A. 工程建设其他费　　B. 设备工器具购置费

C. 涨价预备费　　D. 建设期利息

E. 建筑安装工程费

2. 在确定投资目标时，需要对（　　）进行协调平衡。

A. 成本目标　　B. 进度目标

C. 质量目标　　D. 投资目标

E. 造价目标

3. 建设工程投资控制的措施有（　　）。

A. 组织措施　　B. 合同措施

C. 经济措施　　D. 技术措施

E. 管理措施

4. 建设工程投资应该分解为（　　）层含义理解。

A. 建设项目　　B. 分部分项工程

C. 单项工程 D. 单位工程

E. 群体工程

5. 生产性建设工程总投资包括（ ）。

A. 建设投资 B. 流动资金

C. 铺底资金 D. 固定资金

E. 无形资产

6. 建设工程的静态投资部分包括（ ）。

A. 基本预备费 B. 涨价预备费

C. 建筑安装工程费 D. 铺底流动资金

E. 工程建设其他费

7. 设备及工器具购置费由（ ）组成。

A. 设备原价 B. 工器具原价

C. 运杂费 D. 成套服务费

E. 设备保养费

8. 投资控制的任务主要集中在（ ）阶段。

A. 设计 B. 招标

C. 施工 D. 竣工

E. 保修

9. 以下属于建设投资的是（ ）。

A. 设备工器具购置费 B. 建筑安装工程费

C. 工程建设其他费用 D. 预备费及建设期利息

E. 铺底资金

三、简答题

1. 简述建设工程投资控制的具体措施。
2. 简述建设工程投资控制的动态流程。
3. 简述建设工程投资控制的特点。
4. 简述投资控制的重点。
5. 简述投资控制全过程的含义。

四、案例分析

某工程项目目前产生如下费用：设备工器具购置费为2500万元、建筑工程费为1200万元、安装费为500万元、工程建设其他费为700万元、基本预备费为200万元、涨价预备费为100万元、建设期贷款利息为120万元、铺底流动资金为200万元。

问题：

1. 详细说明建设工程总投资的构成；
2. 计算该项目的总投资；
3. 根据以上背景，计算该项目的静态投资部分和动态投资部分；
4. 简述在动态投资控制中应该做的工作。

第2章 建设工程投资构成

学习目标

熟悉建设工程投资构成概述；掌握设备，工、器具购置费用的构成；掌握建筑安装工程费用的构成和计算；熟悉土地使用费，了解与项目建设有关的其他费用；掌握预备费和建设期利息的计算，了解铺底流动资金。

2.1 建设工程投资构成概述

所谓工程项目投资，一般是指某项工程从筹建开始到全部工程竣工投产为止所发生的全部资金投入。工程项目总投资是由建设投资、建设期贷款利息和流动资金构成，见表2-1。

表2-1 我国现行建设工程总投资构成

<table>
<tr><td rowspan="14">建设工程总投资</td><td rowspan="12">建设投资</td><td rowspan="3">设备及工、器具购置费</td><td rowspan="2">设备购置费</td><td>设备原价</td></tr>
<tr><td>设备运杂费</td></tr>
<tr><td colspan="2">工器具及生产家具购置费</td></tr>
<tr><td rowspan="4">建筑安装工程费用</td><td colspan="2">直接费</td></tr>
<tr><td colspan="2">间接费</td></tr>
<tr><td colspan="2">利润</td></tr>
<tr><td colspan="2">税金</td></tr>
<tr><td rowspan="3">工程其他建设费用</td><td colspan="2">土地使用费</td></tr>
<tr><td colspan="2">与项目建设有关的其他费用</td></tr>
<tr><td colspan="2">与未来企业生产经营有关的其他费用</td></tr>
<tr><td rowspan="2">预备费</td><td colspan="2">基本预备费</td></tr>
<tr><td colspan="2">涨价预备费</td></tr>
<tr><td colspan="4">建设期贷款利息</td></tr>
<tr><td colspan="4">流动资产投资</td></tr>
</table>

【例2-1】 在某建设项目投资构成中，设备及工、器具购置费为2000万元，建筑安装工程费为1000万元，工程建设其他费为500万元，基本预备费为120万元，涨价预备费为80万元，建设期贷款1800万元，应计利息为80万元，流动资金400万元，问该建设项目的建设投资为多少万元？

解 建设投资＝设备及工、器具购置费＋建筑安装工程费＋工程建设其他费＋基本预备费＋涨价预备费

＝2000＋1000＋500＋120＋80＝3700万元

该建设项目的建设投资为 3700 万元。

2.2 设备及工、器具购置费用的构成

设备及工、器具购置费，是指按照建设工程设计文件要求，建设单位（或其委托单位）购置或自制达到固定资产标准的设备和新、扩建项目配置的首套工器具及生产家具所需的费用。

设备及工、器具购置费用是由设备购置费用和工具、器具及生产家具购置费用组成。在生产性建设工程项目中，设备及工、器具投资主要表现为其他部门创造的价值向建设工程项目中的转移，但这部分投资是建设工程投资中的积极部分，它占项目投资比重的提高，意味着生产技术的进步和资本有机构成的提高。

设备及工、器具购置费用的构成见表 2－2。

表 2－2　设备及工、器具购置费用的构成

<table>
<tr><td rowspan="9">设备及工、器具购置费</td><td rowspan="8">设备购置费</td><td rowspan="3">设备原价</td><td>国产标准设备原价</td></tr>
<tr><td>国产非标准设备原价</td></tr>
<tr><td>进口设备抵岸价</td></tr>
<tr><td rowspan="5">设备运杂费</td><td>运输费</td></tr>
<tr><td>装卸费</td></tr>
<tr><td>包装和包装材料费</td></tr>
<tr><td>采购及仓库保管费</td></tr>
<tr><td>其他</td></tr>
<tr><td colspan="3">工具、器具及生产家具购置费</td></tr>
</table>

2.2.1 设备购置费的构成和计算

设备购置费是指为建设项目购置或自制的达到固定资产标准的各种国产或进口设备、工具、器具的购置费用。固定资产的标准是：使用年限超过一个会计年度，单位价值在国家或各个主管部门规定的限额以上。

设备购置费由设备原价、包装费、从制造厂或交货地点运至建设工地仓库的运输费、供销部门手续费和采购保管费构成。它可按式（2.1）计算，即

$$设备购置费 = 设备原价 + 设备运杂费 \tag{2.1}$$

式（2.1）中，设备原价是指国产标准设备、非标准设备和进口设备的原价。设备运杂费指供销部门手续费、设备原价中未包括的包装和包装材料费、运输费、装卸费、采购费及仓库保管费等。如果设备是由设备成套公司供应的，成套公司的服务费也应计入设备运杂费之中。

一、设备原价的构成与计算

（一）国产设备原价的构成及计算

国产设备原价一般指设备制造厂的交货价，或订货合同价。国产设备原价分为国产标准设备原价和国产非标准设备原价。

（1）国产标准设备原价。国产标准设备是指按照主管部门颁布的标准图纸和技术要求，由我国设备生产厂批量生产的、符合国家质量检测标准的设备。国产标准设备原价有两种，

即带有备件的原价和不带有备件的原价。

(2) 国产非标准设备原价。国产非标准设备是指国家尚无定型标准，各设备生产厂不可能在工艺过程中采用批量生产，只能按一次订货，并根据具体的设计图纸制造的设备。非标准设备原价有多种不同的计算方法，如成本计算估价法、系列设备插入估价法、分部组合估价法、定额估价法等。

按成本计算估价法，非标准设备的原价由以下各项组成：

1) 材料费。其计算公式如下

$$材料费 = 材料净重 \times (1 + 加工损耗系数) \times 每吨材料综合价 \tag{2.2}$$

2) 加工费。加工费包括生产工人工资和工资附加费、燃料动力费、设备折旧费、车间经费等。其计算公式如下

$$加工费 = 设备总重量(吨) \times 设备每吨加工费 \tag{2.3}$$

3) 辅助材料费（简称辅材费）。辅助材料费包括焊条、焊丝、氧气、氩气、氮气、油漆、电石等费用。其计算公式如下

$$辅助材料费 = 设备总重量 \times 辅助材料费指标 \tag{2.4}$$

4) 专用工具费。按 1)～3) 项之和乘以一定百分比计算。

5) 废品损失费。按 1)～4) 项之和乘以一定百分比计算。

6) 外购配套件费。按设备设计图纸所列的外购配套件的名称、型号、规格、数量、重量，根据相应的价格加运杂费计算。

7) 包装费。按以上 1)～6) 项之和乘以一定百分比计算。

8) 利润。可按 1)～5) 项与第 7) 项之和乘以一定利润率计算。

9) 税金。主要指增值税。计算公式为

$$增值税 = 当期销项税额 - 进项税额 \tag{2.5}$$

$$当期销项税额 = 销售额 \times 适用增值税率 \tag{2.6}$$

销售额为 1)～8) 项之和。

10) 非标准设备设计费：按国家规定的设计费收费标准计算。

综上所述，单台非标准设备原价可用下面的公式表达

$$\begin{aligned}单台非标准设备原价 = &\{[(材料费 + 加工费 + 辅助材料费) \times (1 + 专用工具费率) \times \\ &(1 + 废品损失费率) + 外购配套件费] \times (1 + 包装费率) - \\ &外购配套件费\} \times (1 + 利润率) + 销项税金 + \\ &非标准设备设计费 + 外购配套件费\end{aligned} \tag{2.7}$$

【例 2-2】 某工厂采购一台国产非标准设备，制造厂生产该台设备所用材料费 20 万元，加工费 2 万元，辅助材料费 4000 元，专用工具费 3000 元，废品损失费率 10%，外购配套件费 5 万元，包装费率 2%，利润率为 7%，材料采购过程中发生增值税进项税额 1.8 万元，增值税税率 17%，非标准设备设计费 2 万元，该国产非标设备包装费为多少万元?

解 单台非标准设备原价中包装费的计算基数包括材料费、加工费、辅助材料费、专用工具费、废品损失费和外购配套件费，因此

$$非标设备的包装费 = [(20 + 2 + 0.4 + 0.3) \times (1 + 10\%) + 5] \times 2\% = 0.5994 万元$$

则该国产非标设备包装费为 0.5994 万元。

【例 2-3】 某工厂采购一台国产非标准设备，制造厂生产该台设备所用材料费 20 万

元，加工费 2 万元，辅助材料费 4000 元，专用工具费 3000 元，废品损失费率 10%，外购配套件费 5 万元，包装费 2000 元，利润率为 7%，税金 4.5 万元，非标准设备设计费 2 万元，求该设备原价。

解　废品损失费＝（材料费＋加工费＋辅助材料费＋专用工具费）×废品损失费率

＝(20＋2＋0.4＋0.3)×10%＝2.27 万元

利润＝（材料费＋加工费＋辅助材料费＋专用工具费＋废品损失费＋包装费）×利润率

＝(20＋2＋0.4＋0.3＋2.27＋0.2)×7%＝1.76 万元

该国产非标准设备的原价＝20＋2＋0.4＋0.3＋2.27＋5＋0.2＋1.76＋4.5＋2

＝38.43 万元

（二）进口设备原价的构成及计算

进口设备的原价是指进口设备的抵岸价，即抵达买方边境港口或边境车站，且交完关税等税费后形成的价格。进口设备抵岸价的构成与进口设备的交货类别有关。

(1) 进口设备的交货类别。

进口设备的交货类别可分为内陆交货类、目的地交货类、装运港交货类。

内陆交货类，即卖方在出口国内陆的某个地点交货。在交货地点，卖方及时提交合同规定的货物和有关凭证，并负担交货前的一切费用和风险；买方按时接受货物，交付货款，负担接货后的一切费用和风险，并自行办理出口手续和装运出口。货物的所有权也在交货后由卖方转移给买方。

目的地交货类，即卖方在进口国的港口或内地交货，有目的港船上交货价、目的港船边交货价（*FOS*）和目的港码头交货价（关税已付）及完税后交货价（进口国的指定地点）等几种交货价。它们的特点是：买卖双方承担的责任、费用和风险以目的地约定交货点为分界线，只有当卖方在交货点将货物置于买方控制下才算交货，才能向买方收取货款。这种交货类别对卖方来说承担的风险较大，在国际贸易中卖方一般不愿采用。

装运港交货类，即卖方在出口国装运港交货；主要有装运港船上交货价（*FOB*，习惯称离岸价格），运费在内价（*CFR*）和运费、保险费在内价（*CIF*，习惯称到岸价格）。它们的特点是：卖方按照约定的时间在装运港交货，只要卖方把合同规定的货物装船后提供货运单据便完成交货任务，可凭单据收回货款。

装运港船上交货价（*FOB*）是我国进口设备采用最多的一种货价。采用船上交货价时卖方的责任是：在规定的期限内，负责在合同规定的装运港口将货物装上买方指定的船只，并及时通知买方；负担货物装船前的一切费用和风险，负责办理出口手续；提供出口国政府或有关方面签发的证件；负责提供有关装运单据。买方的责任是：负责租船或订舱，支付运费，并将船期、船名通知卖方；负担货物装船后的一切费用和风险；负责办理保险及支付保险费，办理在目的港的进口和收货手续；接受卖方提供的有关装运单据，并按合同规定支付货款。

计算装运港船上交货方式的进口设备原价即为进口设备的抵岸价，包括到岸价和进口从属费。

(2) 进口设备到岸价的构成及计算。

进口设备采用最多的是装运港船上交货价（*FOB*），其到岸价的构成可概括为

进口设备到岸价(*CIF*)＝离岸价格(*FOB*)＋国际运费＋运输保险费

＝运费在内价(*CFR*)＋运输保险费　　(2.8)

1）货价。

一般指离岸价格（FOB）。设备货价分为原币货价和人民币货价。原币货价一律折算为美元表示，人民币货价按原币货价乘以外汇市场美元兑换人民币中间价确定。进口设备货价按有关生产厂商询价、报价、订货合同价计算。

2）国际运费。即从装运港（站）到达我国抵达港（站）的运费。我国进口设备大部分采用海洋运输，小部分采用铁路运输，个别采用航空运输。

进口设备国际运费计算公式为

$$国际运费(海、陆、空)=原币货价(FOB)\times 人民币外汇牌价\times 运费率 \tag{2.9}$$

或

$$国际运费(海、陆、空)=运量\times 单位运价 \tag{2.10}$$

式中，运费率或单位运价参照有关部门或进口公司的规定执行。计算进口设备抵岸价时，再将国外运费换算成人民币。

3）运输保险费。对外贸易货物运输保险是由保险人（保险公司）与被保险人（出口人或进口人）订立的保险契约。在被保险人交付议定的保险费后，保险人根据保险契约的规定对货物在运输过程中发生的承保责任范围内的损失给予经济上的补偿。这是一种财产保险。计算公式为

$$运输保险费=\frac{原币货价(FOB)\times 人民币外汇牌价+国外运费}{1-保险费率}\times 保险费率 \tag{2.11}$$

式中，保险费率按保险公司规定的进口货物保险费率计算。

（3）进口从属费的构成和计算。

$$\begin{aligned}进口从属费=&银行财务费+外贸手续费+关税+消费税+进口环节增值税+\\&海关监管手续费\end{aligned} \tag{2.12}$$

1）银行财务费。一般是指银行手续费，可按下式简化计算

$$银行财务费=FOB\ 人民币货价\times 银行财务费率 \tag{2.13}$$

财务银行费率一般为0.4%～0.5%。

2）外贸手续费。外贸手续费指按对外经济贸易部规定的外贸手续费率计取的费用，外贸手续费率一般取1.5%。计算公式为

$$外贸手续费=[离岸价格(FOB)+国际运费+运输保险费]\times 外贸手续费率 \tag{2.14}$$

3）关税。由海关对进出国境或关境的货物和物品征收的一种税。计算公式为

$$关税=到岸价格(CIF)\times 进口关税税率 \tag{2.15}$$

式中，到岸价格（CIF）=离岸价格(FOB)+国际运费+国外运输保险费。

到岸价格作为关税的计征基数时，通常又可称为关税完税价格。进口关税税率分为优惠税率和普通税率两种。优惠税率适用于与我国签订关税互惠条款的贸易条约或协定的国家的进口设备；普通税率适用于与我国未签订关税互惠条款的贸易条约或协定的国家的进口设备。进口关税税率按我国海关总署发布的进口关税税率计算。

【例2-4】 某进口设备的人民币货价为50万元，国际运费费率为10%，运输保险费费率为3%，进口关税税率为20%，则该设备应支付的关税税额是多少万元？

解 国际运费 = 离岸价格(FOB)×国际运费率 = 50×10% = 5万元

$$\begin{aligned}国际运输保险费&=(FOB+国际运费)/(1-保险费率)\times 保险费率\\&=(50+5)\times 3\%/(1-3\%)=1.7\ 万元\end{aligned}$$

$$到岸价(CIF)=离岸价格(FOB)+国际运费+运输保险费=50+5+1.7=56.7万元$$

$$关税=到岸价(CIF)\times关税税率=56.7\times20\%=11.34万元$$

则该设备应支付关税税额是11.34万元。

4）消费税。消费税仅对部分进口设备（如轿车、摩托车等）征收，其一般计算公式为

$$应纳消费税额=\frac{到岸价+关税}{1-消费税税率}\times消费税税率 \tag{2.16}$$

式中，消费税税率根据规定的税率计算。

【例2-5】 某汽车销售企业进口300辆小轿车，每辆到岸价是14.6万元，关税为20%，消费税税率为9%，则该企业应缴纳的消费税为多少万元?

解 $$应纳消费税额=\frac{300\times14.6+300\times14.6\times20\%}{1-9\%}\times9\%=519.82万元$$

则该企业应缴纳的消费税为519.82万元。

5）增值税。增值税是对销售货物或者提供加工、修理修配劳务以及进口货物的单位和个人就其实现的增值额征收的一个税种。我国增值税条例规定，进口应纳税产品均按组成计税价格和增值税税率直接计算应纳税额。其计算公式为

$$进口产品增值税额=组成计税价格\times增值税税率 \tag{2.17}$$

$$组成计税价格=到岸价+关税+消费税 \tag{2.18}$$

增值税基本税率为17%。

【例2-6】 某厂采购一台国产非标准设备，制造厂生产该台设备所用材料费25万元，加工费3万元，辅助材料费5000元，专用工具费率2%，废品损失费率10%，外购配套件费5万元，包装费率1%，利润率为8%，增值税率为17%，非标准设备设计费3万元，则该国产非标准设备的增值税为多少万元?

解

$$专用工具费=(25+3+0.5)\times2\%=0.57万元$$

$$废品损失费=(25+3+0.5+0.57)\times10\%=2.907万元$$

$$包装费=(28.5+0.57+2.907+5)\times1\%=0.37万元$$

$$利润=(28.5+0.57+2.907+0.37)\times8\%=2.588万元$$

$$增值税=(28.5+0.57+2.907+5+0.37+2.588)\times17\%=6.789万元$$

则该国产非标准设备的增值税为6.789万元。

【例2-7】 已知某进口工程设备的*FOB*为50万美元，美元与人民币汇率为1∶8，银行财务费为0.2%，外贸手续费率为1.5%，关税税率为10%，增值税率为17%。若该进口设备抵岸价为586.7万元人民币，则该进口工程设备到岸价为多少万元人民币?

解

$$\begin{aligned}586.7&=CIF+FOB\times0.2\%+CIF\times1.5\%+关税+增值税\\&=CIF+50\times8\times0.2\%+CIF\times1.5\%+CIF\times10\%+CIF\times(1+10\%)\times17\%\end{aligned}$$

解方程式得

$$CIF=450.0万元$$

则该进口工程设备到岸价为450.0万元人民币。

【例2-8】 某进口设备的到岸价为100万元，银行财务费0.5万元，外贸手续费费率为1.5%，关税税率为20%，增值税税率17%，该设备无消费税和海关监管手续费。则该进口设备的抵岸价为多少万元?

解 进口设备抵岸价=到岸价格+银行财务费+外贸手续费+关税+消费税+进口环节增值税+海关监管手续费

$$外贸手续费 = 到岸价格(CIF) \times 人民币外汇汇率 \times 外贸手续费率$$

$$关税 = 到岸价格(CIF) \times 人民币外汇汇率 \times 进口关税税率$$

$$进口环节增值税 = (到岸价格 + 关税 + 消费税) \times 增值税税率$$

$$\begin{aligned} 抵岸价 &= 100 + 0.5 + 100 \times 1.5\% + 100 \times 20\% + (100 + 100 \times 20\%) \times 17\% \\ &= 142.4 万元 \end{aligned}$$

则该进口设备的抵岸价为142.4万元。

6）海关监管手续费，是指海关按照《中华人民共和国海关对进口减税、免税和保税货物征收海关监管手续费的办法》的规定，对减税、免税和保税货物实施监督、管理所提供服务征收的手续费。全额收取关税的设备，不收取海关监管手续费。

海关监管手续费按以下标准征收：

① 进料加工和来料加工中，属加工装配机电产品复出口的货物，按照海关审定的货物*CIF*价格的1.5‰计征。

② 来料加工中引进的先进技术设备，以及加工首饰、裘皮、高档服装、机织毛衣和毛衣片、塑料玩具所进口的料、件，按照海关审定的货物到岸价格（*CIF*）的1‰计征。

③ 进口后保税储存90天以上（含90天）未经加工即转运复出口的货物，按关税完税价格的1‰计征。

④ 进口免税货物，按照海关审定的货物到岸价格（*CIF*）的3‰计征。

⑤ 进口减税货物，按照实际减除税负部分的货物到岸价格（*CIF*）的3‰计征。

$$海关监管手续费 = 货物到岸价格(CIF) \times \left(1 - \frac{批准的减税税率}{法定税率}\right) \times 手续费率 \quad (2.19)$$

⑥ 其他进口保税货物，按照海关审定的货物的*CIF*的3‰计征。

注意："三资企业"进口企业自用设备、建厂材料、进（来）料加工复出口产品所用料、件，可暂免征收手续费，如进口用于营业性物资及进口料件加工后内销，仍予减免税的物资，其减免税部分仍应照章征收手续费。

【例2-9】 国内某公司为装配出口机电产品而进口一批料件，到岸价格（*CIF*）为人民币上海180 000元，进口后保税储存100天后未经加工即转运复出口，问海关应征海关监管手续费多少？

解 海关规定进口后保税储存90天以上（含90天）未经加工即转运复出口的货物，按关税完税价格的1‰计征海关监管手续费。

$$监管手续费金额 = 货物到岸价格(CIF) \times 手续费率$$

$$该批货物应征海关监管手续费 = 180\,000 \times 1‰ = 180 元$$

【例2-10】 从某国进口设备，重量1000吨，装运港船上交货价为400万美元，工程建设项目位于国内某省会城市。如果国际运费标准为300美元/吨，海上运输保险费率为3‰，银行财务费率为5‰，外贸手续费率为1.5%，关税税率为22%，增值税的税率为17%，消费税税率10%，银行外汇牌价为1美元=6.8元人民币，试估算该设备的抵岸价。

解

$$进口设备 FOB = 400 \times 6.8 = 2720 万元（人民币，下同）$$

$$国际运费 = 300 \times 1000 \times 6.8 = 204 万元$$

$$海运保险费 = (2720 + 204)/(1 - 3‰) \times 3‰ = 8.80 万元$$

$$CIF = 2720 + 204 + 8.80 = 2932.8 万元$$

$$银行财务费 = 2720 \times 5‰ = 13.6\ 万元$$

$$外贸手续费 = 2932.8 \times 1.5\% = 43.99\ 万元$$

$$关税 = 2932.8 \times 22\% = 645.22\ 万元$$

$$消费税 = (2932.8 + 645.22)/(1 - 10\%) \times 10\% = 397.56\ 万元$$

$$增值税 = (2932.8 + 645.22 + 397.56) \times 17\% = 675.85\ 万元$$

$$进口从属费 = 13.6 + 43.99 + 645.22 + 397.56 + 675.85 = 1776.22\ 万元$$

$$进口设备抵岸价 = 2932.8 + 1776.22 = 4709.02\ 万元$$

则该设备的进口抵岸价为4709.2万元。

二、设备运杂费的构成及计算

（一）设备运杂费的构成

设备运杂费通常由下列各项构成：

(1) 运费和装卸费。国产设备由设备制造厂交货地点起至工地仓库（或施工组织设计指定的需要安装设备的堆放地点）止所发生的运费和装卸费；进口设备则由我国到岸港口或边境车站起至工地仓库（或施工组织设计指定的需安装设备的堆放地点）止所发生的运费和装卸费。

(2) 包装费。在设备原价中没有包含的、为运输而进行的包装支出的各种费用。

(3) 设备供销部门的手续费。按有关部门规定的统一费率计算。

(4) 采购与仓库保管费。采购与仓库保管费指采购、验收、保管和收发设备所发生的各种费用，包括设备采购人员、保管人员和管理人员的工资、工资附加费、办公费、差旅交通费，设备供应部门办公和仓库所占固定资产使用费、工具用具使用费、劳动保护费、检验试验费等。这些费用可按主管部门规定的采购与保管费费率计算。

（二）设备运杂费的计算

设备运杂费按设备原价乘以设备运杂费率计算，其公式为

$$设备运杂费 = 设备原价 \times 设备运杂费率 \tag{2.20}$$

式中，设备运杂费率按各部门及省、市等的规定计取。

【例2-11】 某企业在当地购买了一台国产设备，该设备原价是20万元，其设备运杂费率为1.2%，则该设备的运杂费为多少？

解 $设备运杂费 = 设备原价 \times 设备运杂费率 = 200\,000 \times 1.2\% = 2400\ 元$

则该设备的运杂费为2400元。

2.2.2 工、器具及生产家具购置费的构成及计算

工、器具及生产家具购置费，是指新建或扩建项目初步设计规定的、保证初期正常生产必须购置的没有达到固定资产标准的设备、仪器、工卡模具、器具、生产家具和备品备件等的购置费用。计算公式为

$$工、器具及生产家具购置费 = 设备购置费 \times 定额费率 \tag{2.21}$$

2.3 建筑安装工程费用构成

2.3.1 建筑安装工程费内容及构成概述

一、建筑安装工程费用内容

（一）建筑工程费用内容

(1) 各类房屋建筑工程和列入房屋建筑工程预算的供水、供暖、卫生、通风、煤气等设

备费用及其装设、油饰工程的费用，列入建筑工程预算的各种管道、电力、电信和电缆导线敷设工程的费用。

(2) 设备基础、支柱、工作台、烟囱、水塔、水池、灰塔等建筑工程以及各种炉窑的砌筑工程和金属结构工程的费用。

(3) 为施工而进行的场地平整，工程和水文地质勘察，原有建筑物和障碍物的拆除以及施工临时用水、电、气、路和完工后的场地清理，环境绿化、美化等工作的费用。

(4) 矿井开凿、井巷延伸、露天矿剥离，石油、天然气钻井，修建铁路、公路、桥梁、水库、堤坝、灌渠及防洪等工程的费用。

(二) 安装工程费用内容

(1) 生产、动力、起重、运输、传动和医疗、实验等各种需要安装的机械设备的装配费用，与设备相连的工作台、梯子、栏杆等设施的工程费用，附属于被安装设备的管线敷设工程费用，以及被安装设备的绝缘、防腐、保温、油漆等工作的材料费和安装费。

(2) 为测定安装工程质量，对单台设备进行单机试运转、对系统设备进行系统联动无负荷试运转工作的调试费。

二、我国现行建筑安装工程费用构成

我国现行建筑安装工程费用的具体构成主要包括四部分：直接费、间接费、利润和税金。其具体构成见表2-3。

表2-3　　建筑安装工程费用项目组成表

<table>
<tr><td rowspan="19">建筑安装工程费</td><td rowspan="14">直接费</td><td rowspan="3">直接工程费</td><td>1. 人工费</td></tr>
<tr><td>2. 材料费</td></tr>
<tr><td>3. 施工机械使用费</td></tr>
<tr><td rowspan="11">措施费</td><td>1. 环境保护</td></tr>
<tr><td>2. 文明施工</td></tr>
<tr><td>3. 安全施工</td></tr>
<tr><td>4. 临时设施</td></tr>
<tr><td>5. 夜间施工</td></tr>
<tr><td>6. 二次搬运</td></tr>
<tr><td>7. 大型机械设备进出场及安拆</td></tr>
<tr><td>8. 混凝土、钢筋混凝土模板及支架</td></tr>
<tr><td>9. 脚手架</td></tr>
<tr><td>10. 已完工程及设备保护</td></tr>
<tr><td>11. 施工排水、降水</td></tr>
<tr><td rowspan="5">间接费</td><td rowspan="5">规费</td><td>1. 工程排污费</td></tr>
<tr><td>2. 工程定额测定费</td></tr>
<tr><td>3. 社会保障费</td></tr>
<tr><td>4. 住房公积金</td></tr>
<tr><td>5. 危险作业意外伤害保险</td></tr>
</table>

续表

<table>
<tr><td rowspan="14">建筑安装工程费</td><td rowspan="12">间接费</td><td rowspan="12">企业管理费</td><td>1. 管理人员工资</td></tr>
<tr><td>2. 办公费</td></tr>
<tr><td>3. 差旅交通费</td></tr>
<tr><td>4. 固定资产使用费</td></tr>
<tr><td>5. 工具用具费</td></tr>
<tr><td>6. 劳动保险费</td></tr>
<tr><td>7. 工会经费</td></tr>
<tr><td>8. 职工教育经费</td></tr>
<tr><td>9. 财产保险费</td></tr>
<tr><td>10. 财务费</td></tr>
<tr><td>11. 税金</td></tr>
<tr><td>12. 其他</td></tr>
<tr><td colspan="3">利润</td></tr>
<tr><td colspan="3">税金</td></tr>
</table>

2.3.2 直接费

建筑安装工程直接费由直接工程费和措施费组成。

一、直接工程费

直接工程费是指在工程施工过程中直接耗费的构成工程实体的各种费用，包括人工费、材料费和施工机械使用费。

(1) 人工费：是指直接从事建筑安装工程施工的生产工人开支的各项费用，构成人工费的基本要素有两个，即人工工日消耗量和人工日工资单价。

$$人工费 = \sum(工日消耗量 \times 日工资单价) \tag{2.22}$$

$$日工资单价(G) = \sum_{i=1}^{5} G_i \tag{2.23}$$

日工资单价的内容包括：

1) 基本工资：是指发放给生产工人的基本工资。

$$基本工资(G_1) = \frac{生产工人平均月工资}{年平均每月法定工作日} \tag{2.24}$$

2) 工资性补贴：是指按规定标准发放的物价补贴，煤、燃气补贴，交通补贴，住房补贴，流动施工津贴等。

$$工资性补贴(G_2) = \frac{\sum 年发放标准}{全年日历日 - 法定假日} + \frac{\sum 月发放标准}{年平均每月法定工作日} + 每工作日发放标准 \tag{2.25}$$

3) 生产工人辅助工资：是指生产工人年有效施工天数以外非作业天数的工资，包括职工学习、培训期间的工资，调动工作、探亲、休假期间的工资，因气候影响的停工工资，女工哺乳时间的工资，病假在六个月以内的工资及产、婚、丧假期的工资。

$$生产工人辅助工资(G_3) = \frac{全年无效工作日 \times (G_1 + G_2)}{全年日历日 - 法定假日} \tag{2.26}$$

4) 职工福利费：是指按规定标准计提的职工福利费。

$$职工福利费(G_4)=(G_1+G_2+G_3)\times 福利费计提比例(\%) \tag{2.27}$$

5）生产工人劳动保护费：是指按规定标准发放的劳动保护用品的购置费及修理费、徒工服装补贴、防暑降温费、在有碍身体健康环境中施工的保健费用等。

$$生产工人劳动保护费(G_5)=\frac{生产工人年平均支出劳动保护费}{全年日历日-法定假日} \tag{2.28}$$

(2) 材料费：是指施工过程中耗费的构成工程实体的原材料、辅助材料、构配件、零件、半成品的费用。

1）内容包括：

① 材料原价（或供应价格）。

② 材料运杂费：是指材料自来源地运至工地仓库或指定堆放地点所发生的全部费用。

③ 运输损耗费：是指材料在运输装卸过程中不可避免的损耗。

④ 采购及保管费：是指为组织采购、供应和保管材料过程中所需要的各项费用，具体包括采购费、仓储费、工地保管费、仓储损耗。

⑤ 检验试验费：是指对建筑材料、构件和建筑安装物进行一般鉴定、检查所发生的费用，包括自设试验室进行试验所耗用的材料和化学药品等费用。不包括新结构、新材料的试验费和建设单位对具有出厂合格证明的材料进行检验，对构件做破坏性试验及其他特殊要求检验试验的费用。

2）计算公式为

$$材料费=\sum(材料消耗量\times 材料基价)+检验试验费 \tag{2.29}$$

① 材料基价，计算公式为

$$材料基价=\{(供应价格+运杂费)\times[1+运输损耗率(\%)]\}\times(1+采购保管费率) \tag{2.30}$$

② 检验试验费，计算公式为

$$检验试验费=\sum(单位材料量检验试验费\times 材料消耗量) \tag{2.31}$$

【例2-12】 某工程项目，材料甲消耗量为200t，材料价格为1000元/t，运杂费为15元/t，运输损耗率为2%，采购保管费率为1%，材料的检验试验费为30元/t，则该项目材料甲的材料费为多少元？

解 材料基价$=[(供应价格+运杂费)\times(1+运输损耗率)]\times(1+采购保管费率)$

$=[(1000+15)\times(1+2\%)]\times(1+1\%)=1045.65$元

检验试验费$=\sum(单位材料量检验试验\times 材料消耗量)=200\times 30=6000$元

材料费$=\sum(材料定额消耗量\times 材料基价)+检验试验费$

$=(1045.65\times 200)+6000=215\,130.6$元

则该项目材料甲的材料费为215 130.6元。

(3) 施工机械使用费。

施工机械使用费是指施工机械作业所发生的机械使用费以及机械安拆费和场外运费。

1）施工机械台班单价应由下列七项费用组成：

① 折旧费：指施工机械在规定的使用年限内，陆续收回其原值及购置资金的时间价值。

② 大修理费：指施工机械按规定的大修理间隔台班进行必要的大修理，以恢复其正常功能所需的费用。

【例2-13】 某施工机械预计使用9年，使用期内有3个大修理周期，大修间隔台班为

800 台班，一次大修理费为 4500 元，则其台班大修理费为多少元？

解 寿命期内大修理次数 = 大修理周期 − 1 = 3 − 1 = 2 次

耐用总台班 = 大修间隔台班 × 大修理周期 = 800 × 3 = 2400 台班

台班大修理费 = (2 × 4500)/2400 = 3.75 元

则其台班大修理费为 3.75 元。

③ 经常修理费：指施工机械除大修理以外的各级保养和临时故障排除所需的费用，包括为保障机械正常运转所需替换设备与随机配备工具附具的摊销和维护费用，机械运转中日常保养所需润滑与擦拭的材料费用及机械停滞期间的维护和保养费用等。

④ 安拆费及场外运费：安拆费指施工机械在现场进行安装与拆卸所需的人工、材料、机械和试运转费用，以及机械辅助设施的折旧、搭设、拆除等费用；场外运费指施工机械整体或分体自停放地点运至施工现场或由一施工地点运至另一施工地点的运输、装卸、辅助材料及架线等费用。

⑤ 人工费：指机上司机（司炉）和其他操作人员的工作日人工费及上述人员在施工机械规定的年工作台班以外的人工费。

⑥ 燃料动力费：指施工机械在运转作业中所消耗的固体燃料（煤、木柴）、液体燃料（汽油、柴油）及水、电等。

⑦ 养路费及车船使用税：指施工机械按照国家规定和有关部门规定应缴纳的养路费、车船使用税、保险费及年检费等。

2）计算公式为

$$\text{施工机械使用费} = \sum(\text{施工机械台班消耗量} \times \text{机械台班单价}) \tag{2.32}$$

$$\begin{aligned}\text{机械台班单价} = {} & \text{台班折旧费} + \text{台班大修理费} + \text{台班经常修理费} + \text{台班安拆费及场外运费} + \\ & \text{台班人工费} + \text{台班燃料动力费} + \text{台班养路费及车船使用税}\end{aligned} \tag{2.33}$$

二、措施费

措施费是指为完成工程项目施工，发生于该工程施工前和施工过程中非工程实体项目的费用。措施费内容包括：

（1）环境保护费：是指施工现场为达到环保部门要求所需要的各项费用。

$$\text{环境保护费} = \text{直接工程费} \times \text{环境保护费费率}(\%) \tag{2.34}$$

$$\text{环境保护费费率}(\%) = \frac{\text{本项费用年度平均支出}}{\text{全年建安产值} \times \text{直接工程费占总造价比例}(\%)} \tag{2.35}$$

（2）文明施工费：是指施工现场文明施工所需要的各项费用。

$$\text{文明施工费} = \text{直接工程费} \times \text{文明施工费费率}(\%)$$

$$\text{文明施工费费率}(\%) = \frac{\text{本项费用年度平均支出}}{\text{全年建安产值} \times \text{直接工程费占总造价比例}(\%)} \tag{2.36}$$

（3）安全施工费：是指施工现场安全施工所需要的各项费用。

$$\text{安全施工费} = \text{直接工程费} \times \text{安全施工费费率}(\%)$$

$$\text{安全施工费费率}(\%) = \frac{\text{本项费用年度平均支出}}{\text{全年建安产值} \times \text{直接工程费占总造价比例}(\%)} \tag{2.37}$$

（4）临时设施费：是指施工企业为进行建筑工程施工所必须搭设的生活和生产用的临时建筑物、构筑物和其他临时设施费用等。

1）临时设施包括：临时宿舍、文化福利及公用事业房屋与构筑物，仓库、办公室、加工厂以及规定范围内道路、水、电、管线等临时设施和小型临时设施。

临时设施费用包括：临时设施的搭设、维修、拆除费或摊销费。

2）临时设施费由以下三部分组成：周转使用临建（如活动房屋），一次性使用临建（如简易建筑），其他临时设施（如临时管线）。

$$临时设施费 =（周转使用临建费 + 一次性使用临建费）\times [1 + 其他临时设施所占比例(\%)] \quad (2.38)$$

① 周转使用临建费。

$$周转使用临建费 = \sum \left[\frac{临建面积 \times 每平方米造价}{使用年限 \times 365 \times 利用率(\%)} \times 工期(天) \right] + 一次性拆除费 \quad (2.39)$$

【例 2-14】 某施工企业在某工地现场需搭建可周转使用的临时建筑物 400m^2，若该建筑物每平方米造价为 180 元，可周转使用 3 年，年利用率为 85%，不计其一次性拆除费用。现假定施工项目合同工期为 280 天（一年按 365 天计算），则该建筑物应计的周转使用的临建费为多少元?

解 本题考核的是周转使用的临时设施费的计算。周转使用临建费的计算如下

$$周转使用临建费 = \sum [临建面积 \times 每平方米造价 \times 工期(天) / 使用年限 \times 365 \times 利用率(\%)] + 一次性拆除费$$

$$周转使用的临建房 = [(400 \times 180)/(3 \times 365 \times 85\%)] \times 280 = 21\ 660 元$$

则该建筑物应计的周转使用的临建费为 21 660 元。

② 一次性使用临建费。

$$一次性使用临建费 = \sum 临建面积 \times 每平方米造价 \times [1 - 残值率(\%)] + 一次性拆除费 \quad (2.40)$$

③ 其他临时设施在临时设施费中所占比例，可由各地区造价管理部门依据典型施工企业的成本资料经分析后综合测定。

（5）夜间施工增加费：是指因夜间施工所发生的夜班补助费、夜间施工降效、夜间施工照明设备摊销及照明用电等费用。

$$夜间施工增加费 = \left(1 - \frac{合同工期}{定额工期}\right) \times \frac{直接工程费中的人工费合计}{平均日工资单价} \times 每工日夜间施工费开支 \quad (2.41)$$

【例 2-15】 某项目由于赶工，需夜间施工。已知该项目的合同工期为 18 个月，定额工期为 20 个月，直接工程费 100 万元，其中人工费占 20%，施工机械使用费 30%，且每工日夜间施工费用开支 20 元，平均日工资单价和机械台班单价分别为 50 元和 120 元，则夜间施工增加费为多少万元?

解 $$夜间施工增加费 = \left(1 - \frac{18}{20}\right) \times \left(\frac{100 \times 20\%}{50}\right) \times 20 = 0.8 万元$$

则夜间施工增加费为 0.8 万元。

（6）二次搬运费：是指因施工场地狭小等特殊情况而发生的二次搬运费用。

$$二次搬运费 = 直接工程费 \times 二次搬运费费率(\%) \quad (2.42)$$

$$二次搬运费费率(\%) = \frac{年平均二次搬运费开支费}{全年建安产值 \times 直接工程费占总造价的比例(\%)} \quad (2.43)$$

（7）大型机械设备进出场及安拆费：是指机械整体或分体自停放场地运至施工现场或由一个施工地点运至另一个施工地点，所发生的机械进出场运输及转移费用及机械在施工现场进行安装、拆卸所需的人工费、材料费、机械费、试运转费和安装所需的辅助设施的费用。

$$大型机械设备进出场及安拆费 = \frac{一次进出场及安拆费 \times 年平均安拆次数}{年工作台班} \quad (2.44)$$

(8) 混凝土、钢筋混凝土模板及支架费：是指混凝土施工过程中需要的各种钢模板、木模板、支架等的支、拆、运输费用，以及模板、支架的摊销（或租赁）费用。

1) 模板及支架费，计算公式为

$$模板及支架费 = 模板摊销量 \times 模板价格 + 支、拆、运输费$$

$$摊销量 = 一次使用量 \times (1 + 施工损耗) \times [1 + (周转次数 - 1) \times 补损率 / 周转次数 - (1 - 补损率)50\% / 周转次数] \quad (2.45)$$

【例 2-16】 某施工企业施工时使用自有模板，已知一次使用量为 $1200m^2$，模板价格为 30 元/m^2，若周转次数为 8，补损率为 8%，施工损耗为 10%，不考虑支、拆、运输费，则模板费为多少元?

解
$$模板摊销量 = 1200 \times (1 + 10\%) \times \left[\frac{1 + (8-1) \times 8\%}{8} - \frac{(1-8\%) \times 50\%}{8}\right] = 181.5m^2$$

$$模板费 = 181.5 \times 30 = 5445 元$$

不考虑支、拆、运输费，则模板费为 5445 元。

2) 租赁费，计算公式为

$$租赁费 = 模板使用量 \times 使用日期 \times 租赁价格 + 支、拆、运输费 \quad (2.46)$$

(9) 脚手架费：是指施工需要的各种脚手架搭、拆、运输费用及脚手架的摊销（或租赁）费用。

1) 脚手架搭拆费，计算公式为

$$脚手架搭拆费 = 脚手架摊销量 \times 脚手架价格 + 搭、拆、运输费$$

$$脚手架摊销量 = \frac{单位一次使用量 \times (1 - 残值率)}{耐用期 / 一次使用期} \quad (2.47)$$

【例 2-17】 已知某工程工期 400 天，其中 80% 的施工时间需使用自有脚手架，一次使用量为 1000t，每吨脚手架价格为 3000 元，若脚手架残值率为 5%，耐用期为 2000 天，脚手架的搭、拆、运输费为 20 000 元，则本工程分摊的脚手架费为多少元?

解
$$脚手架搭拆费 = 脚手架摊销量 \times 脚手架价格 + 搭、拆、运输费$$

$$= \frac{1000 \times (1 - 5\%)}{2000/(400 \times 80\%)} \times 3000 + 20\,000 = 476\,000 元$$

则本工程分摊的脚手架费为 476 000 元。

2) 租赁费，计算公式为

$$租赁费 = 脚手架每日租金 \times 搭设周期 + 搭、拆、运输费 \quad (2.48)$$

(10) 已完工程及设备保护费：是指竣工验收前，对已完工程及设备进行保护所需费用。

$$已完工程及设备保护费 = 成品保护所需机械费 + 材料费 + 人工费 \quad (2.49)$$

(11) 施工排水、降水费：是指为确保工程在正常条件下施工，采取各种排水、降水措施所发生的各种费用。

$$排水降水费 = \sum 排水降水机械台班费 \times 排水降水周期 + 排水降水使用材料费、人工费 \quad (2.50)$$

2.3.3 间接费

间接费由规费、企业管理费组成。

一、规费

规费是指政府和有关权力部门规定必须缴纳的费用，简称规费，具体包括：

(1) 工程排污费：是指施工现场按规定缴纳的工程排污费。

(2) 工程定额测定费：是指按照规定支付工程造价（定额）管理部门的定额测定费。

(3) 社会保障费。

1) 养老保险费：是指企业按照规定标准为职工缴纳的基本养老保险费。

2) 失业保险费：是指企业按照国家规定标准为职工缴纳的失业保险费。

3) 医疗保险费：是指企业按照规定标准为职工缴纳的基本医疗保险费。

(4) 住房公积金：是指企业按照规定标准为职工缴纳的住房公积金。

(5) 危险作业意外伤害保险：是指按照建筑法规定，企业为从事危险作业的建筑安装施工人员支付的意外伤害保险费。

二、企业管理费

企业管理费是指建筑安装企业组织施工生产和经营管理所需费用，内容包括：

(1) 管理人员工资：是指管理人员的基本工资、工资性补贴、职工福利费、劳动保护费等。

(2) 办公费：是指企业管理办公用的文具、纸张、账表、印刷、邮电、书报、会议、水电、烧水和集体取暖（包括现场临时宿舍取暖）用煤等费用。

(3) 差旅交通费：是指职工因公出差、调动工作的差旅费、住勤补助费，市内交通费和误餐补助费，职工探亲路费，劳动力招募费，职工离退休、退职一次性路费，工伤人员就医路费，工地转移费以及管理部门使用的交通工具的油料、燃料、养路费及牌照费。

(4) 固定资产使用费：是指管理和试验部门及附属生产单位使用的属于固定资产的房屋、设备仪器等的折旧、大修、维修或租赁费。

(5) 工具用具使用费：是指管理使用的不属于固定资产的生产工具、器具、家具、交通工具和检验、试验、测绘、消防用具等的购置、维修和摊销费。

(6) 劳动保险费：是指由企业支付离退休职工的易地安家补助费、职工退职金、六个月以上的病假人员工资、职工死亡丧葬补助费、抚恤费、按规定支付给离休干部的各项经费。

(7) 工会经费：是指企业按职工工资总额计提的工会经费。

(8) 职工教育经费：是指企业为职工学习先进技术和提高文化水平，按职工工资总额计提的费用。

(9) 财产保险费：是指施工管理用财产、车辆保险。

(10) 财务费：是指企业为筹集资金而发生的各种费用。

(11) 税金：是指企业按规定缴纳的房产税、车船使用税、土地使用税、印花税等。

(12) 其他：包括技术转让费、技术开发费、业务招待费、绿化费、广告费、公证费、法律顾问费、审计费、咨询费等。

三、间接费计算方法

(一) 间接费的计算方法

按取费基数的不同分为以下三种：

(1) 以直接费为计算基础。

$$间接费 = 直接费合计 \times 间接费费率(\%) \tag{2.51}$$

(2) 以人工费和机械费合计为计算基础。

$$\text{间接费} = \text{人工费和机械费合计} \times \text{间接费费率}(\%) \tag{2.52}$$

$$\text{间接费费率}(\%) = \text{规费费率}(\%) + \text{企业管理费费率}(\%) \tag{2.53}$$

(3) 以人工费为计算基础。

$$\text{间接费} = \text{人工费合计} \times \text{间接费费率}(\%) \tag{2.54}$$

【例 2-18】 已知某装饰工程直接工程费为 500 万元，其中人工、材料、机械之比为 3∶5∶2，措施费为 120 万元，其中人工、材料、机械之比为 4∶4∶2，若该类工程以人工费为计算基础的间接费费率为 80%，则该装饰工程的间接费为多少万元?

解

$$\begin{aligned}\text{间接费} &= \text{人工费合计} \times \text{间接费费率} \\ &= (500 \times 30\% + 120 \times 40\%) \times 80\% \\ &= 158.4\ \text{万元}\end{aligned}$$

则该装饰工程的间接费为 158.4 万元。

(二) 规费费率

(1) 根据本地区典型工程发承包价的分析资料综合取定规费计算中所需数据：

1) 每万元发承包价中人工费含量和机械费含量。

2) 人工费占直接费的比例。

3) 每万元发承包价中所含规费缴纳标准的各项基数。

(2) 规费费率的计算公式。

1) 以直接费为计算基础。

$$\text{规费费率}(\%) = \frac{\sum \text{规费缴纳标准} \times \text{每万元发承包价计算基数}}{\text{每万元发承包价中的人工费含量}} \times \text{人工费占直接费的比例} \tag{2.55}$$

2) 以人工费和机械费合计为计算基础。

$$\text{规费费率}(\%) = \frac{\sum \text{规费缴纳标准} \times \text{每万元发承包价计算基数}}{\text{每万元发承包价中的人工费含量和机械费含量}} \times 100\% \tag{2.56}$$

3) 以人工费为计算基础。

$$\text{规费费率}(\%) = \frac{\sum \text{规费缴纳标准} \times \text{每万元发承包价计算基数}}{\text{每万元发承包价中的人工费含量}} \times 100\% \tag{2.57}$$

(三) 企业管理费费率

企业管理费费率计算公式：

(1) 以直接费为计算基础。

$$\text{企业管理费费率}(\%) = \frac{\text{生产工人年平均管理费}}{\text{年有效施工天数} \times \text{人工单价}} \times \text{人工费占直接费比例}(\%) \tag{2.58}$$

(2) 以人工费和机械费合计为计算基础。

$$\text{企业管理费费率}(\%) = \frac{\text{生产工人年平均管理费}}{\text{年有效施工天数} \times (\text{人工单价} + \text{每一工日机械使用费})} \times 100\% \tag{2.59}$$

(3) 以人工费为计算基础。

$$\text{企业管理费费率}(\%) = \frac{\text{生产工人年平均管理费}}{\text{年有效施工天数} \times \text{人工单价}} \times 100\% \tag{2.60}$$

2.3.4 利润和税金

建筑安装工程费用中的利润及税金是建筑安装企业职工为社会劳动所创造的那部分价值在建筑安装工程造价中的体现。

一、利润

利润是指施工企业按照国家有关规定，在承建工程中向建设单位收取的利润。利润的计算同样因计算基础的不同而不同。

(1) 以直接费为计算基础时利润的计算方法

$$利润 = (直接费 + 间接费) \times 相应利润率(\%) \tag{2.61}$$

(2) 以人工费和机械费为计算基础时利润的计算方法

$$利润 = 直接费中的人工费和机械费合计 \times 相应利润率(\%) \tag{2.62}$$

(3) 以人工费为计算基础时利润的计算方法

$$利润 = 直接费中的人工费合计 \times 相应利润率(\%) \tag{2.63}$$

【例 2-19】 某装饰工程直接工程费为 500 万元，直接工程费中人工费为 30 万元，措施费中人工费为 20 万元，间接费费率为 50%，利润率为 40%，根据《建筑安装工程费用项目组成》(建标［2003］206 号）文件的规定，以人工费为计算基数时，该工程的利润额为多少万元?

解 本题考察以人工费为计算基础时利润的计算方法。

$$\begin{aligned}利润 &= 直接费中的人工费合计 \times 相应利润率\\ &= (30 + 20) \times 40\% = 20 万元\end{aligned}$$

以人工费为计算基数时，该工程的利润额为 20 万元。

【例 2-20】 某类别建筑工程的 $10m^3$ 砖墙砌筑工程的人工费、材料费、机械费分别为 370 元、980 元、50 元，当地公布的该类典型工程材料费占分项直接工程费的比例为 68%，有关费率见表 2-4，按照综合单价法确定的该砌墙砌筑（$10m^3$）的综合单价中，利润为多少元?

表 2-4 费 率 表

费用名称	计算基数		
	直接费	人工费+机械费	人工费
间接费	8%	20%	55%
利润	5%	16%	30%

解 该工程材料费占分项直接工程费的比率=980/(980+370+50)=70%>68%，故应用分项直接工程费为基数计算该分项工程的利润。

$$利润 = (370 + 980 + 50) \times (1 + 8\%) \times 5\% = 75.6 元$$

按照综合单价法确定的该砌墙砌筑（$10m^3$）的综合单价中，利润为 75.6 元。

此题易犯错误：第一，未比较该工程材料费占分项直接工程费的比率与典型数据的大小，从而未能选择正确的计算基数；第二，当选择了直接工程费作为计算基础时，利润的计算基数是直接工程费与间接费之和。

在建设产品的市场定价过程中，应根据市场的竞争状况适当确定利润水平。取定的利润水平过高可能会导致丧失一定的市场机会，取定的利润水平过低又会面临很大的市场风险，相对于相对固定的成本水平来说，利润率的选定体现了企业的定价政策，利润率的确定是否合理也反映出企业的市场成熟度。

二、税金

税金是指国家税法规定的应计入建筑安装工程造价内的营业税、城市维护建设税及教育费附加等。

(一) 营业税

营业税按营业额乘以营业税率确定，其中建筑安装企业营业税税率为3%。

计算公式为

$$应纳营业税 = 营业额 \times 3\% \tag{2.64}$$

其中，营业额是指从事建筑、安装、修缮、装饰及其他工程作业收取的全部收入，还包括建筑、安装、修缮、装饰工程所用原材料及其他物资和劳动力的价款。当安装设备的价值作为安装工程产值时，也包括所安装设备的价款。但建筑安装工程总承包方将工程分包或转包给他人时，其营业额中不包括付给分包或转包方的价款。

(二) 城市维护建设税

城市维护建设税是为筹集城市维护和建设资金，稳定和扩大城市、乡镇维护建设的资金来源，而对有经营收入的单位和个人征收的一种税。

城市维护建设税按应纳营业额税乘以适用税率确定，计算公式为

$$应纳税额 = 应纳营业税额 \times 适用税率 \tag{2.65}$$

城市维护建设税的纳税人所在地为市区的，其适用税率为营业税的7%；所在地为县镇的，其适用税率为营业税的5%；所在地为农村的，其适用税率为营业税的1%。

(三) 教育费附加

教育费附加按应纳营业税额乘以3%确定，计算公式为

$$应纳税额 = 应纳营业税额 \times 3\% \tag{2.66}$$

建筑安装企业的教育费附加要与其营业税同时缴纳。即使办有职工子弟学校的建筑安装企业，也应当先缴纳教育费附加，教育部门可根据企业的办学情况，酌情返还给办学单位，作为对办学经费的补助。

【例2-21】 某市建筑公司承建某县政府办公楼，工程不含税造价为1000万元。求该施工企业应缴纳的营业税、城市维护建设税和教育费附加分别是多少？

解 $$含税营业额 = \frac{1000}{1-3\%-(3\%\times 5\%)-(3\%\times 3\%)} = 1033.48\ 万元$$

$$应缴纳的营业税 = 1033.48 \times 3\% = 31.00\ 万元$$

$$应缴纳的城市维护建设税 = 31.00 \times 5\% = 1.55\ 万元$$

$$应缴纳的教育费附加 = 31.00 \times 3\% = 0.93\ 万元$$

则该施工企业应缴纳的营业税为31.00万元，城市维护建设税为1.55万元，教育费附加为0.93万元。

(四) 税金的综合计算

在税金的实际计算过程中，通常是三种税金一并计算，又由于在计算税金时，往往已知条件是税前造价，因此税金的计算公式可以表达为

$$税金 = (税前造价 + 利润) \times 税率(\%) \tag{2.67}$$

综合税率的计算因企业所在地的不同而不同。

(1) 纳税地点在市区的企业

$$税率(\%) = \frac{1}{1-3\%-(3\%\times 7\%)-(3\%\times 3\%)} - 1 = 3.413\% \tag{2.68}$$

(2) 纳税地点在县城、镇的企业

$$税率(\%) = \frac{1}{1-3\%-(3\%\times 5\%)-(3\%\times 3\%)} - 1 = 3.348\% \tag{2.69}$$

(3) 纳税地点不在市区、县城、镇的企业

$$税率(\%)=\frac{1}{1-3\%-(3\%\times1\%)-(3\%\times3\%)}-1=3.22\% \quad (2.70)$$

【例 2-22】 某市建筑公司承建某市政府办公楼，工程不含税造价为 1000 万元，求该施工企业应缴纳的营业税。

解

$$含税造价=\frac{1000}{1-3\%-(3\%\times7\%)-(3\%\times3\%)}=1034.13\ 万元$$

$$应缴纳的营业税=1034.13\times3\%=31.02\ 万元$$

则该施工企业应缴纳的营业税为 31.02 万元。

【例 2-23】 某市区总承包单位获得发包人支付的某工程施工的全部价款收入 1000 万元，其中包括自己施工的建筑安装工程费 800 万元，合同约定需支付给专业分包方的工程结算款 100 万元，由总承包单位采购的需安装的设备价款 100 万元，则该总承包单位为此需缴纳的营业税为多少万元?

解 本题考核的是建安费用中税金的计算。税金包括三项内容：营业税、城市维护建设税和教育费附加，本题考核的是营业税的计算。

$$营业税=计税营业额\times营业税税率(3\%)$$

其中，建筑安装工程总承包方将工程分包或转包给他人的，其营业额中不包括付给分包或转包方的价款。

本题中的计税营业额要将分包工程的价款 100 万元剔除，即 1000－100＝900 万元，该总承包单位需缴纳的营业税＝900×3%＝27 万元。

2.3.5 建筑安装工程费用计算程序

根据建设部第 107 号部令《建筑工程施工发包与承包计价管理办法》的规定，发包与承包价的计算方法分为工料单价法和综合单价法。

一、工料单价法计价程序

工料单价法是以分部分项工程量乘以单价后的合计为直接工程费，直接工程费以人工、材料、机械的消耗量及其相应价格确定。直接工程费汇总后另加间接费、利润、税金生成工程发承包价，其计算程序分为三种。

(一) 以直接费为计算基础

以直接费为计算基础的计算程序见表 2-5。

表 2-5　以直接费为计算基础的工料单价法计价程序

序号	费用项目	计算方法	备注
1	直接工程费	按预算表	
2	措施费	按规定标准计算	
3	小计	(1)＋(2)	
4	间接费	(3)×相应费率	
5	利润	[(3)＋(4)]×相应利润率	
6	合计	(3)＋(4)＋(5)	
7	含税造价	(6)×(1＋相应税率)	

【例 2-24】 某土方工程直接工程费为 300 万元，以直接费为计算基础计算建筑安装工

程费，其中措施费为直接工程费的5%，间接费费率的8%，利润率为4%，综合计税系数为3.41%。列表计算该工程的建筑安装工程造价。

解 计算该工程的建筑安装工程造价见表2-6。

表2-6 建筑安装工程造价计算过程

序号	费用项目	计算方法
1	直接工程费	300
2	措施费	(1)×5%=15
3	直接费	(1)+(2)=300+15=315
4	间接费	(3)×8%=315×8%=25.2
5	利润	[(3)+(4)]×4%=(315+25.2)×4%=13.608
6	不含税造价	(3)+(4)+(5)=300+25.2+13.608=338.808
7	税金	(6)×3.41%=338.808×3.41%=11.553
8	含税造价	(6+7)=338.808+11.553=350.361

该工程的建筑安装工程造价为350.361万元。

(二) 以人工费和机械费为计算基础

以人工费和机械费为计算基础计算过程见表2-7。

表2-7 以人工费和机械费为计算基础的工料单价法计价程序

序号	费用项目	计算方法	备注
1	直接工程费	按预算表	
2	其中人工费和机械费	按预算表	
3	措施费	按规定标准计算	
4	其中人工费和机械费	按规定标准计算	
5	小计	(1)+(3)	
6	人工费和机械费小计	(2)+(4)	
7	间接费	(6)×相应费率	
8	利润	(6)×相应利润率	
9	合计	(5)+(7)+(8)	
10	含税造价	(9)×(1+相应税率)	

(三) 以人工费为计算基础

以人工费为计算基础的计算过程见表2-8。

表2-8 以人工费为计算基础的工料单价法计价程序

序号	费用项目	计算方法	备注
1	直接工程费	按预算表	
2	直接工程费中人工费	按预算表	
3	措施费	按规定标准计算	
4	措施费中人工费	按规定标准计算	

续表

序号	费用项目	计算方法	备注
5	小计	(1)＋(3)	
6	人工费小计	(2)＋(4)	
7	间接费	(6)×相应费率	
8	利润	(6)×相应利润率	
9	合计	(5)＋(7)＋(8)	
10	含税造价	(9)×(1＋相应税率)	

二、综合单价法计价程序

综合单价法是分部分项工程单价为全费用单价，全费用单价经综合计算后生成，其内容包括直接工程费、间接费、利润和税金（措施费也可按此方法生成全费用价格）。

各分项工程量乘以综合单价的合价汇总后，生成工程发承包价。

由于各分部分项工程中的人工、材料、机械含量的比例不同，各分项工程可根据其材料费占人工费、材料费、机械费合计的比例（以字母“C”代表该项比值）在以下三种计算程序中选择一种计算其综合单价。

（1）当 $C>C_0$（C_0 为本地区原费用定额测算所选典型工程材料费占人工费、材料费和机械费合计的比例）时，可采用以人工费、材料费、机械费合计为基数计算该分项的间接费和利润，见表 2－9。

表 2－9　　以直接费为计算基础的综合单价法计价程序

序号	费用项目	计算方法	备注
1	分项直接工程费	人工费＋材料费＋机械费	
2	间接费	(1)×相应费率	
3	利润	[(1)＋(2)]×相应利润率	
4	合计	(1)＋(2)＋(3)	
5	含税造价	(4)×(1＋相应税率)	

（2）当 $C<C_0$ 值的下限时，可采用以人工费和机械费合计为基数计算该分项的间接费和利润。

以人工费和机械费为计算基础见表 2－10。

表 2－10　　以人工费和机械费为计算基础的综合单价法计价程序

序号	费用项目	计算方法	备注
1	分项直接工程费	人工费＋材料费＋机械费	
2	其中人工费和机械费	人工费＋机械费	
3	间接费	(2)×相应费率	
4	利润	(2)×相应利润率	
5	合计	(1)＋(3)＋(4)	
6	含税造价	(5)×(1＋相应税率)	

(3) 如该分项的直接费仅为人工费，无材料费和机械费时，可采用以人工费为基数计算该分项的间接费和利润。

以人工费为计算基础计算过程见表 2-11。

表 2-11 以人工费为计算基础的综合单价法计价程序

序号	费用项目	计算方法	备注
1	分项直接工程费	人工费＋材料费＋机械费	
2	直接工程费中人工费	人工费	
3	间接费	(2)×相应费率	
4	利润	(2)×相应利润率	
5	合计	(1)＋(3)＋(4)	
6	含税造价	(5)×(1＋相应税率)	

2.4 工程建设其他费用组成

工程建设其他费用，是指从工程筹建起到工程竣工验收交付使用止的整个建设期间，除建筑安装工程费用和设备及工、器具购置费用以外的，为保证工程建设顺利完成和交付使用后能够正常发挥效用而发生的各项费用。

工程建设其他费用，按其内容大体可分为三类，第一类指土地使用费，第二类指与工程建设有关的其他费用，第三类指与未来企业生产经营有关的其他费用。

2.4.1 土地使用费

任何一个建设项目都固定于一定地点与地面相连接，必须占用一定量的土地，也就必然要发生为获得建设用地而支付的费用，这就是土地使用费。它是指通过划拨方式取得土地使用权而支付的土地征用及迁移补偿费，或者通过土地使用权出让方式取得土地使用权而支付的土地使用权出让金。

一、土地征用及迁移补偿费

土地征用及迁移补偿费，是指建设项目通过划拨方式取得无限期的土地使用权，依照《中华人民共和国土地管理法》等规定所支付的费用。其总和一般不得超过被征土地年产值的 30 倍，土地年产值则按该地被征用前三年的平均产量和国家规定的价格计算。内容主要包括土地补偿费，青苗补偿费和被征用土地上的房屋、水井、树木等附着物补偿费，安置补助费，缴纳的耕地占用税或城镇土地使用税、土地登记费及征地管理费等，征地动迁费，水利水电工程水库淹没处理补偿费。

(1) 土地补偿费。征用耕地（包括菜地）的补偿标准，按政府规定，为该耕地被征用前三年平均年产值的 6～10 倍。

(2) 青苗补偿费和被征用土地上的房屋、水井、树木等附着物补偿费。

(3) 安置补偿费。每一个需要安置的农业人口的安置补助费标准，为该耕地被征用前三年平均年产值的 4～6 倍。但是，每公顷被征用耕地的安置补助费，最高不得超过被征用前三年平均年产值的 15 倍。

(4) 缴纳的耕地占用税或城镇土地使用税、土地登记费及征地管理费等。县市土地管理机关从征地费中提取土地管理费的比率，要按征地工作量大小，视不同情况，在1%～4%幅度内提取。

(5) 征地动迁费。包括征用土地上的房屋及附属构筑物、城市公共设施等拆除、迁建补偿费、搬迁运输费，企业单位因搬迁造成的减产、停工损失补贴费，拆迁管理费等。

(6) 水利水电工程水库淹没处理补偿费。

二、土地使用权出让金

土地使用权出让金，指建设项目通过土地使用权出让方式，取得有限期的土地使用权，依照中华人民共和国城镇国有土地使用权出让和转让暂行条例规定，支付的土地使用权出让金。

(1) 明确国家是城市土地唯一的所有者，并分层次、有偿、有限期地出让、转让城市土地。第一层次是城市政府将国有土地使用权出让给用地者，该层次由城市政府垄断经营。出让对象可以是有法人资格的企事业单位，也可以是外商。第二层次及以下层次的转让则发生在使用者之间。

(2) 出让和转让方式：协议、招标、公开拍卖等。

1) 协议方式是由用地单位申请，经市政府批准同意后双方洽谈具体地块及地价。该方式适用于市政工程、公益事业用地，以及需要减免地价的机关、部队用地和需要重点扶持、优先发展的产业用地。

2) 招标方式是在规定的期限内，由用地单位以书面形式投标，市政府根据投标报价、所提供的规划方案以及企业信誉综合考虑，择优而取。该方式适用于一般工程建设用地。

3) 公开拍卖是指在指定的地点和时间，由申请用地者叫价应价，价高者得。这完全是由市场竞争决定的，适用于盈利高的行业用地。

(3) 在有偿出让和转让土地时，政府对地价不作统一规定，但应坚持以下原则：

1) 地价对目前的投资环境不产生大的影响。

2) 地价与当地的社会经济承受能力相适应。

3) 地价要考虑已投入的土地开发费用、土地市场供求关系、土地用途和使用年限。

(4) 关于政府有偿出让土地使用权的年限，各地可根据时间、区位等各种条件不同的规定。根据《中华人民共和国城镇国有土地使用权出让和转让暂行条例》，土地使用权出让最高年限按下列用途确定：

1) 居住用地70年。

2) 工业用地50年。

3) 教育、科技、文化、卫生、体育用地50年。

4) 商业、旅游、娱乐用地40年。

5) 综合或者其他用地50年。

(5) 土地有偿出让和转让，土地使用者和所有者要签约，明确使用者对土地享有的权利和对土地所有者应承担的义务。

1) 有偿出让和转让使用权，要向土地受让者征收契税。

2) 转让土地如有增值，要向转让者征收土地增值税。

3) 在土地转让期间，国家要区别不同地段，不同用途向土地使用者收取土地占用费。

（6）两税一费：城镇土地使用税、新增建设用地有偿使用费、耕地占用税。

2.4.2 与项目建设有关的其他费用

根据项目的不同，与项目建设有关的其他费用的构成也不尽相同，一般包括以下各项，在进行工程估算及概算中可根据实际情况进行计算。

一、建设单位管理费

建设单位管理费是指建设项目从立项、筹建、建设、联合试运转、竣工验收交付使用及后评估等全过程管理所需费用。

建设单位管理费内容包括：

（1）建设单位开办费。建设单位开办费指新建项目为保证筹建和建设工作正常进行所需办公设备、生活家具、用具、交通工具等购置费用。

（2）建设单位经费。建设单位经费包括工作人员的基本工资、工资性补贴、职工福利费、劳动保护费、劳动保险费、办公费、差旅交通费、工会经费、职工教育费、固定资产使用费、工具用具使用费、技术图书资料费、生产人员招募费、工程招标费、合同契约公证费、工程质量监督检测费、工程咨询费、法律顾问费、审计费、业务招待费、排污费、竣工交付使用清理及竣工验收费、后评估等费用。不包括应计入设备、材料预算价格的建议单位采购及保管设备材料所需的费用。

建设单位管理费按照单项工程费用之和（包括设备工器具购置费和建筑安装工程费用）乘以建设单位管理费费率计算。

建设单位管理费费率按照建设项目的不同性质、不同规模确定。有的建设项目按照建设工期和规定的金额计算建设单位管理费。

二、勘察设计费

勘察设计费是指为本建设项目提供项目建议书、可行性研究报告及设计文件等所需费用，内容包括：

（1）编制项目建议书、可行性研究报告及投资估算、工程咨询、评价，以及为编制上述文件所进行勘察、设计、研究实验等所需费用。

（2）委托勘察、设计单位进行初步设计、施工图设计及概预算编制等所需费用。

（3）在规定范围内由建设单位自行完成的勘察、设计工作所需费用。

三、研究试验费

研究试验费是指为建设项目提供和验证设计参数、数据、资料等所进行的必要的试验费用以及设计规定在施工中必须进行试验、验证所需费用。具体包括自行或委托其他部门研究试验所需人工费、材料费、试验设备及仪器使用费等。这项费用按照设计单位根据本工程项目的需要提出的研究试验内容和要求计算。

四、建设单位临时设施费

建设单位临时设施费是指建设期间建设单位所需临时设施的搭设、维修、摊销费用或租赁费用。

临时设施包括临时宿舍、文化福利及公用事业房屋与构筑物、仓库、办公室、加工厂，以及规定范围内的道路、水、电、管线等临时设施和小型临时设施。

五、工程监理费

工程监理费是指建设单位委托工程监理单位对工程实施监理工作所需费用。根据国家物价局、建设部的文件规定，选择下列方法之一计算：

（1）一般情况应按工程建设监理收费标准计算，即按所监理工程概算或预算的百分比计算。

（2）对于单工种或临时性项目可根据参与监理的年度平均人数计算。

六、工程保险费

工程保险费是指建设项目在建设期间根据需要实施工程保险所需的费用。具体包括以各种建筑工程及其在施工过程中的材料、机器设备为保险标的的建筑工程一切险，以安装工程中的各种机器、机械设备为保险标的的安装工程一切险，以及机器损坏保险等。根据不同的工程类别，分别以其建筑、安装工程费乘以建筑、安装工程保险费率计算。民用建筑（住宅楼、综合性大楼、商场、旅馆、医院、学校）占建筑工程费的2%～4%；其他建筑（工业厂房、仓库、道路、码头、水坝、隧道、桥梁、管道等）占建筑工程费的3%～6%；安装工程（农业、工业、机械、电子、电器、纺织、矿山、石油、化学及钢铁工业、钢结构桥梁）占建筑工程费的3%～6%。

七、引进技术和进口设备其他费用

（1）出国人员费用。出国人员费用指为引进技术和设备派出人员在国外培训和进行设计联络，设备检验等的差旅费、置装费、生活费等。这项费用根据设计规定的出国培训和工作的人数、时间及派往国家，按财政部、外交部规定的临时出国人员费用开支标准及中国民用航空公司现行国际航线票价等进行计算，其中使用外汇部分应计算银行财务费用。

（2）国外工程技术人员来华费用。国外工程技术人员来华费用指为安装进口设备、引进国外技术等聘用外国工程技术人员进行技术指导工作所发生的费用。具体包括技术服务费、外国技术人员的在华工资、生活补贴、差旅费、医药费、住宿费、交通费、宴请费、参观游览等招待费用。这项费用按每人每月费用指标计算。

（3）技术引进费。技术引进费指为引进国外先进技术而支付的费用。具体包括专利费、专有技术费（技术保密费）、国外设计及技术资料费、计算机软件费等。这项费用根据合同或协议的价格计算。

（4）分期或延期付款利息。分期或延期付款利息指利用出口信贷引进技术或进口设备采取分期或延期付款的办法所支付的利息。

（5）担保费。担保费指国内金融机构为买方出具保函的担保费。这项费用按有关金融机构规定的担保费率计算（一般可按承保金额的5%计算）。

（6）进口设备检验鉴定费用。进口设备检验鉴定费用指进口设备按规定付给商品检验部门的进口设备检验鉴定费。这项费用按进口设备货价的3%～5%。

八、工程承包费

工程承包费是指具有总承包条件的工程公司，对工程建设项目从开始建设至竣工投产全过程的总承包所需的管理费用。具体内容包括组织勘察设计、设备材料采购、非标设备设计制造与销售、施工招标、发包、工程预决算、项目管理、施工质量监督、隐蔽工程检查、验收和试车直至竣工投产的各种管理费用。该费用按国家主管部门或省、自治区、直辖市协调规定的工程总承包费取费标准计算。如无规定，一般工业建设项目为投资估算的6%～8%，民用建筑（包括住宅建设）和市政项目为4%～6%。不实行工程总承包的项目不计算本项费用。

【例 2-25】 某工程建设总投资为4000万元，建设单位管理费费率为2.4%，职工教育经费为5000元，建筑安装工程保险费率为3.1%，临时设施为3万元，招标代理服务费率为0.35%，工程勘察费用率为0.55%，问建设工程其他费用为多少万元?

解 建设工程其他费＝建设单位管理费＋建筑安装工程保险费＋招标代理服务费＋工程勘察费用

＝4000×2.4%＋4000×3.1%＋4000×0.35%＋4000×0.55%

＝256万元

建设工程其他费用为256万元。

2.4.3 与未来企业生产经营有关的其他费用

一、联合试运转费

联合试运转费是指新建企业或新增加生产工艺过程中的扩建企业在竣工验收前，按照设计规定的工程质量标准，进行整个车间的负荷或无负荷联合试运转发生的费用支出大于试运转收入的亏损部分。费用内容包括试运转所需的原料、燃料、油料和动力的费用，机械使用费用，低值易耗品及其他物品的购置费用和施工单位参加联合试运转人员的工资等。试运转收入包括试运转产品销售和其他收入。不包括应由设备安装工程费项下开支的单台设备调试费及试车费用。联合试运转费一般根据不同性质的项目按需要试运转车间的工艺设备购置费的百分比计算。

二、生产准备费

生产准备费是指新建企业或新增生产能力的企业，为保证竣工交付使用进行必要的生产准备所发生的费用。费用内容包括：

(1) 生产人员培训费，包括自行培训、委托其他单位培训的人员的工资、工资性补贴、职工福利费、差旅交通费、学习资料费、学习费、劳动保护费等。

(2) 生产单位提前进厂参加施工、设备安装、调试等以及熟悉工艺流程及设备性能等人员的工资、工资性补贴、职工福利费、差旅交通费、劳动保护费等。

生产准备费一般根据需要培训和提前进厂人员的人数及培训时间按生产准备费指标进行估算。

应该指出，生产准备费在实际执行中是一笔在时间上、人数上、培训深度上很难划分的、活口很大的支出，尤其要严格掌握。

三、办公和生活家居购置费

办公和生活家具购置费是指为保证新建、改建、扩建项目初期正常生产、使用和管理所必须购置的办公和生活家居、用具的费用。改、扩建项目所需的办公和生活用具购置费，应低于新建项目。其范围包括办公室、会议室、资料档案室、阅览室、文娱室、食堂、浴室、理发室、单身宿舍和设计规定必须建设的托儿所、卫生所、招待所、中小学校等家具用具购置费。这项费用按照设计定员人数乘以综合指标计算，一般为600～800元/人。

2.5 预备费和建设期贷款利息

2.5.1 预备费

按我国现行规定，包括基本预备费和涨价预备费。

一、基本预备费

基本预备费是指在初步设计及概算内难以预料的工程费用，费用内容包括：

(1) 在批准的初步设计范围内，技术设计、施工图设计及施工过程中所增加的工程费用；设计变更、局部地基处理等增加的费用。

(2) 一般自然灾害造成的损失和预防自然灾害所采取的措施费用。实行工程保险的工程项目费用应适当降低。

(3) 竣工验收时为鉴定工程质量对隐蔽工程进行必要的挖掘和修复费用。

基本预备费是按设备及工器具购置费、建筑安装工程费用和工程建设其他费用三者之和为计取基础，乘以基本预备费率进行计算。

二、涨价预备费

涨价预备费是指建设项目在建设期间内由于价格等变化引起工程造价变化的预测预留费用。费用内容包括人工、设备、材料、施工机械的价差费，建筑安装工程费及工程建设其他费用调整，利率、汇率调整等增加的费用。

涨价预备费的测算方法，一般根据国家规定的投资综合价格指数，按估算年份价格水平的投资额为基数，采用复利方法计算。计算公式为

$$PF = \sum_{i=0}^{n} I_t[(1+f)^t - 1] \tag{2.71}$$

式中 PF——涨价预备费；

n——建设期年份数；

I_t——建设期中第 t 年的设备、工器具购置费与建筑安装工程费之和；

f——年均投资价格上涨率。

【例 2-26】 某建设项目，建设期为 3 年，各年投资计划额如下，第一年投资 7200 万元，第二年 10 800 万元，第三年 3600 万元，年均投资价格上涨率为 6%，求建设项目建设期间涨价预备费。

解 第一年涨价预备费为

$$PF_1 = I_1[(1+f)-1] = 7200 \times 0.6$$

第二年涨价预备费为

$$PF_2 = I_2[(1+f)^2 - 1] = 10\,800 \times (1.06^2 - 1)$$

第三年涨价预备费为

$$PF_3 = I_3[(1+f)^3 - 1] = 3600 \times (1.06^3 - 1)$$

所以，建设期的涨价预备费为

$$PF_1 = 7200 \times 0.06 + 10\,800 \times (1.06^2 - 1) + 3600 \times (1.06^3 - 1) = 2454.54 \text{ 万元}$$

建设项目建设期间涨价预备费为 2454.54 万元。

2.5.2 建设期贷款利息

建设期贷款利息包括向国内银行和其他非银行金融机构贷款、出口信贷、外国政府贷款、国际商业银行贷款，以及在境内外发行的债券等在建设期间内应偿还的贷款利息。

当总贷款是分年均额发放时，建设期利息的计算可按当年借款在年终支用考虑，即当年贷款按半年计息，上年贷款按全年计息。计算公式为

$$q_j = \left(P_{j-1} + \frac{1}{2}A_j\right) \times i \tag{2.72}$$

式中 q_j——建设期第 j 年应计利息；

P_{j-1}——建设期第（$j-1$）年末贷款累计金额与利息累计金额之和；

A_j——建设期第 j 年贷款金额；

i——年利率。

【例 2-27】 某新建项目，建设期 3 年，第一年贷款 300 万元，第二年贷款 600 万元，第三年没有贷款。贷款在年度内均衡发放。根据贷款协定：年利率（不包括以年利率方式收取的其他相关费用的费率）为 4%，以年利率方式收取的担保费和管理费 2%，贷款本息均在项目投产后偿还，则该项目第三年的贷款利息是多少万元？

解 本题考核建设期利息的计算。建设期利息可按当年借款在年中支用考虑，即当年贷款按半年计息，上年贷款按全年计息。

本题只考核其中一年，且第三年无贷款。要计算第三年的贷款利息，务必要计算前面各期的贷款利息，此处利息应包括以年利率方式收取的担保费和管理费。

贷款利率为

$$4\%+2\%=6\%$$

第一年贷款利息为

$$300\times1/2\times6\%=9\text{ 万元}$$

第二年贷款利息为

$$(300+9+1/2\times600)\times6\%=36.54\text{ 万元}$$

第三年贷款利息为

$$(300+9+600+36.54)\times6\%=56.73\text{ 万元}$$

则该项目第三年的贷款利息是 56.73 万元。

【例 2-28】 某新建项目，建设期为 3 年，分年均衡进行贷款，第一年贷款 300 万元，第二年 600 万元，第三年 400 万元，年利率为 12%，建设期内利息只计息不支付，计算建设期贷款利息。

解 在建设期，各年利息计算如下

$$q_1=\frac{1}{2}A_1\times i=\frac{1}{2}\times300\times12\%=18\text{ 万元}$$

$$q_2=\left(P_1+\frac{1}{2}A_2\right)\times i=\left(300+18+\frac{1}{2}\times600\right)\times12\%=74.16\text{ 万元}$$

$$q_3=\left(P_2+\frac{1}{2}A_3\right)\times i=\left(318+600+74.16+\frac{1}{2}\times400\right)\times12\%=143.06\text{ 万元}$$

$$q=q_1+q_2+q_3=18+74.16+143.06=235.22\text{ 万元}$$

则建设期贷款利息为 235.22 万元。

2.5.3 铺底流动资金

铺底流动资金是项目投产初期所需，为保证项目建成后进行试运转所必需的流动资金，一般按项目建成后所需全部流动资金的 30%计算。

流动资金是指生产性项目投产后，用于购买原材料、燃料、支付工资福利和其他经费等所需要的周转资金，流动资金的估算方法有扩大指标估算法和分项详细估算法两种。

一、扩大指标估算法

此方法是参照同类企业的流动资金占营业收入、经营成本的比例或者是单位产量占用营

运资金的数额估算流动资金，并按以下公式计算

流动资金额 = 各种费用基数 × 相应的流动资金所占比例(或占营运资金的数额)　(2.73)

式中，各种费用基数是指年营业收入，年经营成本或年产量等。

二、分项详细估算法

为了简化计算，估算时仅对存货、现金、应收账款和应付账款四项内容进行估算。

例如为保证新建地方铁路项目投产初期正常运营所需流动资金有可靠来源，根据原国家计委的规定，计列本项费用。主要用于购买原材料、燃料、动力，支付职工工资和其他有关费用。

本项费用按下列指标计列：新建Ⅰ级地方铁路 6 万元/正线公里；新建Ⅱ级地方铁路 4.5 万元/正线公里。既有线改扩建、增建二线以及电气化改造工程不计列铺底流动资金。

【例 2-29】 某建设工程在建设期初的建安工程费和设备工器具购置费为 45 000 万元。按本项目实施进度计划，项目建设期为 3 年，投资分年使用比例为：第一年 25%，第二年 55%，第三年 20%，建设期内预计年平均价格总水平上涨率为 5%。建设期贷款利息为 1395 万元，建设工程其他费用为 3860 万元，基本预备费率为 10%。试估算该项目的固定资产投资。

解　(1) 计算项目的涨价预备费。

第一年末的涨价预备费 $= 45\,000 \times 25\% \times [(1+0.05) \times 1 - 1] = 562.5$

第二年末的涨价预备费 $= 45\,000 \times 55\% \times [(1+0.05) \times 2 - 1] = 2536.88$

第三年末的涨价预备费 $= 45\,000 \times 20\% \times [(1+0.05) \times 3 - 1] = 1418.63$

该项目建设期的涨价预备费 $= 562.5 + 2536.88 + 1418.63 = 4518.01$ 万元

(2) 计算项目的建设投资。

固定资产投资 = 静态投资 + 建设期贷款利息 + 涨价预备费

$= (45\,000 + 3860) \times (1 + 10\%) + 1395 + 4518.01 = 59\,659.01$ 万元

则该项目的固定资产投资为 59 659.01 万元。

本章小结

本章介绍了建设工程投资构成以及各项费用的计算。建设工程投资构成可分为设备及工、器具购置费，建筑安装工程费用，工程其他建设费用，预备费，流动资产投资，建设期贷款利息和铺底流动资金。由于项目自身的特点，不论是什么角色，都希望投资少、质量好、利润高，所以必须要先了解整个项目的投资构成，这样才能做到心中有数。

习　题

一、单选题（每题的备选项中，只有 1 项为正确选项）

1. 某建设项目工程造价中，直接工程费 150 万元，施工排水、降水费 5.5 万元，工具用具使用费 3 万元，基本预备费为 20 万元，临时设施费 2 万元，设备购置费 100 万元，则

上述投资中属于直接费的合计为（ ）万元。

A. 160.5 B. 157.5 C. 177.5 D. 180.5

2. 根据我国现行建筑安装工程费用项目组成的规定，检验试验费应计入（ ）。

A. 施工企业的材料费 B. 施工企业的规费

C. 施工企业的措施费 D. 施工企业管理费

3. 工程招标费应计入（ ）。

A. 项目管理费 B. 建设单位开办费

C. 勘察设计费 D. 建设单位经费

4. 施工单位生产工人劳动保护费属于（ ）。

A. 直接工程费中的人工费 B. 措施费

C. 企业管理费中的劳动保险费 D. 社会保障费

5. 通过划拨方式取得土地使用权支付的土地使用费是（ ）。

A. 土地开发成本＋利润 B. 土地转让金

C. 土地征用及迁移补偿费 D. 土地使用权出让金

6. 某工程采用工料单价法计价程序，以直接费为计算基础。已知该工程直接工程费为8000万元，措施费为500万元，间接费率为12%，利润率为4%，计税系数为3.41%，则该工程的含税造价为（ ）万元。

A. 12 821.03 B. 12 109.77 C. 10 238.42 D. 9886.82

7. 某工程的分项工程材料费占直接工程费的比例为75%，该地区原费用定额测算所选典型工程材料费占人、料、机费用合计的比例为60%，根据综合单价法计价程序，宜采用（ ）。

A. 直接工程费 B. 人工费和机械费合计

C. 人工费 D. 材料费和机械费合计

8. 对工料单价法计算程序，说法不正确的是（ ）。

A. 工料单价法计价程序可以以直接费为计算基础

B. 工料单价法是以分部分项工程量乘以单价后的合计得到直接工程费

C. 直接工程费汇总后加上措施费、间接费、利润和税金生成工程承包价

D. 工料单价法计价可以以机械费为计算基础

9. 下列费用中不属于直接工程费的是（ ）。

A. 材料费 B. 企业管理费 C. 其他直接费 D. 现场经费

10. 建设单位管理人员工资应计入（ ）。

A. 预备费 B. 建设单位经费 C. 开办费 D. 企业管理费

二、多选题（每题的备选项中，有2项或2项以上符合题意，至少有1项错项）

1. 设备及工、器具购置费用包括（ ）。

A. 设备购置费 B. 工器具购置费

C. 进口设备检验鉴定费 D. 生产家具购置费

E. 办公家具购置费

2. 在下列费用中，属于与未来企业生产经营有关的其他费用有（ ）。

A. 办公家具购置费 B. 生产家具购置费

C. 生产人员培训费　　D. 生活家具购置费

E. 生产设备担保费

3. 基本预备费等于（　　）之和乘以基本预备费率。

A. 设备及工器具购置费　　B. 建安工程费

C. 建设期贷款利息　　D. 工程建设其他费用

E. 涨价预备费

4. 关于建筑安装工程费用构成中取费项目的取费基础，下列表述正确的有（　　）。

A. 土建工程的间接费以直接费为取费基础

B. 土建工程的文明施工费以直接工程费为取费基础

C. 安装工程的现场管理费以人工费为取费基础

D. 土建工程的安全施工费以直接工程费为取费基础

E. 土建工程的其他直接费以直接工程费为取费基础

5. 以下（　　）属于机械台班单价组成内容。

A. 折旧费　　B. 台班租赁费　　C. 场外运输费　　D. 安拆费

E. 大型机械设备进出场费

6. 下列哪些费用属于土地征用及迁移补偿费（　　）。

A. 征地动迁费　　B. 土地使用权出让金

C. 安置补助费　　D. 土地清理费

E. 青苗补偿费

7. 建设项目投资构成中的基本预备费指（　　）。

A. 在初步设计中难以预料的工程和费用增加

B. 预防自然灾害采取的措施费

C. 由于一般自然灾害造成的损失

D. 由于物价变化引起的费用

E. 由于汇率、税率、贷款利率等变化引起的费用

三、简答题

1. 简述我国现行建设工程投资构成。

2. 简述设备、工器具购置费用的构成。

3. 简述建筑安装工程费用的构成。

4. 简述工程建设其他费用的构成。

四、案例分析

1. 某拟建工业建设项目，各项数据如下：

主要生产项目 7400 万元；辅助生产项目 4900 万元；公用工程 2200 万元；环境保护工程 660 万元；总图运输工程 330 万元；服务性工程建筑工程费 160 万元；生活福利工程建筑工程费 220 万元；厂外工程建筑工程费 110 万元；工程建设其他费用占建筑安装工程费、设备购置费之和的 5%；基本预备费率为 10%；建设期各年涨价预备费费率为 6%；建设期为 2 年，第一年、第二年分别投资 60%和 40%。建设资金来源为：第一年贷款 5000 万元，第二年贷款 4800 万元，其余为自有资金，贷款年利率为 6%（每半年计息一次）。

问题：列式计算工程建设其他费用、基本预备费、涨价预备费、建设期贷款利息。

2. 某拟建工业建设项目，各项数据如下：

(1) 建设期为2年，第一年完成项目的全部投资40%，第二年完成60%，第三年项目投产并且达到设计生产能力，预计年产量为3000万吨。

(2) 全套设备拟从国外进口，重量1850吨，装运港船上交货价为460万美元，国际运费标准为330美元/吨，海上运输保险费率为0.267%，银行财务费费率为0.45%，外贸手续费费率为1.7%，关税税率为22%，增值税税率为17%，美元对人民币的银行牌价为1∶6.83，设备的国内运杂费率为2.3%。

(3) 该项目的建筑工程费占设备购置投资的33.95%，安装工程费占设备购置投资的11.50%，工程建设其他费占设备购置投资的8.32%。

(4) 本项目中固定资产投资中有2000万元来自银行贷款，其余为自有资金，且不论借款还是自有资金均按计划比例投入。根据借款协议，贷款利率按10%计算，基本预备费费率10%，建设期内涨价预备费平均费率为6%。

(5) 根据已建成同类项目资料，每万吨产品占用流动资金为1.3万元。

问题：

(1) 计算该项目进口设备购置费。

(2) 估算项目固定资产投资。

(3) 估算流动资金。

(4) 估算该项目的总投资。

第3章 建设工程投资确定的依据

学习目标

了解工程定额体系和工程定额的特点，熟悉工程定额计价的基本程序；熟悉工程量清单计价的基本方法及程序，掌握工程量清单计价与定额计价的区别；了解工程投资确定的其他依据。

一般而言，在建设工程开始施工之前，应预先对建设工程投资进行计算和确定。建设工程投资在不同阶段的具体表现形式为投资估算、设计概算、施工图预算、招标工程标底、投标报价、工程合同等。建设工程投资表现形式多种多样，但确定的基本原理是相同的。采用何种建设工程投资的计算方法和表现形式主要取决于对建设工程的了解程度，应与建设工程和建设工作的深度相适应。建设工程投资的计算方法和表现形式不同，所需的确定依据也就有所不同。建设工程投资确定的依据是指进行建设工程投资确定所必需的基础数据和资料，主要包括工程定额、工程量清单、要素市场价格信息、工程技术文件、环境条件与工程建设实施组织和技术方案等。

3.1 工程定额计价

定额计价是指根据招标文件，按照各国家建设行政主管部门发布的建设工程预算定额的"工程量计算规则"，同时参照省级建设行政主管部门发布的人工工日单价、机械台班单价、材料以及设备价格信息及同期市场价格，直接计算出直接工程费，再按规定的计算方法计算间接费、利润、税金，汇总确定建筑安装工程造价。

经过几十年的发展和积累，作为建设工程投资确定依据的定额已基本门类齐全，成龙配套，定额体系已初步建立起来。

3.1.1 工程定额体系

工程建设是物质资料的生产活动，物资资料的生产过程，必然也是生产的消费过程。在工程项目建设过程中，需要消耗大量的人力、物力和资金。中华人民共和国成立以来，建筑安装行业发展很快，在经营生产管理中，各类标准工程定额是核算工程成本、确定工程造价的基本依据。这些工程定额经过多次修订，已经形成一个由全国统一定额、地区统一定额、行业统一定额、企业定额等组成的较完整的定额体系，属于工程经济标准化范畴。

一、按定额的适用范围分类

（一）全国统一定额

全国统一定额是由国家建设行政主管部门综合全国工程建设中技术和施工组织管理的情况编制，并在全国范围内执行的定额。

（二）地区统一定额

地区统一定额主要是考虑地区性的特点和全国统一定额水平作适当调整和补充编制的一类定额，它包括省、自治区、直辖市定额。

（三）行业统一定额

行业统一定额是考虑到各行业部门专业工程技术特点，以及施工生产和管理水平编制的，一般是只在本行业和相同专业性质的范围内使用的一类定额。

（四）企业定额

企业定额是由施工企业考虑本企业具体情况，参照国家、部门或地区定额的水平制定的定额。企业定额只在企业内部使用，是企业素质的一个标志。企业定额水平一般应高于国家现行定额，才能满足生产技术发展、企业管理和市场竞争的需要。在工程量清单方式下，企业定额正发挥着越来越大的作用。

二、按定额反映的生产要素消耗内容分类

（一）人工定额

人工定额是指为完成一定数量的合格产品（工程实体或劳务）规定或劳动消耗的数量标准。为了便于综合和核算，人工定额大多采用工作时间消耗量来计算劳动消耗的数量。人工定额的主要表现形式是时间定额，但同时也表现为产量定额。时间定额与产量定额互为倒数。

(1) 时间定额。

时间定额，是指在正常的施工技术和组织条件下，某种专业的工人班组或个人完成符合质量要求的单位产品所必须的工作时间（工日）。

时间定额一般采用工日为计量单位，每个工日的工作时间按现行制度规定为8h。

时间定额的计算公式如下

$$\text{单位产品时间定额}=\frac{1}{\text{每工产量}} \tag{3.1}$$

或

$$\text{单位产品时间定额}=\frac{\text{小组成员工日数总和}}{\text{台班产量(班组完成产品数量)}} \tag{3.2}$$

(2) 产量定额。

产量定额，是指在正常的施工技术和组织条件下，某种专业的工人班组或个人在单位工日内应完成符合质量要求的产品数量。

产量定额的计量单位是多种多样的，通常是以1个工日完成合格产品数量来表示。产量定额的计算公式如下

$$\text{产量定额}=\frac{1}{\text{单位产品时间定额}} \tag{3.3}$$

$$\text{台班产量定额}=\frac{\text{小组成员工日数和}}{\text{单位产品时间定额}} \tag{3.4}$$

(3) 时间定额与产量定额的关系。

在实际应用中，经常会碰到要由时间定额推算出产量定额，或由产量定额折算出时间定额的情况，这就需要了解两者的关系。

时间定额与产量定额在数值上互为倒数关系，即

$$时间定额 = \frac{1}{产量定额} \tag{3.5}$$

$$时间定额 \times 产量定额 = 1 \tag{3.6}$$

人工定额是用分数表示的，分子为时间定额，分母为产量定额。

时间定额和产量定额，虽然以不同的形式表示同一个人工定额，但却有不同的用途。时间定额是以工日为计量单位，便于计算某分部（项）工程所需的总工日数，也易于核算工资和编制施工进度计划。产量定额是以产品数量为计量单位，便于施工小组分配任务，考核工人劳动生产率。

（二）机械定额

机械消耗定额是以一台机械一个工作班为计量单位，所以又称为机械台班定额。机械消耗定额是指为完成一定数量的合格产品（工程实体或劳务）所规定的施工机械消耗的数量标准。按其表现形式，可分为机械时间定额和机械产量定额。

(1) 机械时间定额。

机械时间定额，是指在合理劳动组织和合理使用机械正常施工的条件下，由熟练工人或工人小组操纵使用机械，完成单位合格产品所必须消耗的机械工作时间。其计量单位，用"台班"或"工日"表示。

(2) 机械产量定额。

机械产量定额，是指在合理劳动组织和合理使用机械正常施工的条件下，机械在单位时间内应完成的合格产品数量。其计量单位，用 m^2、m^3、块等表示。

机械时间定额与机械产量定额也互为倒数关系，即

$$机械时间定额 \times 机械产量定额 = 1$$

(3) 确定机械台班定额消耗量的基本方法如下：

1) 确定正常的施工条件。

拟定机械工作正常条件，主要是拟定工作地点的合理组织和合理的工人编制。

2) 确定机械 1h 纯工作正常生产率。

确定机械正常生产率时，必须首先确定出机械纯工作 1h 的正常生产效率。

机械纯工作时间，就是指机械的必需消耗时间。机械 1h 纯工作正常生产率，就是在正常施工组织条件下，具有必需的知识和技能的技术工人操纵机械 1h 的生产率。

根据机械工作特点的不同，机械 1h 纯工作正常生产率的确定方法，也有所不同。对于循环动作机械，确定机械纯工作 1h 正常生产率的计算公式如下

$$机械一次循环的正常延续时间 = \sum(循环各组成部分正常延续时间) - 交叠时间 \tag{3.7}$$

$$机械纯工作 1h 循环次数 = 60 \times 60(s) / 一次循的正常延续时间 \tag{3.8}$$

$$机械纯工作 1h 正常生产率 = 机械纯工作 1h 正常循环次数 \times 一次循环生产的产品数量 \tag{3.9}$$

对于连续动作机械，确定机械纯工作 1h 正常生产率要根据机械的类型和结构特征，以及工作过程的特点来进行。计算公式如下

$$连续动作机械纯工作 1h 正常生产率 = 工作时内生产的产品数量 / 工作时间(h) \tag{3.10}$$

3) 确定施工机械的正常利用系数。

确定施工机械的正常利用系数，是指机械在工作班内对工作时间的利用率。要确定机械的正常利用系数，首先要拟定机械工作班的正常工作状况。

机械正常利用系数的计算公式如下

$$机械正常利用系数 = 机械在一个工作班内纯工作时间 / 一个工作延续时间(8h) \quad (3.11)$$

4）计算施工机械台班定额。

计算施工机械定额是编制机械定额工作的最后一步。在确定了机械工作正常条件、机械1h纯工作正常生产率和机械利用系数之后，采用下列公式计算施工机械的产量定额

$$施工机械台班产量定额 = 机械\ 1h\ 纯工作正常生产率 \times 工作班纯工作时间 \quad (3.12)$$

或

$$施工机械台班产量定额 = 机械\ 1h\ 纯工作正常生产率 \times 工作班延续时间 \times 机械正常利用系数 \quad (3.13)$$

$$施工机械时间定额 = 1/ 施工机械台班产量定额 \quad (3.14)$$

（三）材料定额

材料定额是指完成一定数量的合格产品所需消耗材料的数量标准。

这里所说的材料，一般是工程建设中使用的原材料、成品、半成品、构配件、燃料，以及水、电等动力资源的统称。材料作为劳动对象构成工程的实体，需用数量很大，种类很多。所以材料消耗量的多少，消耗是否合理，不仅关系到资源的有效利用，影响市场供求状况，而且对建设工程的项目投资、建筑产品的成本控制都起着决定性的作用。

材料消耗定额分为两大部分：一部分是直接用于建筑安装工程的材料，称为“材料净用量”；另一部分，则是操作过程中不可避免的废料和现场内不可避免的运输、装卸损耗，称为“材料的损耗量”。

材料净用量，是指在合理用料的条件下，生产合格产品所需直接用于建筑和安装工程的材料。

材料的损耗量，是指不可避免的施工废料和不可避免的材料损耗。

必须消耗的材料属于施工正常消耗，是确定材料消耗定额的基本数据。其中：直接用于建筑和安装工程的材料，编制材料净用量定额；不可避免的施工废料和材料损耗，编制材料损耗定额。

(1) 确定材料消耗量的基本方法。

1）利用现场技术测定法，主要是编制材料损耗定额。

2）利用实验室试验法，主要是编制材料净用量定额。

3）采用现场统计法，是通过对现场进料、用料的大量统计资料进行分析计算，获得材料消耗的数据。这种方法由于不能分清材料消耗的性质，因而不能作为确定材料净用量定额和材料损耗定额的依据。

4）理论计算法，是运用一定的数学公式计算材料损耗定额。

材料损耗量，用材料损耗率来表示。材料损耗率，是指材料的损耗量与材料净用量的比值。它可用下式表示

$$材料损耗率 = \frac{材料损耗量}{材料净用量} \times 100\% \quad (3.15)$$

材料损耗率确定后，材料消耗定额可用下式表示

$$材料消耗量 = 材料净用量 + 材料损耗量 \quad (3.16)$$

或

$$材料消耗量 = 材料净用量 \times (1 + 材料损耗率) \tag{3.17}$$

在现场施工中，各种建筑材料的消耗，主要取决于材料消耗定额。用科学的方法正确地规定材料净用量指标以及材料的损耗率，对降低工程成本、节约投资，具有十分重要的意义。

(2) 主要材料消耗定额的制定方法。

建筑材料的净用量和损耗量，通常采用现场观察法、试验室试验法、统计分析法和理论计算法等方法来确定。

1) 现场技术测定法。

现场材料技术测定法，是指在合理使用材料的条件下，对施工中实际完成的建筑产品的数量与所消耗的各种材料数量，进行现场观察测定的方法。

这种方法通常用于制订材料的损耗量。通过现场的观察，获得必要的现场资料，能测定出哪些材料是施工过程中不可避免的损耗，应该计入定额内；哪些材料是施工过程中可以避免的损耗，不应计入定额内。在现场观测中，同时测出合理的材料损耗量，即可据此制订出相应的材料消耗定额。

2) 试验室试验法。

试验室试验法，是指专业材料实验人员，通过实验仪器设备确定材料消耗定额的一种方法。

这种方法只适用于在试验室条件下测定混凝土、沥青、砂浆、油漆、涂料等材料的消耗定额。由于试验室工作条件与现场施工条件存在一定的差别，施工中的某些因素对材料消耗量的影响，不一定能充分考虑到。因此，对测出的数据，还要用观察法进行校核修正。

3) 现场统计分析法。

现场统计分析法，是指在现场施工中，对分部分项工程拨出的材料数量、完成建筑产品的数量、竣工后剩余材料的数量等资料，进行统计、整理和分析而编制材料消耗定额的方法。

这种方法主要是通过工地的工程任务单、限额领料单等有关记录取得所需要的资料，因而不能将施工过程中材料的合理损耗和不合理损耗区别开来，得出的材料消耗量准确性也不高。

4) 理论计算法。

理论计算法，是指根据设计图纸、施工规范及材料规格，运用一定的理论计算公式，制定材料消耗定额的方法。

这种方法主要适用于计算按件论块的现成制品材料。例如，材料中的砖石、镶贴材料等。理论计算法比较简单，先计算出材料的净用量、材料的损耗量，然后两者相加即为材料消耗定额。

① 装饰面层块材消耗量计算。

以块料面层块材理论计算为例，说明一般块料面层块料的消耗量计算。

以 $100m^2$ 为计量单位，其计算公式如下

$$面层用量 = \frac{100}{(块料长 + 灰缝) \times (块料宽 + 灰缝)} \times (1 + 损耗率) \tag{3.18}$$

【例 3-1】 奶油色面砖规格为 150mm×150mm，灰缝 1mm，其损耗率为 1.5%，试计算 $100m^2$ 地面釉面砖消耗量。

解　$$釉面砖消耗量 = \frac{100}{(0.15 + 0.001) \times (0.15 + 0.001)} \times (1 + 0.015) = 4452(块)$$

② 砌筑块材消耗量计算。

a. 计算每立方米1砖墙砖的净用量

$$砖数=\frac{1}{(砖宽+灰缝)\times(砖厚+灰缝)}\times\frac{1}{砖长} \tag{3.19}$$

b. 计算每立方米1砖墙砖的净用量

$$砖数=\left[\frac{1}{(砖长+灰缝)\times(砖厚+灰缝)}\times\frac{1}{(砖宽+灰缝)\times(砖厚+灰缝)}\right]\times\frac{1}{砖长+砖宽+灰缝} \tag{3.20}$$

c. 计算砂浆用量

$$砂浆(m^3)=(1m^3\ 砌体-砖数的体积)\times 1.07 \tag{3.21}$$

注：1.07是砂浆实体积折合为虚体积的系数。

砖和砂浆的损耗量是根据现场观察资料计算的，并以损耗率表现出来。

净用量和损耗量相加，即等于材料的消耗总量。

(3) 周转性材料消耗定额的制定方法

1）周转性材料，是指在施工过程中不是一次消耗完，而是多次周转使用的工具性材料。例如，搭设脚手架用的脚手杆、跳板等均属周转性材料。制订周转性材料消耗定额，应该按照多次使用、分期摊销的方法进行计算。

2）施工周转材料的计算。

在编制材料消耗定额时，应按多次使用、分次摊销的方法确定。材料消耗量中应计算材料摊销量，为此，应根据施工过程中各工序计算出一次使用量和摊销量。其计算公式为

$$一次使用量=材料净用量\times(1-材料损耗率) \tag{3.22}$$

$$材料摊销量=一次使用量\times 摊销系数 \tag{3.23}$$

$$摊销系数=\frac{周转使用系数-[(1-损耗率)\times 回收价值率]}{周转次数\times 100\%} \tag{3.24}$$

$$周转使用时数=\frac{[(周转次数-1)\times 损耗率]}{周转次数\times 100\%} \tag{3.25}$$

$$回收价值率=\frac{一次使用量\times(1-损耗率)}{周转次数\times 100\%} \tag{3.26}$$

三、按定额的编制程序和用途分类

可以把工程定额分为施工定额、预算定额、概算定额、概算指标、投资估算指标等五种。

(一) 施工定额

施工定额是以同一性质的施工过程——工序，作为研究对象，表示生产产品数量与生产要素消耗综合关系编制的定额。施工定额是施工企业（建筑安装企业）组织生产和加强管理在企业内部使用的一种定额，属于企业定额的性质。为了适应组织生产和管理的需要，施工定额的项目划分很细，是工程建设定额中分项最细，定额子目最多的一种定额，也是工程建设定额中的基础性定额。

施工定额本身由劳动定额、机械定额和材料定额三个相对独立的部分组成，主要用于工程的直接施工管理，以及作为编制工程施工设计、施工预算、施工作业计划、签发施工任务单、限额领料卡及结算计件工资或计量奖励工资的依据，它同时是编预算定额基础。

(二) 预算定额

预算定额是以分项工程和结构构件为对象编制的定额。其内容包括劳动定额、机械台班

定额、材料消耗定额三个基本部分，是一种计价性定额。从编制程序上看，预算定额是以施工定额为基础综合扩大编制的，同时它也是编制概算定额的基础。

预算定额是在编制施工图预算阶段，计算工程造价和计算工程中的劳动、机械台班、材料需要量时使用，它是调整工程预算和工程造价的重要基础，也可以作为编制施工组织设计、施工技术财务计划的参考。

（三）概算定额

概算定额是以扩大分项工程或扩大结构构件为对象编制的，计算和确定劳动、机械台班、材料消耗量所使用的定额，也是一种计价定额。概算定额是编制扩大初步设计概算、确定建设项目投资额的依据。概算定额的项目划分粗细，与扩大初步设计的深度相适应，一般是在预算定额的基础上综合扩大而成的，每一综合分项概算定额都包含了数项预算定额。

（四）概算指标

概算指标是概算定额的扩大与合并，它是以整个建筑物和构筑物为对象，以更为扩大的计量单位来编制的。概算指标的内容包括劳动、机械台班、材料定额三个基本部分，同时还列出了各结构分部的工程量及单位建筑工程（以体积计或面积计）的造价，是一种计价定额。为了增加概算指标的适用性，也以房屋或构筑物的扩大的分部工程或结构构件为对象编制，称为扩大结构定额。

由于各种性质的工程定额所需要的劳动力、材料和机械台班数量不一样，概算指标通常按工业建筑和民用建筑分别编制。工业建筑中又按各工业部门类别、企业大小、车间结构编制，民用建筑按照用途性质、建筑层高、结构类别编制。

概算指标的设定和初步设计的深度相适应，一般是在概算定额和预算定额的基础上编制，比概算定额更加综合扩大。它是设计单位编制工程概算或建设单位编制年度任务计划、施工准备期间编制材料和机械设备供应计划的依据，也可供国家编制年度建设计划参考。

（五）投资估算指标

投资估算指标是在项目建议书和可行性研究阶段编制投资估算、计算投资需要时使用的一种定额。它非常概略，往往以独立的单项工程或完整的工程项目为计算对象，编制内容是所有项目费用之和。它的概略程度与可行性研究阶段相适应。投资估算指标往往根据历史的预、决算资料和价格变动等资料编制，但其编制基础仍然离不开预算定额、概算定额。

上述各种定额的相互联系可参见表3-1。

表3-1　各种定额间的关系比较

定额分类	施工定额	预算定额	概算定额	概算指标	投资估算指标
对象	工序	分项工程	扩大的分项工程	整个建筑物或构筑物	独立的单项工程或完整的工程项目
用途	编制施工预算	编制施工图预算	编制扩大初步设计概算	编制初步设计概算	编制投资估算
项目划分	最细	细	较粗	粗	很粗
定额水平	平均先进	平均	平均	平均	平均
定额性质	生产性定额	计价性定额			

四、按投资的费用性质分类

按投资的费用性质，可将工程定额分为建筑工程定额、设备安装工程定额、建筑安装工程费用定额、工器具定额以及工程建设其他费用定额等。

（一）建筑工程定额

建筑工程定额是建筑工程的施工定额、预算定额、概算定额和概算指标的统称。建筑工程一般理解为房屋构筑物工程。建筑工程定额在整个建设工程定额中占有突出的地位。

（二）设备安装工程定额

设备安装工程定额是设备安装工程的施工定额、预算定额、概算定额和概算指标的统称。设备安装工程一般是指对需要安装的设备进行定位、组合、校正、调试等工作的工程。在通用定额中有时把建筑工程定额和安装定额合二为一，称为建筑安装工程定额。建筑安装工程定额属于直接工程费定额，仅仅包括施工过程中人工、材料、机械台班消耗的数量标准。

（三）建筑安装工程费用定额

建筑安装工程费用定额一般包括两部分内容，措施费定额和间接费定额。

（四）工具、器具定额

工具、器具定额是为新建或扩建项目投产运转首次配置的工具、器具数量标准。工具和器具是指按照有关规定不够固定资产标准而起劳动手段作用的工具、器具和生产用家具。

（五）工程建设其他费用定额

工程建设其他费用定额是独立于建筑安装工程定额、设备和工器具购置之外的其他费用开支的标准。其他费用定额是按各项独立费用分别编制的，以便合理控制这些费用的开支。

3.1.2 工程定额的特点

一、科学性

工程定额的科学性包括两重含义。一重含义是指工程定额和生产力发展水平相适应，反映出工程中生产消费的客观规律；另一重含义是指工程定额管理在理论、方法和手段上适应现代化科学技术和信息社会发展的需要。

工程定额的科学性，首先表现在用科学的态度制定定额，尊重客观实际，力求定额水平合理；其次表现在制定定额的技术方法上，利用现代科学管理成就，形成一套系统的、完整的、在实践中行之有效的方法；最后，表现在定额制定和贯彻的一体化。制定是为了提供贯彻的依据，贯彻是为了实现管理的目标，也是对定额的信息反馈。

二、系统性

工程定额是相对独立的系统。它是由多种定额结合而成的有机整体。它的结构复杂、层次鲜明、目标明确。

工程定额的系统性是由工程的特点决定的。按照系统论的观点，工程就是庞大的实体系统。工程定额是为这个实体系统服务的。因而工程本身的多种类、多层次决定了以它为服务对象的工程定额的多种类、多层次。从整个国民经济来看，进行固定资产生产和再生产的工程，是一个有多项工程集合体的整体，其中包括农林水利、轻纺、机械、煤炭、电力、石油、冶金、化工、建材工业、交通运输、邮电工程，以及商业物资、科学教育文化、卫生体育、社会福利和住宅工程等。这些工程的建设又有严格的项目划分，如建设项目、单项工程、单位工程、分部分项工程；在计划和实施过程中有严密的逻辑阶段，如规划、可行性研究、设计、施工、竣工交付使用，以及投入使用后的维修。与此相适应必然形成工程定额的多种类、多层次。

三、统一性

工程定额的统一性，主要是由国家对经济发展的有计划的宏观调控职能决定的。为了使国民经济按照既定的目标发展，就需要借助于某些标准、定额、参数等，对工程进行规划、组织、调节、控制。

工程定额的统一性按照其影响力和执行范围来看，有全国统一定额，地区统一定额和行业统一定额等；按照定额的制定、颁布和贯彻使用来看，有统一的程序、统一的原则、统一的要求和统一的用途。

我国工程定额的统一性和工程本身的巨大投入和巨大产出有关。它对国民经济的影响不仅表现在投资的总规模和全部建设项目的投资效益方面，还表现在具体建设项目的投资数额及其投资效益方面。

四、指导性

随着我国建设市场的不断成熟和规范，工程定额尤其是统一定额原具备的法令性特点逐渐弱化，转而成为对整个建设市场的具体建设产品交易的指导作用。

工程定额的指导性的客观基础是定额的科学性。只有科学的定额才能正确地指导客观的交易行为。工程定额的指导性体现在两个方面：一方面，工程定额作为国家各地区和行业颁布的指导性依据，可以规范建设市场的交易行为，在具体的建设产品定价过程中也可以起到相应的参考性作用，同时统一定额还可以作为政府投资项目定价以及造价控制的重要依据；另一方面，在现行的工程量清单计价方式下，体现交易双方自主定价的特点，承包商报价的主要依据是企业定额，但企业定额的编制和完善仍然离不开统一定额的指导。

五、稳定性与时效性

工程定额中的任何一种都是一定时期技术发展和管理水平的反映，因而在一段时间内都表现出稳定的状态。稳定的时间有长有短，一般在 5～10 年之间。保持定额的稳定性是维护定额的指导性所必需的，更是有效地贯彻定额所必需的。如果某种定额处于经常修改变动之中，那么必然造成执行中的困难和混乱，使人们感到没有必要去认真对待它，很容易导致定额指导性的丧失。工程定额的不稳定性也会给定额的编制工作带来极大的困难。

但是工程定额的稳定性是相对的。当生产力向前发展时，定额就会与生产力不相适应。这样，它原有的作用就会逐步减弱以至消失，需要重新编制或修订。

3.1.3　工程定额计价的基本程序

我国在很长一段时间内采用单一的定额计价模式形成工程价格，即按预算定额规定的分部分项子目，逐项计算工程量，套用预算定额单价（或单位估价表）确定直接工程费，然后按规定的取费标准确定措施费、间接费、利润和税金，加上材料调差系数和适当的不可预见费，经汇总后即为工程预算或标底，而标底则作为评标定标的主要依据。

以定额单价法确定工程造价，是我国采用的一种与计划经济相适应的工程造价管理制度。定额计价实际上是国家通过颁布统一的计价定额或指标，对建筑产品价格进行有计划的管理。国家以假定的建筑安装产品为对象，制订统一的预算和概算定额。计算出每一单元子项的费用后，再综合形成整个工程的价格。

编制建设工程造价最基本的过程有两个，工程量计算和工程计价。为统一口径，工程量的计算均按照统一的项目划分和工程量计算规则计算。工程量确定以后，就可以按照一定的方法确定出工程的成本及盈利，最终就可以确定出工程预算造价（或投标报价）。定额计价方法的特点就是量与价的结合。概预算的单位价格的形成过程，就是依据概预算定额所确定的消耗量乘以定额单价或市场价，经过不同层次的计算达到量与价的最优结合过程。

可以用公式进一步表明确定建筑产品价格定额计价的基本方法和程序。

对于每一计量单位建筑产品

$$\text{基本构造要素(假定建筑产品)的直接工程费单价} = \text{人工费} + \text{材料费} + \text{施工机械使用费} \tag{3.27}$$

$$\text{人工费} = \sum(\text{人工工日数量} \times \text{人工日工资标准}) \tag{3.28}$$

$$\text{材料费} = \sum(\text{材料用量} \times \text{材料预算价格}) \tag{3.29}$$

$$\text{机械使用费} = \sum(\text{机械台班用量} \times \text{台班单价}) \tag{3.30}$$

$$\text{单位工程直接费} = \sum(\text{建筑产品工程量} \times \text{直接工程费单价}) + \text{措施费} \tag{3.31}$$

$$\text{单位工程概预算造价} = \text{单位工程直接费} + \text{间接费} + \text{利润} + \text{税金} \tag{3.32}$$

$$\text{单项工程概预算造价} = \sum \text{单位工程概预算造价} + \text{设备、工器具购置费} \tag{3.33}$$

$$\text{建设项目全部工程概预算造价} = \sum \text{单项工程的概预算造价} + \text{预备费} + \text{有关的其他费用} \tag{3.34}$$

3.2 工程量清单计价基本方法

3.2.1 工程量清单的概念

工程量清单是指建设工程的分部分项工程项目、措施项目、其他项目、规费项目和税金项目的名称和相应数量等的明细清单。工程量清单是按统一规定进行编制的，它体现的核心内容为分项工程项目名称及其相应数量，是招标文件的组成部分。招标人或由其委托的代理机构按照招标要求和施工设计图纸规定将拟建招标工程的全部项目和内容，依据《建设工程工程量清单计价规范》（GB 50500—2008）中统一项目编码、项目名称、计量单位和工程量计算规则进行编制，作为承包商进行投标报价的主要参考依据之一。工程量清单是一套注有拟建工程各实物工程名称、性质、特征、单位、数量及措施项目、税费等相关表格组成的文件。在性质上，工程量清单是招标文件的组成部分，是招投标活动的重要依据，一经中标且签订合同，即成为合同的组成部分。因此，无论招标人还是投标人都应该认真对待。

一、工程量清单计价规范概述

工程量清单计价是一种主要由市场定价的计价模式。为适应我国工程投资体制改革和建设管理体制改革的需要，加快我国建筑工程计价模式与国际接轨的步伐，自2003年起开始在全国范围内逐步推广工程量清单计价方法。规定全部使用国有资金投资或国有资金投资为主（二者简称“国有资金投资”）的工程建设项目，必须采用工程量清单计价；对于非国有资金投资的工程建设项目，是否采用工程量清单方式计价由项目业主自主确定。

为深入推行工程量清单计价改革工作，规范建设工程量清单计价行为，统一建设工程工程量清单的编制和计价方法，原建设部标准定额司组织在对《建设工程工程量清单计价规范》（GB 50500—2003）进行修订的基础上，推出了新版《建设工程工程量清单计价规范》（GB 50500—2008）（以下简称《计价规范》）。该《计价规范》包括规范条文和附录两部分。规范条文共5章，总则、术语、工程量清单编制、工程量清单计价、工程量清单计价表格，具体内容涵盖了从工程招投标开始到工程竣工结算办理完毕的全过程，包括工程量清单的编制、招标控制价和投标报价的编制、合同价款的约定、工程计量与价款支付、索赔与现场签证、工程价款调整、竣工结算的办理以及对工程计价争议的处理等。附录共有6个，是编制工程量清单的依据。附录A为建筑工程工程量清单项目及计算规则，适用于工业与民用建筑物和构筑物工程；附录B为装饰装修工程工程量清单项目及计算规则，适用于工业与民用建筑物和构筑物的装饰装修工程；附录C为安装工程工程量清单项目及计算规则，适用于工业与民用安装工程；附录D为市政工程工程量清单项目及计算规则，适用于城市市政建设工程；附录E为园林绿化工程工程量清单项目及计算规则，适用于园林绿化工程；附录F为矿山工程工程量清单项目及计算规则，适用于矿山工程。

二、工程量清单的作用

（一）工程量清单为投标人的投标竞争提供了一个平等和共同的基础

工程量清单是由招标人负责编制，将要求投标人完成的工程项目及其相应工程实体数量全部列出，为投标人提供拟建工程的基本内容、实体数量和质量要求等基础信息。这样在建工程的招标投标中，投标人的竞争活动就有了一个共同的基础，投标人机会均等，受到的待遇是公正和公平的。

（二）工程量清单是建设工程计价的依据

在招标投标过程中，招标人根据工程量清单编制招标工程的招标控制价；投标人按照工程量清单所表述的内容，依据企业定额计算投标价格，自主填报工程量清单所列项目的单价与合价。

（三）工程量清单是工程付款和结算的依据

在施工阶段，发包人根据承包人完成的工程量清单中规定的内容以及合同单价支付工程款。工程结算时，承发包双方按照工程量清单计价表中的序号对已实施的分部分项工程或计价项目，按合同单价和相关合同条款核算结算价款。

（四）工程量清单是调整工程价款、处理工程索赔的依据

在发生工程变更和工程索赔时，可以选用或者参照工程量清单中的分部分项工程或计价项目及合同单价来确定变更价款和索赔费用。

三、工程量清单编制的方法

采用工程量清单方式招标，工程量清单必须作为招标文件的组成部分，由招标人提供，并对其准确性和完整性负责。一经中标签订合同，工程量清单即为合同的组成部分。工程量清单应由具有编制能力的招标人或受其委托具有相应资质的工程造价咨询人进行编制。

工程量清单由分部分项工程量清单、措施项目清单、其他项目清单、规费项目清单、税金项目清单组成。编制工程量清单应依据：

（1）《建设工程工程量清单计价规范》（GB 50500—2008）。

（2）国家或省级、行业建设主管部门颁发的计价依据和办法。

（3）建设工程设计文件。

（4）与建设工程项目有关的标准、规范、技术资料。

（5）招标文件及其补充通知、答疑纪要。

（6）施工现场情况、工程特点及常规施工方案。

（7）其他相关资料。

(一) 分部分项工程量清单的编制

分部分项工程量清单应包括项目编码、项目名称、项目特征、计量单位和工程量五个部分，应根据《计价规范》附录中规定的项目编码、项目名称、项目特征、计量单位和工程量计算规则进行编制。

(1) 项目编码的设置。

项目编码是分部分项工程量清单项目名称的数字标识。分部分项工程量清单项目编码以五级编码设置，采用十二位阿拉伯数字表示。一至九位应按《计价规范》附录的规定统一设置，十至十二位应根据拟建工程的工程量清单项目名称设置，同一招标工程的项目编码不得有重码。各级编码代表的含义如下：

1) 第一级为工程分类顺序码（分二位）：建筑工程为 01、装饰装修工程为 02、安装工程为 03、市政工程为 04、园林绿化工程为 05、矿山工程为 06。

2) 第二级为专业工程顺序码（分二位）。

3) 第三级为分部工程顺序码（分二位）。

4) 第四级为分项工程项目顺序码（分三位）。

5) 第五级为工程量清单项目顺序码（分三位）。

项目编码结构如图 3-1 所示（以建筑工程为例）。

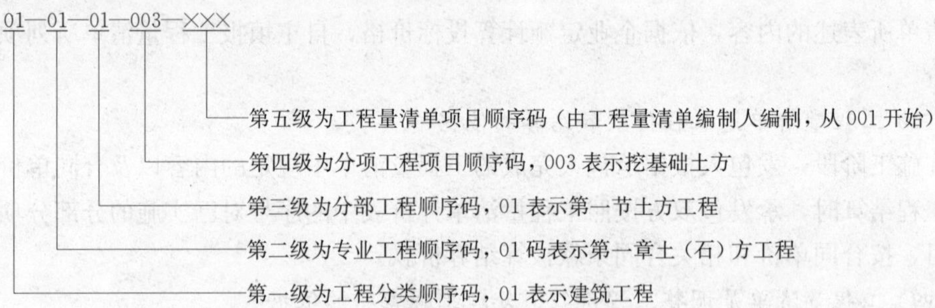

图 3-1 工程量清单项目编码结构

(2) 项目名称的确定。

分部分项工程量清单的项目名称应根据《计价规范》附录的项目名称结合拟建工程的实际确定。《计价规范》附录表中的"项目名称"为分项工程项目名称，一般以工程实体命名。编制工程量清单时，应以附录中的项目名称为基础，考虑该项目的规格、型号、材质等特征要求，并结合拟建工程的实际情况，对其进行适当的调整或细化，使其能够反映影响工程造价的主要因素。如《计价规范》中编号为"010402001"的项目名称为"矩形柱"，可根据拟建工程的实际情况写成"C30 现浇混凝土矩形柱 400×400"。

(3) 项目特征的描述。

项目特征是指构成分部分项工程量清单项目、措施项目自身价值的本质特征。分部分项工程量清单项目特征应按附录中规定的项目特征，结合拟建工程项目的实际予以描述。分部分项工程量清单的项目特征是确定一个清单项目综合单价的重要依据，在编制的工程量清单中必须对其项目特征进行准确和全面的描述。工程量清单项目特征描述的重要意义在于：

1) 项目特征是区分清单项目的依据。工程量清单项目特征是用来表述分部分项清单项目的实质内容，用于区分计价规范中同一清单条目下各个具体的清单项目。没有项目特征的准确描述，对于相同或相似的清单项目名称，就无从区分。

2）项目特征是确定综合单价的前提。由于工程量清单项目的特征决定了工程实体的实质内容，必然直接决定了工程实体的自身价值。因此，工程量清单项目特征描述的准确与否，直接关系到工程量清单项目综合单价的准确确定。

3）项目特征是履行合同义务的基础。实行工程量清单计价，工程量清单及其综合单价则构成施工合同的组成部分。因此，工程量清单项目特征的描述不清甚至漏项、错误，就会引起在施工过程中的更改，从而引起分歧、导致纠纷。

由此可见，清单项目特征的描述应根据计价规范附录中有关项目特征的要求，结合技术规范、标准图集、施工图纸，按照工程结构、使用材质及规格或安装位置等，予以详细而准确地表述和说明。一旦离开了清单项目特征的描述，清单项目就将没有生命力。

清单项目特征主要涉及项目的自身特征（材质、型号、规格、品牌）、项目的工艺特征以及对项目施工方法可能产生影响的特征。如锚杆支护项目特征描述为：①锚孔直径；②锚孔平均深度；③锚固方法、浆液种类；④支护厚度、材料种类；⑤混凝土强度等级；⑥砂浆强度等级；⑦土质情况。其自身特征为：孔径、孔深、支护厚度、各种材料种类；工艺特征为锚固方法；对项目施工方法可能产生影响的特征，土质情况。这些特征对投标人的报价影响很大。特征描述不清，将导致投标人对招标人的需求理解不全面，达不到正确报价的目的。对清单项目特征不同的项目应分别列项，如基础工程，仅混凝土强度等级不同，足以影响投标人的报价，故应分开列项。

（4）计量单位的选择。

分部分项工程量清单的计量单位应按附录中规定的计量单位确定。当计量单位有两个或两个以上时，应根据所编工程量清单项目的特征要求，选择最适宜表述该项目特征并方便计量的单位。除各专业另有特殊规定外，均按以下基本单位计量：

1）以重量计算的项目——吨或千克（t或kg）；

2）以体积计算的项目——立方米（m^3）；

3）以面积计算的项目——平方米（m^2）；

4）以长度计算的项目——米（m）；

5）以自然计量单位计算的项目——个、套、块、组、台……

6）没有具体计量单位的项目——宗、项……

以“吨”为计量单位的应保留小数点后三位，第四位小数四舍五入；以“立方米”、“平方米”、“米”、“千克”为计量单位的应保留小数点后二位，第三位小数四舍五入；以“项”、“个”等为计量单位的应取整数。

（5）工程量的计算。

分部分项工程量清单中所列工程量应按附录中规定的工程量计算规则计算。工程量计算规则是指对清单项目工程量的计算规定。除另有说明外，所有清单项目的工程量以实体工程量为准，并以完成后的净值来计算。因此，在计算综合单价时应考虑施工中的各种损耗和需要增加的工程量，或在措施费清单中列入相应的措施费用。采用工程量清单计算规则，工程实体的工程量是唯一的。统一的清单工程量，为各投标人提供了一个公平竞争的平台，也方便招标人对各投标人的报价进行对比。

（6）补充项目。

编制工程量清单时如果出现《计价规范》附录中未包括的项目，编制人可进行补充，并报省级或行业工程造价管理机构备案。补充项目的编码由附录的顺序码与B和三位阿拉伯数字组成，并应从×B001起顺序编制，同一招标工程的项目不得重码。工程量清单中需附有补充项目的名称、项目特征、计量单位、工程量计算规则、工程内容。

（二）措施项目清单的编制

《计价规范》将实体项目划分为分部分项工程量清单项目，将非实体项目划分为措施项目。措施项目清单是为完成工程项目施工，发生于该工程施工准备和施工过程中的技术、生活、安全、环境保护等方面的非工程实体项目清单。其中通用措施项目可按表3-2选择列项；各专业工程的措施项目可按附录中规定的项目选择列项。若出现《计价规范》未列的项目，可根据工程实际情况补充。

表3-2　通用措施项目一览表

序号	项目名称
1	安全文明施工（含环境保护、文明施工、安全施工、临时设施）
2	夜间施工
3	二次搬运
4	冬雨季施工
5	大型机械设备进出场及安拆
6	施工排水
7	施工降水
8	地上、地下设施，建筑物的临时保护设施
9	已完工程及设备保护

措施项目中可以计算工程量的项目清单宜采用分部分项工程量清单的方式编制，列出项目编码、项目名称、项目特征、计量单位和工程量计算规则，如混凝土浇筑的模板工程；不能计算工程量的项目清单，以“项”为计量单位，如大中型施工机械进、出场及安、拆费，文明施工和安全防护、临时设施等。

措施项目清单的编制应考虑多种因素，除了工程本身的因素外，还要考虑水文、气象、环境、安全和施工企业的实际情况。措施项目清单的设置，需要考虑以下因素：

（1）参考拟建工程的常规施工组织设计，以确定环境保护、文明安全施工、临时设施、材料的二次搬运等项目。

（2）参考拟建工程的常规施工技术方案，以确定大型机械设备进出场及安拆、混凝土模板及支架、脚手架、施工排水、施工降水、垂直运输机械、组装平台等项目。

（3）参阅相关的施工规范与工程验收规范，以确定施工方案没有表述的但为实现施工规范与工程验收规范要求而必须发生的技术措施。

（4）确定设计文件中不足以写进施工方案，但要通过一定的技术措施才能实现的内容。

（5）确定招标文件中提出的某些需要通过一定的技术措施才能实现的要求。

（三）其他项目清单的编制

其他项目清单是指分部分项工程量清单、措施项目清单所包含的内容以外，因招标人的特殊要求而发生的与拟建工程有关的其他费用项目和相应数量的清单。工程建设标准的高低、工程的复杂程度、工程的工期长短、工程的组成内容、发包人对工程管理的要求等都直接影响其他项目清单的具体内容。因此，其他项目清单应根据拟建工程的具体情况，参照《计价规范》提供的 4 项内容列项：暂列金额。暂估价：包括材料暂估单价、专业工程暂估价。计日工。总承包服务费。

出现《计价规范》未列的项目，可根据工程实际情况补充。

(1) 暂列金额。

暂列金额是指招标人在工程量清单中暂定并包括在合同价款中的一笔款项。用于施工合同签订时尚未确定或者不可预见的所需材料、设备、服务的采购，施工中可能发生的工程变更、合同约定调整因素出现时的工程价款调整以及发生的索赔、现场签证确认等的费用。

(2) 暂估价。

暂估价是指招标人在工程量清单中提供的用于支付必然发生但暂时不能确定价格的材料价款以及专业工程金额。暂估价是在招标阶段预见肯定要发生，但是由于标准不明确或者需要由专业承包人来完成，暂时无法确定具体价格时所采用的一种价格形式。

(3) 计日工。

计日工是为了解决现场发生的零星工作的计价而设立的。计日工以完成零星工作所消耗的人工工时、材料数量、机械台班进行计量，并按照计日工表中填报的适用项目的单价进行计价支付。计日工适用的所谓零星工作一般是指合同约定之外的或者因变更而产生的、工程量清单中没有相应项目的额外工作，尤其是那些时间不允许事先商定价格的额外工作。

编制工程量清单时，计日工表中的人工应按工种、材料和机械规格、型号详细列项。其中人工、材料、机械数量，应由招标人根据工程的复杂程度，工程设计质量的优劣及设计深度等因素，按照经验来估算一个比较贴近实际的数量，并作为暂定量写到计日工表中，纳入有效投标竞争，以期获得合理的计日工单价。

(4) 总承包服务费。

总承包服务费是为了解决招标人在法律、法规允许的条件下进行专业工程发包以及自行采购供应材料、设备时，要求总承包人对发包的专业工程提供协调和配合服务（如分包人使用总包人的脚手架、水电拉驳等）；对供应的材料、设备提供收、发和保管服务以及对施工现场进行统一管理；对竣工资料进行统一汇总整理等发生并向总承包人支付的费用。招标人应当预计该项费用并按投标人的投标报价向投标人支付该项费用。

（四）规费项目清单的编制

规费是指根据省级政府或省级有关权力部门规定必须缴纳的，应计入建筑安装工程造价的费用。规费项目清单应按照下列内容列项：

(1) 工程排污费。

(2) 工程定额测定费。

(3) 社会保障费：包括养老保险费、失业保险费、医疗保险费。

(4) 住房公积金。

(5) 危险作业意外伤害保险。

出现《计价规范》未列的项目，应根据省级政府或省级有关权力部门的规定列项。

(五) 税金项目清单的编制

税金是指国家税法规定的应计入建筑安装工程造价内的营业税、城市维护建设税及教育费附加等。税金项目清单应包括下列内容：

(1) 营业税。

(2) 城市维护建设税。

(3) 教育费附加。

出现《计价规范》未列的项目，应根据税务部门的规定列项。

3.2.2 工程量清单计价的基本方法与程序

一、工程量清单计价的基本方法

(一) 工程造价的计算

采用工程量清单计价，建设工程造价由分部分项工程费、措施项目费、其他项目费、规费和税金组成。《计价规范》规定，分部分项工程量清单应采用综合单价计价。利用综合单价法计价，需分项计算清单项目，再汇总得到工程总造价。

$$\text{分部分项工程费} = \sum \text{分部分项工程量} \times \text{分部分项工程综合单价} \tag{3.35}$$

$$\text{措施项目费} = \sum \text{措施项目工程量} \times \text{措施项目综合单价} + \sum \text{单项措施费} \tag{3.36}$$

$$\text{其他项目费} = \text{暂列金额} + \text{暂估价} + \text{计日工} + \text{总承包费} + \text{其他} \tag{3.37}$$

$$\text{单位工程报价} = \text{分部分项工程费} + \text{措施项目费} + \text{其他项目费} + \text{规费} + \text{税金} \tag{3.38}$$

$$\text{单项工程报价} = \sum \text{单位工程报价} \tag{3.39}$$

$$\text{总造价} = \sum \text{单项工程报价} \tag{3.40}$$

(二) 分部分项工程费计算

根据式 (3.12) 利用综合单价法计算分部分项工程费需要解决两个核心问题，即确定各分部分项工程的工程量及其综合单价。

(1) 分部分项工程量的确定。

招标文件中的工程量清单标明的工程量是招标人编制招标控制价和投标人投标报价的共同基础，它是工程量清单编制人按施工图图示尺寸和清单工程量计算规则计算得到的工程净量。但该工程量不能作为承包人在履行合同义务中应予完成的实际和准确的工程量，发承包双方进行工程竣工结算时的工程量应按发、承包双方在合同中约定应予计量且实际完成的工程量确定，当然该工程量的计算也应严格遵照清单工程量计算规则，以实体工程量为准。

(2) 综合单价的编制。

《计价规范》中的工程量清单综合单价是指完成一个规定计量单位的分部分项工程量清单项目或措施清单项目所需的人工费、材料费、施工机械使用费和企业管理费与利润，以及一定范围内的风险费用。该定义并不是真正意义上的全费用综合单价，而是一种狭义上的综合单价，规费和税金等不可竞争的费用并不包括在项目单价中。

综合单价的计算通常采用定额组价的方法，即以计价定额为基础进行组合计算。由于《计价规范》与“定额”中的工程量计算规则、计量单位、工程内容不尽相同，综合单价的计算不是简单的将其所含的各项费用进行汇总，而是要通过具体计算后综合而成。

(3) 人、料、机数量测算。

企业可以按反映企业水平的企业定额来确定人工、材料、机械台班的耗用量，投标企业没有企业定额时可参照消耗量定额进行调整。

(4) 市场调查和询价。

根据工程项目的具体情况，考虑市场资源的供求状况，采用市场价格作为参考，考虑一定的调价系数，确定人工工资单价、材料预算价格和施工机械台班单价。

(5) 计算清单项目分项工程的直接工程费单价。

按确定的分项工程人工、材料和机械的消耗量及询价获得的人工工资单价、材料单价、施工机械台班单价，计算出对应分项工程单位数量的人工费、材料费和机械费。

(6) 计算清单项目的综合单价。

将清单项目的直接工程费、管理费及利润汇总得到该清单项目合价，将该清单项目合价除以清单项目的工程即可得到该清单项目的综合单价。

$$综合单价 =（直接工程费 + 管理费 + 利润）/ 清单工程量 \tag{3.41}$$

【例 3-2】 某多层砖混住宅土方工程，土壤类别为三类土；基础为砖大放脚带形基础；垫层宽度为 920mm，挖土深度为 1.8m，基础总长度为 1590.6m。根据施工方案，土方开挖的工作面宽度各边 0.25m，放坡系数为 0.2。除沟边堆土 1000m^3 外，现场堆土 2170.5m^3，运距 60m，采用人工运输。其余土方需装载机装，自卸汽车运，运距 4km。已知人工挖土单价为 8.4 元/m^3，人工运土单价 7.38 元/m^3，装载机装、自卸汽车运土需使用机械有装载机（280 元/台班，0.003 98 台班/m^3）、自卸汽车（340 元/台班，0.049 25 台班/m^3）、推土机（500 元/台班，0.002 96 台班/m^3）和洒水车（300 元/台班，0.0006 台班/m^3）。另外，装载机装、自卸汽车运土需用工（25 元/工日，0.012 工日/m^3）、用水（水 1.8 元/m^3，每 1m^3 土方需耗水 0.012m^3）。试根据建筑工程量清单计算规则计算土方工程的综合单价（不含措施费、规费和税金），其中管理费取直接工程费的 14%，利润取直接工程费与管理费的 8%。

解　(1) 招标人根据清单规则计算的挖方量为

$$0.92 \times 1.8 \times 1590.6 = 2634.034\text{m}^3$$

(2) 投标人根据地质资料和施工方案计算挖土方量和运土方量。

① 需挖土方量。

工作面宽度各边 0.25m，放坡系数为 0.2，则基础挖土方总量为

$$(0.92 + 2 \times 0.25 + 0.2 \times 1.8) \times 1.8 \times 1590.6 = 5096.282\text{m}^3$$

② 运土方量。

沟边堆土 1000m^3；现场堆土 2170.5m^3，运距 60m，采用人工运输；装载机装，自卸汽车运，运距 4km，运土方量为

$$5096.282 - 1000 - 2170.5 = 1925.782\text{m}^3$$

(3) 人工挖土直接工程费。

人工费　5096.282×8.4=42 808.77 元

(4) 人工运土（60m 内）直接工程费。

人工费　2170.5×7.38=16 018.29 元

(5) 装载机装自卸汽车运土（4km）直接工程费。

① 人工费 25×0.012×1925.782=577.73 元

② 材料费 水×0.012×1925.782=41.60 元

③ 机械费：

装载机 280×0.003 98×1925.782=2146.09 元

自卸汽车 340×0.049 25×1925.782=32 247.22 元

推土机 500×0.002 96×1925.782=2850.16 元

洒水车 300×0.0006×1925.782=346.64 元

机械费小计：37 590.11 元。

④ 机械运土直接工程费合计 38 209.44 元。

(6) 综合单价计算。

① 直接工程费合计

42 808.77+16 018.29+38 209.44=97 036.50 元

② 管理费

直接工程费×14%=97 036.50×14%=13 585.11 元

③ 利润

(直接工程费＋管理费)×8%=(97 036.50＋13 585.11)×8%＝8849.73 元

④ 总计 97 036.50+13 585.11+8849.73=119 471.34 元

⑤ 综合单价。

按招标人提供的土方挖方总量折算为工程量清单综合单价

119 471.34/2634.034=45.36 元/m^3

(7) 综合单价分析。

① 人工挖土方

单位清单工程量=5096.282/2634.034=1.9348m^3

管理费=8.40×14%=1.176 元/m^3

利润=8.40+1.176×8%=0.766 元/m^3

管理费及利润=1.176+0.766=1.942 元/m^3

② 人工运土方

单位清单工程量=2170.5/2634.034=0.8240m^3

管理费=7.38×14%=1.033 元/m^3

利润=(7.38+1.033)×8%=0.673 元/m^3

管理费及利润=1.033+0.673=1.706 元/m^3

③ 装载机自卸汽车运土方

单位清单工程量=1925.782/2634.034=0.7311 元/m^3

直接工程费用=0.3+0.022+19.519=19.841 元/m^3

管理费=19.841×14%=2.778 元/m^3

利润=(19.841+2.778)×8%=1.8095 元/m^3

管理费及利润=2.778+1.8095=4.588 元/m^3

表 3－3 为分部分项工程量清单与计价表，表 3－4 为工程量清单综合单价分析表。

表 3－3　　分部分项工程量清单与计价表

工程名称：某多层砖混住宅工程　　标段：　　第　页　共　页

<table>
<tr><th rowspan="2">序号</th><th rowspan="2">项目编码</th><th rowspan="2">项目名称</th><th rowspan="2">项目特征描述</th><th rowspan="2">计量单位</th><th rowspan="2">工程量</th><th colspan="3">金额（元）</th></tr>
<tr><th>综合单价</th><th>合价</th><th>其中：暂估价</th></tr>
<tr><td></td><td>010101003001</td><td>挖基础土方</td><td>土壤类别：三类土
基础类型：
砖放大脚
带形基础
垫层宽度：920m
挖土深度：1.8m
弃土距离：4km</td><td>m³</td><td>2634.034</td><td>45.36</td><td>119 471.34</td><td></td></tr>
<tr><td colspan="7">本页小计</td><td colspan="2"></td></tr>
<tr><td colspan="7">合　计</td><td colspan="2"></td></tr>
</table>

表 3－4　　工程量清单综合单价分析表

工程名称：某多层砖混住宅工程　　标段：　　第　页　共　页

<table>
<tr><td colspan="3">项目编码</td><td>010101003001</td><td>项目名称</td><td colspan="2">挖基础土方</td><td colspan="2">计量单位</td><td colspan="3">m³</td></tr>
<tr><td colspan="12">清单综合单价组成明细</td></tr>
<tr><td rowspan="2">定额编号</td><td rowspan="2" colspan="2">定额名称</td><td rowspan="2">定额单位</td><td rowspan="2">数量</td><td colspan="4">单价</td><td colspan="4">合价</td></tr>
<tr><td>人工费</td><td>材料费</td><td>机械费</td><td>管理费和利润</td><td>人工费</td><td>材料费</td><td>机械费</td><td>管理费和利润</td></tr>
<tr><td></td><td colspan="2">人工挖土</td><td>m³</td><td>1.9348</td><td>8.40</td><td></td><td></td><td>1.942</td><td>16.25</td><td></td><td></td><td>3.76</td></tr>
<tr><td></td><td colspan="2">人工运土</td><td>m³</td><td>0.8240</td><td>7.38</td><td></td><td></td><td>1.706</td><td>6.08</td><td></td><td></td><td>1.41</td></tr>
<tr><td></td><td colspan="2">装载机装、自卸汽车运土方</td><td>m³</td><td>0.7311</td><td>0.30</td><td>0.022</td><td>19.519</td><td>4.588</td><td>0.22</td><td>0.02</td><td>14.27</td><td>3.35</td></tr>
<tr><td colspan="3">人工单价</td><td colspan="6">小计</td><td>22.55</td><td>0.02</td><td>14.27</td><td>8.52</td></tr>
<tr><td colspan="3">元/工日</td><td colspan="6">未计价材料费</td><td colspan="4"></td></tr>
<tr><td colspan="9">清单项目综合单价</td><td colspan="4">45.36</td></tr>
<tr><td rowspan="5">材料费明细</td><td colspan="5">主要材料名称、规格、型号</td><td>单位</td><td>数量</td><td>单价（元）</td><td>合价（元）</td><td>暂估单价（元）</td><td>暂估合价（元）</td></tr>
<tr><td colspan="5">水</td><td>m³</td><td>0.012</td><td>1.8</td><td>0.022</td><td></td><td></td></tr>
<tr><td colspan="5"></td><td></td><td></td><td></td><td></td><td></td><td></td></tr>
<tr><td colspan="7">其他材料</td><td>—</td><td></td><td>—</td><td></td></tr>
<tr><td colspan="7">材料费小计</td><td>—</td><td>0.022</td><td>—</td><td></td></tr>
</table>

（三）措施项目费计算

措施项目费是指为完成工程项目施工，而用于发生在该工程施工准备和施工过程中的技术、生活、安全、环境保护等方面的非工程实体项目所支出的费用。措施项目清单的金额，应根据拟建工程的施工方案或施工组织设计，参照规范规定的综合单价组成来确定。

措施项目费的计算方法一般有以下几种：

(1) 综合单价法。

综合单价法与分部分项工程综合单价的计算方法相同，即根据需要消耗的实物工程量与实物单价计算措施费，一般适用于可以计算工程的措施项目，主要是指一些与工程实体有紧密联系的项目，如脚手架、混凝土模板、垂直运输等。与分部分项工程不同的是其并不要求每个措施项目的综合单价必须包括人工费、材料费、机械费、管理费和利润中的每一项。

(2) 参数法计价。

参数法计价是指按一定的基数乘系数的方法或自定义公式进行计算。这种方法简单明了，但最大的难点在于公式的科学性、准确性很难把握。系数高低直接反映投标人的施工水平。这种方法主要适用于施工过程中必须发生，但在投标时很难具体分析预测，又无法单独列出项目内容的措施项目，如夜间施工费、二次搬运费等，均可采用该方法。

(3) 分包法计价。

在分包价格的基础上增加投标人的管理费及风险费进行计价的方法，这种方法适合可以分包的独立项目，如室内空气污染测试等。

有时招标人要求对措施项目费进行明细分析，这时采用参数法组价和分包法组价都是先计算该措施项目的总费用，这就需要人为的用系数或比例的办法分摊人工费、材料费、机械费、管理费及利润。

(四) 其他项目费计算

其他项目费由暂列金额、暂估价、记日工、总承包服务费等内容构成。

暂列金额和暂估价由招标人按估算金额确定。招标人在工程量清单中提供的暂估价的材料和专业工程，若属于依法必须招标的，由承包人和招标人共同通过招标确定材料单价与专业工程分包价；若材料不属于依法必须招标的，经发、承包双方协商确认单价后计价；若专业工程不属于依法必须招标的，由发包人、总承包人与分包人按有关计价依据进行计价。

记日工和总承包服务费由承包人根据招标人提出的要求，按估算的费用确定。

(五) 规费与税金的计算

规费是指政府有关权力部门规定必须缴纳的费用。建筑安装工程税金是指国家税法规定的应计入建筑安装工程造价内的营业税、城市维护建设税及教育费附加。如国家税法发生变化或地方政府及税务部门依据职权对税种进行了调整，应对税金项目清单进行相应调整。

规费和税金应按国家或省级、行业建设主管部门的规定计算，不得作为竞争性费用。每一项规费和税金的规定文件中，对其计算方法都有明确的说明，故可以按各项法规和规定的计算方式计取。具体计算时，一般按国家及有关部门规定的计算公式和费率标准进行计算。

(六) 风险费用的确定

风险具体指工程建设施工阶段承发包双方在招投标活动和合同履约及施工中所面临的涉及工程计价方面的风险。采用工程量清单计价的工程，应在招标文件或合同中明确风险内容及其范围（幅度），并在工程计价过程中予以考虑。

二、工程量清单计价的程序

工程量清单计价的基本程序，如图 3-2 所示。

3.2.3 工程量清单计价与定额计价的区别

工程量清单计价方法与定额计价方法相比存在一些重大的区别，这些区别也体现出了工程量清单计价的特点。

一、两种模式的最大差别在于体现了我国建设市场发展过程中的不同定价阶段

(1) 定额计价模式更多地反映了国家定价或国家指导价阶段。在这一模式下，工程价格直接由国家决定，或是由国家给出一定的指导标准，承包商可以在该标准的允许幅度内实现有限竞争，例如在我国的招投标制度中，一度严格限定投标人的报价必须在限定标底的一定范围内波动，超出此范围即为废标，这一阶段的工程招标投标价格即属于国家指导性价格，体现出在国家宏观计划控制下的市场有限竞争。

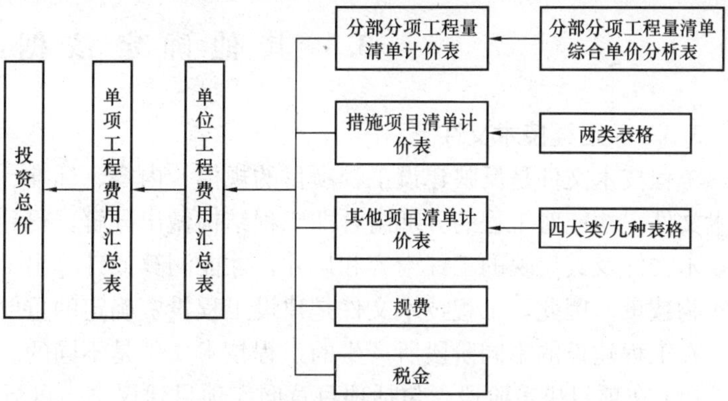

图 3-2　工程量清单计价程序

(2) 清单计价模式则反映了市场定价阶段。在该阶段中，工程价格是在国家有关部门间接调控和监督下，由工程承发包双方根据工程市场中建筑产品供求关系变化自主确定工程价格。其价格的形成可以不受国家工程造价管理部门的直接干预，而此时的工程造价是根据市场的具体情况，有竞争形成、自发形成、自发波动和自发调节的特点。

二、两种模式的主要计价依据及其性质不同

(1) 定额计价模式的主要计价依据为国家、省、有关专业部门制定的各种定额，其性质为指导性，定额的项目划分一般按施工工序分项，每个分项工程项目所含的工程内容一般是单一的。

(2) 清单计价模式的主要计价依据为《计价规范》，其性质是含有强制性条文的国家标准，清单的项目划分一般是按“综合实体”进行分项的，每个分项工程一般包含多项工程内容。

(3) 编制工程量的主体不同。在定额计价方法中，建设工程的工程量由招标人和投标人分别按图计算。而在清单计价方法中，工程量由招标人统一计算或委托有关工程造价咨询资质单位统一计算，是工程量清单的招标文件的重要组成部分，各投标人根据招标人提供的工程清单，根据自身的技术装备、施工经验、企业成本、企业定额、管理水平自主填写单价与合价。

(4) 单价与报价的组成不同。定额计价法的单价包括人工费、材料费、机械台班费，而清单计价方法采用综合单价形式，综合单价包括人工费、材料费、机械使用费、管理费、利润，并考虑风险因素。工程量清单计价法的报价除包括定额计价法的报价外，还包括预留金、材料购置费和零星工作项目费等。

(5) 合同价格的调整方式不同。定额计价方法形成的合同，其价格的主要调整方式有：变更签证、定额解释、政策性调整。而工程量清单计价方法在一般情况下单价是相对固定下来的，减少了在合同实施过程中的调整活口，通常情况下，如果清单项目的数量没有增减，能够保证合同价格基本没有调整，保证了其稳定性，也便于业主进行资金准备和筹划。

(6) 工程量清单计价把施工措施性消耗单列并纳入了竞争的范畴。定额计价未区分施工实体性损耗和施工措施性损耗，而工程量清单计价把施工措施与工程实体项目进行分离，这项改革的意义在于突出了施工措施费用的市场竞争性。工程量清单计价规范的工程量计算规则的编制原则一般是以工程实体的净尺寸计算，也没有包含工程量合理损耗，这一特点也就是定额计价的工程量计算规则与工程量清单计价规范的工程量计算规则的本质区别。

3.3 其他确定依据

3.3.1 工程技术文件

工程技术文件是反映建设工程项目的规模、内容、标准、功能等的文件。只有根据工程技术文件，才能对工程的分部组合即工程结构做出分解，得到计算的基本子项。只有依据工程技术文件及其反映的工程内容和尺寸，才能测算或计算出工程实物量，得到分部分项工程的实物数量。因此，工程技术文件是建设工程投资确定的重要依据。

在工程建设的不同阶段所产生的工程技术文件是不同的。

（1）在项目决策阶段，包括项目意向、项目建议书、可行性研究等阶段，工程技术文件表现为项目策划文件、功能描述书、项目建议书或可行性研究报告等。投资估算的编制依据，主要就是上述的工程技术文件。

（2）在初步设计阶段，工程技术文件主要表现为初步设计所产生的初步设计图纸及有关设计资料。设计概算的编制，主要是以初步设计图纸等有关设计资料作为依据。

（3）随着工程设计的深入，进入详细设计即施工图设计阶段，工程技术文件又表现为施工图设计资料，包括建筑施工图纸、结构施工图纸、设备施工图纸、其他施工图纸和设计资料。施工图预算的编制必须以施工图纸等有关工程技术文件为依据。

（4）在工程招标阶段，工程技术文件主要是以招标文件、建设单位的特殊要求、相应的工程设计文件等来体现。

工程建设各个阶段对应的建设工程投资的差异，是因为人们的认识不能超越客观条件。在建设前期工作中，特别是项目决策阶段，人们对拟建项目的筹划难以详尽、具体，因而对建设工程投资的确定也不可能很精确；随着工程建设各个阶段工作的深化且越接近后期，掌握的资料越多，人们对工程建设的认识就越接近实际，建设工程投资的确定也就越接近实际投资。由此可见，建设工程投资确定的准确性，影响因素之一是人们掌握工程技术文件的深度、完整性和可靠性。

3.3.2 要素市场价格信息

构成建设工程投资的要素包括人工、材料、施工机械等，要素价格是影响建设工程投资的关键因素。要素价格是由市场形成的。建设工程投资采用的基本子项所需资源的价格来自市场，随着市场的变化，要素价格亦随之发生变化。因此，建设工程投资必须随时掌握市场价格信息，了解市场价格行情，熟悉市场上各类资源的供求变化及价格动态。这样得到的建设工程投资才能反映市场，反映工程建造所需的真实费用。

3.3.3 建设工程环境条件

建设工程所处的环境和条件，也是影响建设工程投资的重要因素。环境和条件的差异或变化，会导致建设工程投资大小的变化。工程的环境和条件，包括工程地质条件、气象条件、现场环境与周边条件，也包括工程建设的实施方案、组织方案、技术方案等。例如国际工程承包，承包商在进行投资报价时，需通过充分的现场环境和条件调查，了解和掌握对工程价格产生影响的内容和方面，如工程所在国的政治情况、经济情况、法律情况，交通、运输、通信情况，生产要素市场情况，历史、文化、宗教情况；气象资料、水文资料、地质资料等自然条件，工程现场地形地貌、周围道路、临近建筑物、市政设施等施工条件，其他条件等；工程业主情况、设计单位情况、咨询单位情况、竞争对手情况等。只有在掌握了工程的环境和条件后，才能做出准确的报价。

3.3.4　企业定额

企业定额是工程施工企业根据本企业的技术水平和管理水平，编制的完成单位合格产品所必需的人工、材料和施工机械台班消耗量，以及其他生产经营要素消耗的数量标准。企业定额反映企业的施工生产与生产消费之间的数量关系，是施工企业生产力水平的体现，每个企业均应拥有自己企业能力的企业定额。企业的技术和管理水平不同，企业定额的定额水平也就不同。因此，企业定额是施工企业进行施工管理和投标报价的基础和依据，从一定意义上讲，企业定额是企业的商业秘密，是企业参与市场竞争的核心竞争能力的具体表现。

目前，大部分施工企业是以国家或行业制定的预算定额作为进行施工管理、工料分析和计算施工成本的依据。随着市场化改革的不断深入和发展，施工企业可以预算定额和基础定额为参照，逐步建立反映企业自身施工管理水平和技术装备程度的企业定额。

本 章 小 结

本章介绍了建设工程投资确定的依据。由于建设工程投资的计算方法和表现形式不同，因此所需的确定依据也就有所不同。本章主要介绍了工程定额、工程量清单及其他的一些依据。

习　题

一、单选题（每题的备选项中，只有 1 项为正确选项）

1. 下列按平均先进原则编制的定额是（　　）。

A. 预算定额　　B. 企业定额　　C. 概算定额　　D. 概算指标

2. 时间定额和产量定额的关系是（　　）。

A. 互为倒数　　B. 独立关系　　C. 正比关系　　D. 相关关系

3. 概算定额与预算定额的不同之处主要在于（　　）。

A. 表达的主要内容　　B. 表达的主要方式

C. 基本使用方法　　D. 项目划分和综合扩大程度

4. 编制预算定额的基础是（　　）。

A. 投资估算指标　　B. 概算指标　　C. 概算定额　　D. 施工定额

5. 预算定额是按照（　　）编制的。

A. 行业平均水平　　B. 社会平均水平

C. 行业平均先进水平　　D. 社会平均先进水平

6. 按《建设工程工程量清单计价规范》（GB 50500—2008）规定，工程量清单计价应采用（　　）。

A. 工料单价法　　B. 综合单价法

C. 扩大单价法　　D. 预算单价法

7. 分部分项工程量清单的编制中，项目编码以五级编码设置，采用阿拉伯数字表示，其位数是（　　）。

A. 8 位　　B. 10 位　　C. 12 位　　D. 15 位

8. 在工程量清单计价模式下，已知某多层砖混住宅土方工程的清单工程量为 2634m^3，完成该分项工程所需的直接工程费为 76 843.51 元，管理费为 26 126.79 元，利润为 6147.48 元，不考虑风险费，则该分项工程的综合单价为（　　）。

A. 29.17 元/m^3　　B. 41.43 元/m^3

C. 19.25 元/m^3　　D. 94.48 元/m^3

9. 下列各项中，可以确定材料损耗率的方法是（　　）。

A. 统计法　　B. 经验法　　C. 测定法　　D. 理论计算法

10. 斗容量为 1m^2 的反铲挖掘机，挖三类土，装车，深度 3m 内，小组成员两人，机械台班产量为 4.8（定额单位 100m^3），则挖 100m^3 的人工时间定额为（　　）。

A. 0.19 工日　　B. 0.38 工日　　C. 0.42 工日　　D. 1.5 工日

二、多选题（每题的备选项中，有 2 项或 2 项以上符合题意，至少有 1 项错项）

1. 下列阐述正确的是（　　）。

A. 施工定额是以同一性质的施工过程——工序为研究对象

B. 预算定额是在编制施工图预算阶段，以工程中的分项工程和结构作为对象编制

C. 概算定额是一种生产性定额

D. 投资估算指标是编制投资估算、计算投资需要量时使用的一种定额

E. 预算定额的项目划分很细，是工程定额中分项最细，定额子目最多的一种定额

2. 下列工人工作时间中，虽属于损失时间，但在拟定定额时又要适度考虑它的影响的是（　　）。

A. 施工本身导致的停工时间　　B. 非施工本身导致的停工时间

C. 不可避免的中断时间　　D. 多余工作时间

E. 偶然工作时间

3. 分部分项工程量清单的编制应注意的问题有（　　）。

A. 分部分项工程量清单的项目编码，应采用九位阿拉伯数字表示

B. 分部分项工程量清单编制时，以附录中的分项工程项目名称为基础

C. 计量单位如以“吨”为单位，应保留三位小数，第四位小数四舍五入

D. 编制工程量清单出现附录中未包括的项目，编制人不应作补充

E. 对现浇混凝土柱的高度，断面大小等特征可以不描述

4. 编制分部分项工程量清单时应依据（　　）。

A. 建设工程工程量清单计价规范　　B. 建设项目可行性研究报告

C. 建设项目设计文件　　D. 建设项目招标文件

E. 拟采用的施工组织设计和施工技术方案

5. 编制措施项目清单时应依据（　　）。

A. 建设项目可行性研究报告

B. 建设项目设计文件

C. 拟建工程施工组织设计和施工技术方案

D. 建设项目招标文件

E. 拟建工程的具体情况

三、简答题

1. 简述建设工程投资确定的依据。

2. 简述工程定额包括的内容。

3. 简述工程量清单的编制方法。

4. 工程量清单的计价程序是什么?

四、案例分析

某市政排水工程，管道基础宽2m，管道长200m，平均挖深2m，三类土，施工时两侧放坡，已知基底每侧工作面宽度为0.5m，放坡系数为1∶0.47，采用挖掘机挖土，不装车，试根据建筑工程量清单计算规则计算挖土工程的综合单价（不含措施费、规费和税金），其中管理费取直接工程费的10%，利润取直接工程费与管理费的6%。已知挖掘机挖掘土的定额见表3-5。

表3-5　　**挖掘机挖土**　　$1000m^3$

定额编号				1-186	1-187	1-188	1-189	1-190	1-191
项目名称				挖掘机挖土					
				不装车			装车		
				一、二类土	三类土	四类土	一、二类土	三类土	四类土
基价/元				2775.54	3268.46	3700.30	6261.40	7365.47	8320.38
人工费/元				205.20	205.20	205.20	205.20	205.20	205.20
材料费/元				—	—	—	—	—	—
机械费/元				2570.34	3063.26	3495.10	6056.20	7160.27	8115.18
编码	名　称	单位	单价/元	数　量					
AZ0010	综合工日	工日	38.00	5.400	5.400	5.400	5.400	5.400	5.400
XA0030	履带式推土机90kW	台班	582.83	0.1880	0.220	0.250	1.890	2.210	2.550
XA0430	履带式单斗挖掘机（液）$1.0m^3$	台班	767.33	3.213	3.825	4.365	6.457	7.630	8.639

第4章　建设工程决策阶段的投资控制

学习目标

熟悉可行性报告的主要内容，了解项目决策阶段的工作程序；掌握建设投资估算的方法；熟悉现金流量的意义和利息的计算，掌握资金等值计算的方法，熟悉名义利率与实际利率的概念及计算；了解投资项目的财务评价的指标体系，熟悉静态评价指标的计算，掌握动态评价指标的含义和计算方法；掌握盈亏平衡分析的含义和计算，熟悉敏感性分析的意义和计算过程。

4.1　项目决策阶段的工作内容

项目投资决策是选择和决定投资行动方案的过程，是对拟建项目的必要件和可行性进行技术经济论证，对不同建设方案进行技术经济比较、选择及做出判断和决定的过程，项目投资决策是投资行动的依据。项目决策正确与否，直接关系到项目建设的成败，关系到工程投资的高低及投资效果的好坏，正确决策是合理确定与控制工程投资的前提。

4.1.1　项目决策阶段的工作程序

项目决策阶段一般分为投资机会研究、初步可行性研究、可行性研究和项目前评估四个阶段。

一、投资机会研究阶段

投资机会研究，是指为寻找有价值的投资机会而进行的准备性调查研究。投资机会研究可分为一般投资机会研究与具体项目投资机会研究两类。

一般投资机会研究是一种全方位的搜索过程，需要进行广泛的调查，收集大量的数据。具体项目投资机会研究是在一般投资机会研究初步筛选投资方向和投资机会后，需要进行具体项目的投资机会研究。

二、初步可行性研究阶段

初步可行性研究是在投资机会研究的基础上，对项目方案进行初步的技术、经济分析和社会、环境评价，对项目是否可行做出初步判断。对于一些小型项目或者简单的技术发行项目，在选定投资机会后，可以直接进行下一阶段即可行性研究。

初步可行性研究的深度介于投资机会研究和可行性研究之间，这一阶段一般采用指标估算法估算建设投资和生产成本。

三、可行性研究阶段

可行性研究一般是在初步可行性研究的基础上进行的详细研究。通过主要建设方案和建设条件的分析比选论证，从而得出该项目是否值得投资，建设方案是否合理、可行的研究结论，为项目最终决策提供依据。因而，可行性研究也是项目决策分析与评价阶段的最重要的工作。

四、项目前评估阶段

项目前评估主要指对为项目决策提供依据所编制的项目建议书、可行性研究报告和项目申请报告进行评估。

4.1.2　可行性研究及其报告的主要内容

可行性研究的重点是项目建设的可行性，必要时还需进一步论证项目建设的必要性。

一、可行性研究报告的内容

（一）总论

(1) 项目提出的背景与概况。

(2) 可行性研究报告编制的依据。

(3) 项目建设条件。

(4) 问题与建议。

（二）市场预测

(1) 市场现状调查。

(2) 产品供需预测。

(3) 价格预测。

(4) 竞争力与营销策略。

(5) 市场风险分析。

（三）资源条件评价

(1) 资源可利用量。

(2) 资源品质情况。

(3) 资源赋存条件。

(4) 资源开发价值。

（四）建设规模与产品方案

(1) 建设规模与产品方案构成。

(2) 建设规模与产品方案的比选。

(3) 推荐的建设规模与产品方案。

(4) 技术改造项目推荐方案与原企业设施利用的合理性。

（五）场（厂）址选择

(1) 场（厂）址现状及建设条件描述。

(2) 场（厂）址方案比选。

(3) 推荐的场（厂）址方案。

(4) 技术改造项目场（厂）址与原企业的依托关系。

（六）技术设备工程方案

(1) 技术方案选择。

(2) 主要设备方案选择。

(3) 工程方案选择。

(4) 技术改造项目的技术设备方案与改造前比较。

（七）原材料燃料供应

(1) 主要原材料供应方案选择。

(2) 燃料供应方案选择。

（八）总图运输与公用辅助工程

(1) 总图布置方案。

(2) 场（厂）内外运输方案。

(3) 公用工程与辅助工程方案。

(4) 技术改造项目与原企业设施的协作配套。

（九）节能措施

(1) 节能措施。

(2) 能耗指标分析（技术改造项目应与原企业能耗比较）。

（十）节水措施

(1) 节水措施。

(2) 水耗指标分析（技术改造项目应与原企业水耗比较）。

（十一）环境影响评价

(1) 环境条件调查。

(2) 影响环境因素分析。

(3) 环境保护措施。

(4) 技术改造项目与原企业环境状况比较。

（十二）劳动安全卫生与消防

(1) 危险因素和危害程度分析。

(2) 安全防范措施。

(3) 卫生保健措施。

(4) 消防措施。

（十三）组织机构与人力资源配置

(1) 组织机构设置及其适应性分析。

(2) 人力资源配置。

(3) 员工培训。

（十四）项目实施进度

(1) 建设工期。

(2) 实施进度安排。

(3) 技术改造项目的建设与生产的衔接。

（十五）投资估算

(1) 投资估算范围与依据。

(2) 建设投资估算。

(3) 流动资金估算。

(4) 总投资额及分年投资计划。

（十六）资金筹措

(1) 融资组织形式选择。

(2) 资本金筹措。

(3) 债务资金筹措。

(4) 融资方案分析。

(十七) 经济效益和社会效益

(1) 项目的经济效益。

(2) 项目的社会效益。

(十八) 研究结论与建议

(1) 推荐方案总体描述。

(2) 推荐方案的优缺点描述。

(3) 主要对比方案。

(4) 结论与建议。

二、可行性研究报告编制要求

(1) 应能充分反映项目可行性研究工作的成果，内容齐全、结论明确、数据准确、论据充分，满足决策者制订方案与项目（决策）的要求。

(2) 选用主要设备的规格、参数应能满足订货的要求。引进的技术设备资料应能满足合同谈判的要求。

(3) 报告中的重大技术、经济方案应有两个以上的方案比选。

(4) 确定的主要工程技术数据，应能满足项目初步设计的要求。

(5) 融资方案应能满足银行等金融部门信贷决策的需要。

(6) 反映在可行性研究中出现的某些方案的重大分歧及未被采纳的理由，以供委托单位与投资者权衡利弊进行决策。

(7) 应附有评估、决策（审批）所必需的合同、协议、意向书、政府批件等。

三、可行性研究的质量要求

为保证可行性研究工作的科学性、客观性和公正性，有效地防止错误和遗漏，要做到以下方面：

(1) 首先必须站在客观公正的立场进行调查研究，做好基础资料的收集工作。

要按照客观实际情况进行论证评价，如实地反映客观经济规律，从客观数据出发，通过科学分析，得出项目是否可行的结论。

(2) 可行性研究报告的内容深度必须达到国家规定的标准，基本内容要完整，应尽可能多地占有数据资料。

可行性研究报告在做法上要掌握好以下四个要点：

1) 先论证，后决策。

2) 处理好项目建议书、可行性研究、评估这三个阶段的关系，任一阶段发现不可行都应当停止研究。

3) 要将调查研究贯彻始终。一定要掌握切实可靠的资料，以保证资料选取的全面性、重要性、客观性和连续性。

4) 多方案比较，择优选取。

(3) 为保证可行性研究的工作质量，应保证咨询设计单位足够的工作周期，防止因各种原因的不负责任草率行事。

4.1.3 项目决策阶段影响建设工程投资的主要因素

一、项目合理建设规模的确定

每一个建设项目都存在着一个合理规模的选择问题，规模过小，资源得不到有效配置，单位产品成本高，经济效益低下；规模过大，超过市场产品需求量，则会导致产品积压或降价销售，项目经济效益也会低下。充分考虑规模效益，综合市场、技术及环境等主要因素，合理确定项目建设规模，将直接决定建设工程投资的有效性。

二、建设标准水平的确定

建设标准的主要内容包括建设规模、占地面积、工艺装备、建筑标准、配套工程、劳动定员等方面的标准或指标。建设标准能否起到控制建设投资、指导建设的作用，关键在于标准水平订得是否合理，建设标准水平应从经济发展水平出发，区别不同地区、不同规模、不同等级、不同功能而合理确定。对于大多数工业交通项目应采用中等适用的标准，对少数引进国外技术和设备或有特殊要求的项目，标准可适当高些。在建筑方面，应坚持适用、经济、安全、朴实的原则。建设标准水平的高低将直接关系到项目投资的多少。

三、建设地区及建设地点的选择

建设地区的合理与否，在很大程度上决定着拟建项目的命运，影响着建设投资的高低、建设工期的长短、建设质量的好坏，还影响到项目建成后的经营状况。因此建设地区的选择应在充分考虑经济发展战略规划的要求、资源条件、运输条件、水文地质等自然条件和环境等因素的基础上，还应本着靠近原料、燃料提供地和产品消费地以及同类项目适当聚集的原则进行。

建设地点的选择是在已选定建设地区的基础上，具体确定项目所在的建设地段，坐落位置和东、西、南、北四邻。其要求有两点：一是从保证拟建项目直接经济效益出发，要满足该项目生产建设和职工生活的要求；二是从保证间接的、社会的效益出发，有利于所在地区总体规划的实现，不造成四邻和所在地区、流域景观与环境生态平衡的破坏。

四、生产工艺和平面布置方案的确定

生产工艺方案的确定是指生产性项目生产产品所采用的工艺流程和制作方法。其评价及确定主要有两项标准：先进适用和经济合理。先进与适用是评价工艺最基本的标准，两者是对立的统一。工艺的先进性是首要满足的，它能带来产品质量、生产成本的优势，但也不能单独强调先进而忽视适用，还要考察工艺是否符合国情和地区经济及技术发展政策。经济合理是指所用的工艺应能以最小的消耗获得最大的经济效果，要求综合考虑所用工艺所能产生的经济效益和国家、地区及部门的经济承受能力。

五、设备的选用

设备费用在生产性建设项目总投资中所占的比例较大，因而应特别注重设备的选用，以控制投资成本，同时在设备选用中，还应注意处理好以下几个问题：要尽量选用国产设备，凡只引进关键设备就能配套使用的，就不要成套引进；要注意进口设备之间以及国内外设备间的衔接问题；要注意进口设备与原有国产设备、厂房之间的配套问题；要注意进口设备与原材料、备件及维修能力间的配套问题；要特别注意引进技术资料，即所谓“软件”的问题。

综上所述，建设项目决策阶段的投资控制，是对投资经济活动的事前控制，对项目投资的控制有着极其重要的作用，是项目投资控制的最主要和最直接而有效的阶段，在项目建设各阶段中，投资决策阶段影响造价的程度最高。而且还直接影响着决策阶段之后的各个建设阶段工程造价的确定与控制是否科学、合理。

4.2　建设工程投资估算的编制

4.2.1　投资估算概述

一、建设工程投资估算的概念

投资估算是在对项目的建设规模、产品方案、工艺技术及设备方案、工程方案及项目实施进度等进行研究并基本确定的基础上，估算项目所需资金总额，并测算建设期分年资金使用计划。投资估算是项目建设前期编制项目建议书和可行性研究报告的重要组成部分，是项目决策的重要依据之一。

二、建设工程投资估算阶段划分与精度要求

我国建设项目的投资估算分为以下几个阶段。

（一）项目规划阶段的投资估算

建设项目规划阶段是指有关部门根据国民经济发展规划、地区发展规划和行业发展规划的要求，编制一个建设项目的建设规划。此阶段是按项目规划的要求和内容，粗略地估算建设项目所需要的投资额，其对投资估算精度的要求为允许误差大于±30％。

（二）项目建议书阶段的投资估算

在建设项目建议书阶段，是按项目建议书中的产品方案、项目建设规模、产品主要生产工艺、企业车间组成、初选建厂地点等，估算建设项目所需要的投资额。其对投资估算精度的要求为误差控制在±30％以内。

（三）预可行性研究阶段的投资估算

预可行性研究阶段，是在掌握了更详细、更深入的资料的条件下，估算建设项目所需的投资额。其对投资估算精度的要求为误差控制在±20％以内。

（四）可行性研究阶段的投资估算

可行性研究阶段的投资估算至关重要，因为这个阶段的投资估算经审查批准之后，便是工程设计任务书中规定的项目投资限额，并可据此列入项目年度基本建设计划。其对投资估算精度的要求为误差控制在±10％以内。

三、建设工程投资估算的内容

建设项目投资的估算包括建设投资、建设期利息和流动资金的估算。

四、建设工程投资估算的步骤

建设工程投资估算可按下列步骤进行：

(1) 分别估算各单项工程所需的建筑工程费、设备及工器具购置费、安装工程费。

(2) 在汇总各单项工程费用的基础上，估算工程建设其他费用和基本预备费。

(3) 估算涨价预备费。

(4) 估算建设期利息。

(5) 估算流动资金。

4.2.2　投资估算方法

一、建设投资估算

（一）单位生产能力估算法

这种方法根据已建成的类似项目生产能力和投资额来粗略估算拟建项目建设投资额，计

算公式为

$$C_2 = C_1 \times \left(\frac{Q_2}{Q_1}\right)^n \times f \tag{4.1}$$

式中 C_1——已建类似项目或装置的建设投资额；

C_2——拟建类似项目或装置的建设投资额；

Q_1——已建类似项目或装置的生产能力；

Q_2——拟建类似项目或装置的生产能力；

n——生产能力指数；

f——价格调整系数。

式（4.1）表明项目的投资额与生产能力呈非线性关系，且单位投资额随生产能力的增大而减小。式中的 n 是一个关键因素，不同项目应取不同的指数值，其选取的原则为靠增加设备、装置的数量，以及靠增大生产场所扩大生产规模时，n 取 0.8～0.9；靠提高设备、装置的功能和效率扩大生产规模时，n 取 0.6～0.7。通常情况下 $\frac{Q_2}{Q_1}$ 不能超过 50，而在 10 以内应用生产能力指数法的计算效果较好。

【例 4-1】 2008 年已建成年产 50 万吨的某钢厂，其投资额为 5500 万元，已知 2008 年到 2011 年每年价格平均上涨 3%，试估算 2011 年拟建年产 100 万吨的钢厂项目的建设投资额。（n 取 0.8）

解 采用生产能力指数法估算项目建设投资额，已知 2008～2011 年三年中每年价格平均上涨 3%，则

$$f = (1 + 3\%)^3 = 1.09$$

根据式（4.1）得

$$C_2 = C_1 \times \left(\frac{Q_2}{Q_1}\right)^n \times f$$

$$= 5500 \times \left(\frac{100}{50}\right)^{0.8} \times 1.09 = 10\ 438\ \text{万元}$$

即估算拟建项目的建设投资额为 10 438 万元。

（二）比例估算法

（1）设备系数法。

以拟建项目的设备费为基数，根据已建成的同类项目的建筑安装工程费和其他费用等占设备价值的百分比，求出相应的建筑安装工程及其他有关费用，其总和即为拟建项目的投资额，适应于设备投资占比例较大的项目。计算公式为

$$C = E(1 + \sum_{i=1}^{n} f_i P_i) + I \tag{4.2}$$

式中 C——拟建项目的建设投资额；

E——拟建项目按当时当地价格计算的各种设备购置费的总和；

P_i——已建项目的建筑、安装工程费及其他工程费等与设备购置费的比例；

f_i——由于时间因素引起的定额、价格、费用标准等变化的综合调整系数；

I——拟建项目的其他费用。

【例 4-2】 某拟建项目设备购置费为 16 000 万元，根据已建同类项目统计资料，建筑

工程费占设备购置费的 23%，安装工程费占设备购置费的 8%，其他工程费用占设备购置费的 12%，调整系数 f_i 均为 1.2，该拟建项目的其他有关费用估计为 3 200 万元，试估算该项目的建设投资额。

解　采用设备系数法估算项目的建设投资额，根据式（4.2）得

$$C = E(1 + \sum_{i=1}^{n} f_i P_i) + I$$
$$= 16\,000 \times (1 + 1.2 \times 23\% + 1.2 \times 8\% + 1.2 \times 12\%) + 3200 = 27\,456 \text{ 万元}$$

即估算拟建项目的建设投资额为 27 456 万元。

(2) 主体专业系数法。

以拟建项目中投资比重较大，并与生产能力直接相关的工艺设备投资为基数，根据已建同类项目的有关统计资料，计算出拟建项目各专业工程与工艺设备投资的百分比，据以求出拟建项目各专业投资，然后加总得到拟建项目的建设投资。

$$C = E \times (1 + \sum_{i=1}^{n} f_i P'_i) + I \tag{4.3}$$

式中　P'_i——已建项目各专业工程费用与工艺设备投资的比例。

其他符号同式（4.2）。

（三）综合指标投资估算法

该方法是把建设项目以单项工程或单位工程，将费用划分为设备及工器具的购置费、建筑工程费、安装工程费、工程建设其他费及预备费等，根据各种具体的投资估算指标，进行各单位工程或单项工程投资的估算，在此基础上进行汇集编制拟建项目的各个单项工程费用和拟建项目的工程费用投资估算。

二、建设期利息与流动资金估算

建设期利息的估算方法详见第 2 章第 2.5 节，这里主要介绍流动资金的估算。

流动资金是指企业全部的流动资产，也称为营业周转资金，即企业投产后，为进行正常的生产运营而需要的购买原材料、燃料及支付工资等的费用。流动资金的估算可采用分项详细估算法和扩大指标法估算。

（一）分项详细估算法

分项详细估算法是根据周转额与周转速度之间的关系，对构成流动资金的各项流动资产和流动负债分别进行估算。计算公式为

$$\text{流动资金} = \text{流动资产} - \text{流动负债} \tag{4.4}$$
$$\text{流动资产} = \text{应收账款} + \text{预付账款} + \text{存货} + \text{现金}$$
$$\text{流动负债} = \text{应付账款} + \text{预收账款}$$

（二）扩大指标估算法

扩大指标估算法是根据现有企业的实际资料，求得各种流动资金率指标，将各类流动资金率乘以相应的费用基数来估算流动资金。计算公式为

$$\text{年流动资金额} = \text{年费用基数} \times \text{各类流动资金率} \tag{4.5}$$

4.3　资金的时间价值

资金的时间价值是指货币随着时间的推移而发生的增值，是资金周转使用后的增值额。

指当前所持有的一定量货币比未来获得的等量货币具有更高的价值。

4.3.1 现金流量

一、相关概念

（一）现金流量

现金流量是指在建设项目在整个计算期内或运营中，在各个时点上实际发生的现金流入与现金流出的总称。对于一个经济系统而言，在某一时间点上流入系统的货币量称为现金流入，用 $(CI)_t$ 表示；流出系统的货币量称为现金流出，用 $(CO)_t$ 表示；在同一时间点上的现金流入减去现金流出的值称为净现金流量，用 $(CI-CO)_t$ 表示。由于在项目的寿命期内，各种现金流量发生的时间不尽相同，为了便于分析，资金的时间价值计算中均假设现金流量发生在各计息期的期末。

（二）建设项目计算期

建设项目的计算期也称为项目的经济寿命，一般可分为两个阶段：拟建项目的建设期和生产运营期。

建设期指建设项目从决策、施工建设直到全部建成、竣工验收所花费的全部时间。生产运营期指项目从建成投产直到主要固定资产报废所经历的时间。

二、现金流量的表示方法

（一）现金流量表

现金流量表是显示一定时间内项目的现金流入、现金流出及净现金流量的表格，见表 4-1。

表 4-1　现金流量表　万元

年末 (t)	1	2	3	4	5	6	7	…	n
现金流入 $(CI)_t$	0	0	0	400	500	900	900	…	900
现金流出 $(CO)_t$	1200	800	500	120	150	200	200	…	200
净现金流量 $(CI-CO)_t$	−1200	−800	−500	−280	350	700	700	…	700

（二）现金流量图

现金流量图是以数轴的图形直观表示资金在不同时间点的现金流入和现金流出的情况。现金流量图包括三大要素：大小、流向和时间点。可将表 4-1 中的数据用现金流量图的形式表示，如图 4-1 所示。

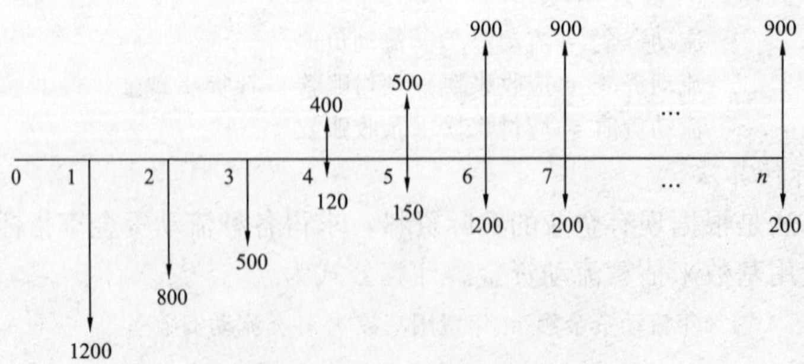

图 4-1　现金流量图

图中横轴为时间轴，每一个刻度为一个计息期，0 为时间序列的起点，也是第一个计息期的起点，从 1～n 分别代表各计息期的终点，前一个计息期的终点同时也是下一个计息期的起点，n 为经济系统的经济寿命。箭线为现金流量，向上的箭线表示现金流入，向下的箭线表示现金流出，箭线的长度与现金流量成正比，金额越大，箭线越长。一般要在现金流量图上注明每一笔现金流量的金额。

根据现金流量表中的净现金流量可作净现金流量图，如图 4-2 所示。

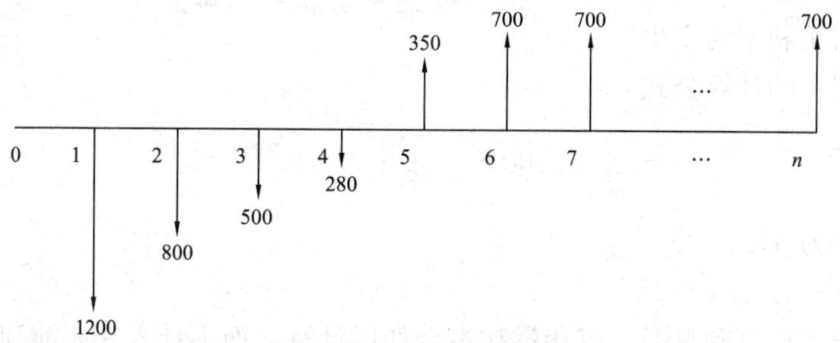

图 4-2　净现金流量图

净现金流量图的时间点与箭线大小的含义与现金流量图相同，但箭线方向的意义与现金流量图不同：向上的箭线表示净现金流量为正值，即该时间点的现金流入大于现金流出；向下的箭线表示净现金流量为负值，即该时间点的现金流入小于现金流出。

4.3.2　利息的计算

一、利息与利率的概念

（一）利息

利息是货币所有者因为发出货币资金而从借款者手中获得的报酬；从另一方面看，它是借贷者使用货币资金必须支付的代价。利息是资金时间价值的一种表现，是衡量资金时间价值的绝对尺度。利息的计算公式为

$$I = F - P \tag{4.6}$$

式中　I——利息；

F——目前债务人应付（或债权人应收）总金额，即还本付息总额，常称作本利和、终值；

P——原借贷金额，常称作本金、现值。

【例 4-3】　某公司 2009 年从银行借款 500 万元，两年还清，2010 年还款 250 万元，2011 年还款 272.95 万元，则该公司还款的利息为多少万元？

解　该公司两年还款的总额为

$$F = 250 + 272.95 = 522.95 \text{ 万元}$$

即还本付息总额为 522.95 万元，则该公司支付的利息额为

$$I = F - P = 522.95 - 500 = 22.95 \text{ 万元}$$

则该公司支付的利息为 22.95 万元。

（二）利率

利率又称利息率，表示一定时期内利息与本金的比率，通常用百分比表示，按年计算则称为年利率。利率的计算公式为

$$i = \frac{I_t}{P} \times 100\% \tag{4.7}$$

式中 i——利率；

I_t——单位时间内所得的利息额。

【例 4-4】 某公司 2010 年年末从银行借款 800 万元，2011 年年末支付本年利息 40 万元，则其借款的年利率为多少?

解 根据利率的计算公式

$$i = \frac{I_t}{P} \times 100\% = \frac{40}{800} \times 100\% = 5\%$$

即借款的年利率为 5%。

二、单利法

单利法是指在计算利息时，仅用最初本金加以计算，而不计入在先前利息周期中所累积增加的利息，即通常所说的“利不生利”的计息方法，因此单利法中的每一个计息期产生的利息均相等。

每个计息期产生的利息计算公式为

$$I_n = P \times i \tag{4.8}$$

式中 I_n——第 n 个计息期期末的利息；

n——计息期，表示计算期内计算利息的次数。

本利和计算公式为

$$F = P + I = P + P \times i \times n = P \times (1 + i \times n) \tag{4.9}$$

【例 4-5】 假设以单利法借入资金 300 万元，5 年偿还，年利率为 6%，试计算各年的利息与本利和。

解 根据单利法利息的计算公式

$$I_n = P \times i = 300 \times 6\% = 18 \text{ 万元}$$

即每年的利息均为 18 万元。

根据本利和的计算公式

$$F = P \times (1 + i \times n) = 300 \times (1 + 6\% \times 5) = 390 \text{ 万元}$$

即第 5 年年末的本利和为 390 万元。

三、复利法

复利法是指按一定期限（如一年或一季）将上一期所生利息加入本金后再计算下期利息，逐期计算直至借贷期满的一种计息方法，俗称“利滚利”，复利法计算的每一期的利息是不相等的。

利息计算公式

$$I_n = F_{n-1} \times i \tag{4.10}$$

式中 F_{n-1}——第 $n-1$ 个计息期期末的本利和。

本利和计算公式

$$F = P \times (1 + i)^n \tag{4.11}$$

复利法计算本利和的推导过程见表 4-2。

表 4-2　**复利法计算本利和的推导过程**

计息期（n）	期初本金（P_n）	当期利息（I_n）	期末本利和（F_n）
1	P	Pi	$P+Pi=P(1+i)$
2	$P(1+i)$	$P(1+i)i$	$P(1+i)+P(1+i)i=P(1+i)^2$
3	$P(1+i)^2$	$P(1+i)^2i$	$P(1+i)^2+P(1+i)^2i=P(1+i)^3$
…	…	…	…
$n-1$	$P(1+i)^{n-2}$	$P(1+i)^{n-2}i$	$P(1+i)^{n-2}+P(1+i)^{n-2}i=P(1+i)^{n-1}$
n	$P(1+i)^{n-1}$	$P(1+i)^{n-1}i$	$P(1+i)^{n-1}+P(1+i)^{n-1}i=P(1+i)^n$

【例 4-6】 假设［例 4-5］中的计息方法为复利法，则到期的本利和是多少？第三年和第五年的利息分别是多少？

解 根据复利法的计算公式

$$F=P\times(1+i)^n=300\times(1+6\%)^5=401.47\text{ 万元}$$

即第五年末的本利和为 401.47 万元。

根据表 4-2 中的利息计算公式 $I_n=P\times(1+i)^{n-1}\times i$，得

第三年的利息为

$$I_3=P\times(1+i)^{3-1}\times i=300\times(1+6\%)^2\times 6\%=20.22\text{ 万元}$$

第五年的利息为

$$I_5=P\times(1+i)^{5-1}\times i=300\times(1+6\%)^4\times 6\%=22.72\text{ 万元}$$

4.3.3 资金的等值计算

资金具有时间价值，即同样数额的资金发生在不同的时间，其价值是不同的；反之，在不同时间点发生的数额不同的资金在资金时间价值的作用下却可能具有相同的价值。这些不同时期、不同数额但其价值等效的资金称为等值，资金的等值计算以复利法为前提。

资金等值计算主要分为两种情况：一次支付与等额多次支付。一次支付指所分析系统的现金流量，无论是流入或流出，分别在各时点上只发生一次；等额多次支付是指现金流入与流出是在多个时间点上发生的，且数额大小相等。

资金等值计算的基本计算公式包括一次支付终值公式、一次支付现值公式、等额资金终值公式、等额资金偿债基金公式、等额资金回收公式、等额资金现值公式。

一、一次支付终值公式

已知现值 P，在利率为 i 的情况下，求与之等值的终值 F，此类问题可采用一次支付终值计算公式（已知 P 求 F）即复利法的本利和计算公式

$$F=P\times(1+i)^n$$

式中　$(1+i)^n$——终值系数，记为（F/P，i，n）。

现金流量如图 4-3 所示。

【例 4-7】 某人从银行借款 10 万元，年利率为 5%，3 年后一次连本带利还清，试问 3 年末应还款多少？

解 现金流量图如图 4-4 所示。

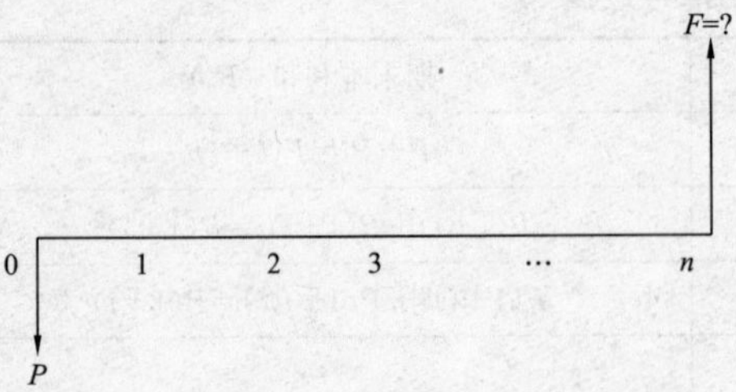

图 4-3　一次支付求终值现金流量图

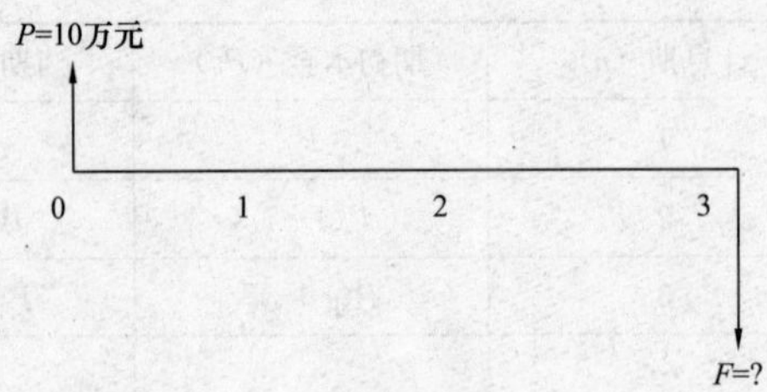

图 4-4　一次支付求终值现金流量图

按一次支付终值公式计算

$$F = P \times (1+i)^n = 10 \times (1+5\%)^3 = 11.58\text{ 万元}$$

即 3 年后的本利和为 11.58 万元。

二、一次支付现值公式

如果已知未来的一笔资金 F，在利率为 i 的情况下，求与之等值的现值 P，此类问题可采用一次支付现值公式（已知 F 求 P）进行计算，为一次支付终值公式的逆运算。计算公式如下

$$P = F \times (1+i)^{-n} \tag{4.12}$$

式中　$(1+i)^{-n}$——现值系数，记为（P/F，i，n）。

现金流量如图 4-5 所示。

一次支付现值公式的计算是将未来时刻的资金换算为现在时刻与之等值的资金，也称为折现。

【例 4-8】　某人欲 10 年后从银行取款 8 万元，年利率为 4%，试问现在应在银行存款多少？

解　现金流量图如图 4-6 所示。

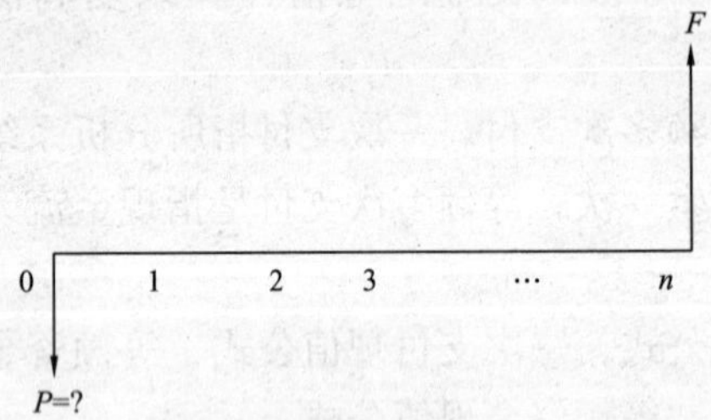

图 4-5　一次支付求现值现金流量图

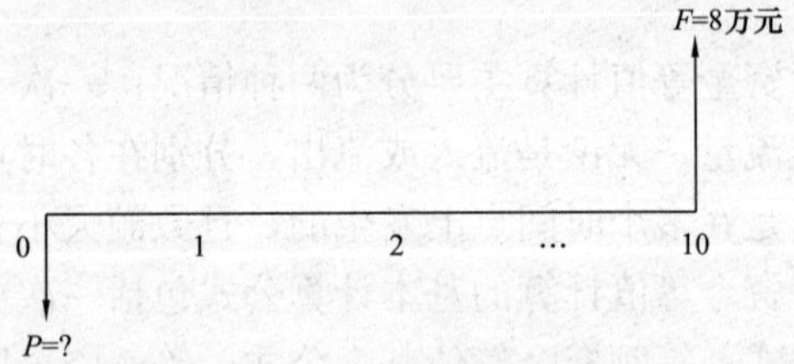

图 4-6　一次支付求现值现金流量图

按一次支付现值公式计算

$$P = F \times (1+i)^{-n} = 8 \times (1+4\%)^{-10} = 5.40\text{ 万元}$$

即现在存入银行 5.40 万元，年利率为 4%的情况下，10 年后可从银行取出 8 万元。

三、等额资金终值公式

如果已知连续若干计息期期末发生等额的现金流量 A（也称等额值），在利率为 i 的情况下，求与之等值的终值 F，此类问题可采用等额资金终值公式（已知 A 求 F）进行计算。现金流量如图 4-7 所示。

计算公式如下

$$F = A(1+i)^{n-1} + A(1+i)^{n-2} + \cdots + A = A\frac{(1+i)^n - 1}{i} \tag{4.13}$$

式中　$\frac{(1+i)^n-1}{i}$——等额终值系数，记为（F/A，i，n）。

注：等额多次支付公式应用的条件为等额现金流量 A 发生在第 1 到第 n 期的每一期的期末。

【例 4-9】 某公司每年年末存入银行 75 万元，年利率为 8%，则 5 年后可从银行取款多少？

解　现金流量图如图 4-8 所示。

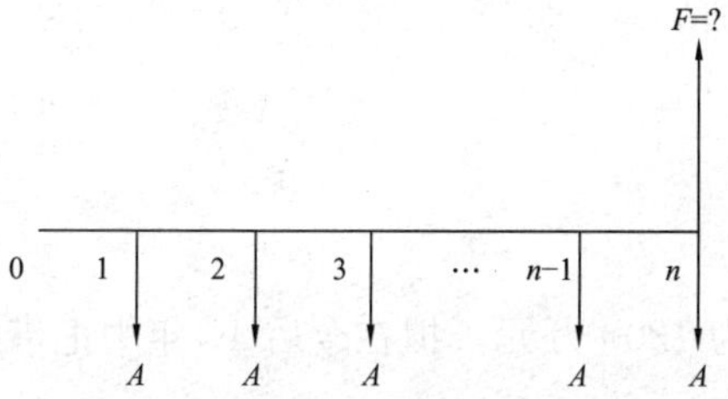

图 4-7　等额多次支付求终值现金流量图

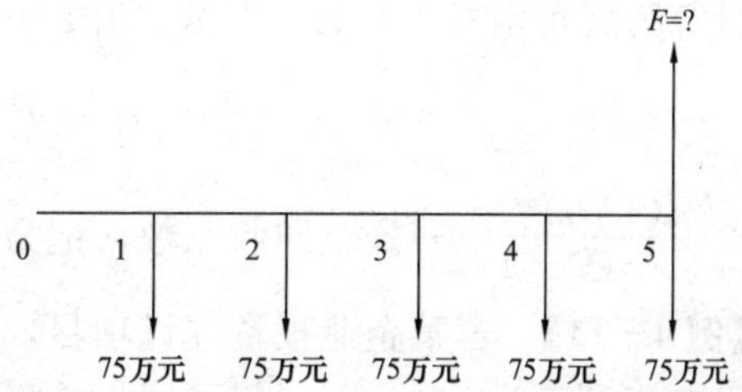

图 4-8　等额多次支付求终值现金流量图

按等额资金终值公式计算

$$F = A\frac{(1+i)^n - 1}{i} = 75 \times \frac{(1+8\%)^5 - 1}{8\%} = 440.00\text{ 万元}$$

即每年存入银行 75 万元，年利率为 8%的情况下，5 年后可从银行取出 440 万元。

四、等额资金偿债基金公式

如果已知终值 F，在利率为 i 的情况下，求与之等值的连续若干计息期期末发生等额的现金流量 A，此类问题可采用等额资金偿债基金公式（已知 F 求 A）进行计算，为等额资金终值公式的逆运算。现金流量如图 4-9 所示。

计算公式如下

$$A = F\frac{i}{(1+i)^n - 1} \tag{4.14}$$

式中　$\frac{i}{(1+i)^n-1}$——偿债基金系数，记为（A/F，i，n）。

【例 4-10】 某生产企业在 4 年后需要一笔 50 万元的资金用于厂房维修，在利率为 6%的情况下，问从现在开始每年年末应存入银行多少钱？

解　现金流量图如图 4-10 所示。

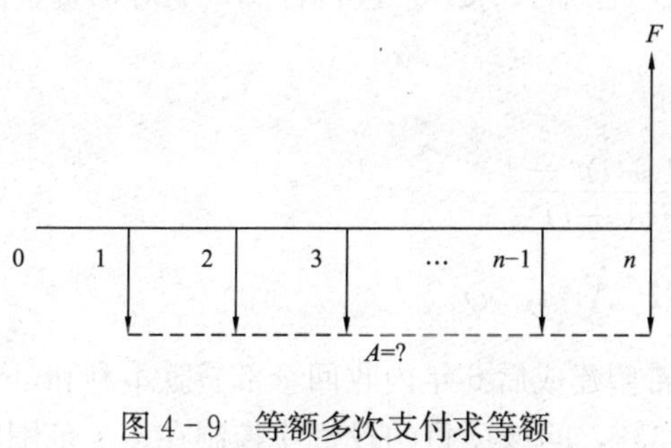

图 4-9　等额多次支付求等额偿债基金现金流量图

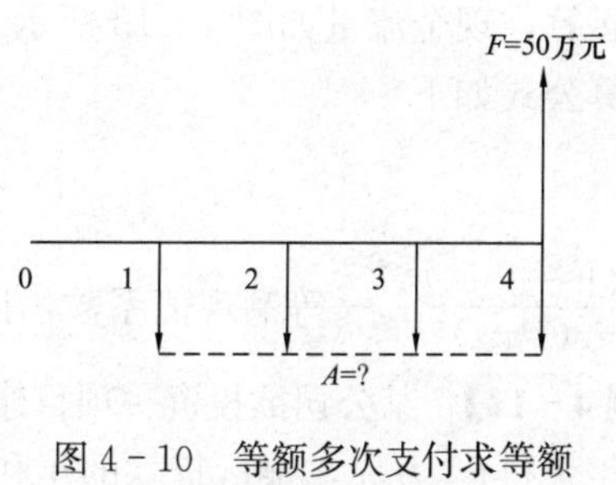

图 4-10　等额多次支付求等额偿债基金现金流量图

按等额偿债基金公式计算

$$A = F\frac{i}{(1+i)^n-1} = 50\times\frac{6\%}{(1+6\%)^4-1} = 11.43\text{万元}$$

即每年存入银行 11.43 万元，年利率为 6%的情况下，4 年后可从银行取出 50 万元。

五、等额资金回收公式

若已知现值 P，在利率为 i 的情况下，求与之等值的连续若干计息期期末发生等额的现金流量 A，此类问题可采用等额资金回收公式（已知 P 求 A）进行计算，现金流量如图 4-11 所示。

计算公式可由式（4.11）与式（4.13）推导得到

$$A = P\frac{i(1+i)^n}{(1+i)^n-1} \tag{4.15}$$

式中 $\frac{i(1+i)^n}{(1+i)^n-1}$——资金回收系数，记为（$A/P$，$i$，$n$）。

【例 4-11】 若某企业投资建设项目，投资额为 1200 万元，拟在今后 10 年中把借款还清，已知年利率为 5%，则每年可回收的资金为多少？

解 现金流量图如图 4-12 所示。

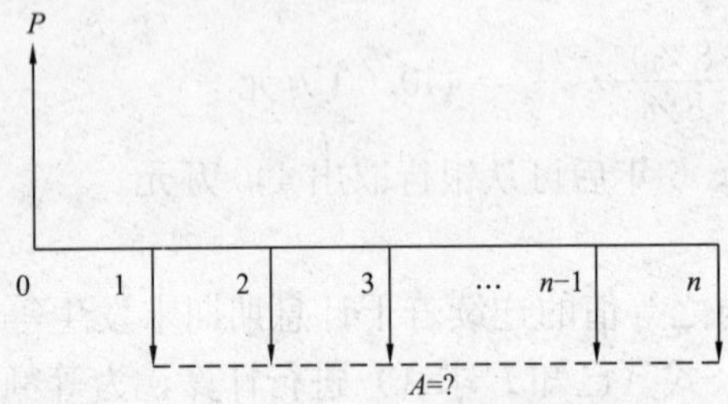

图 4-11 等额多次支付求等额回收资金现金流量图

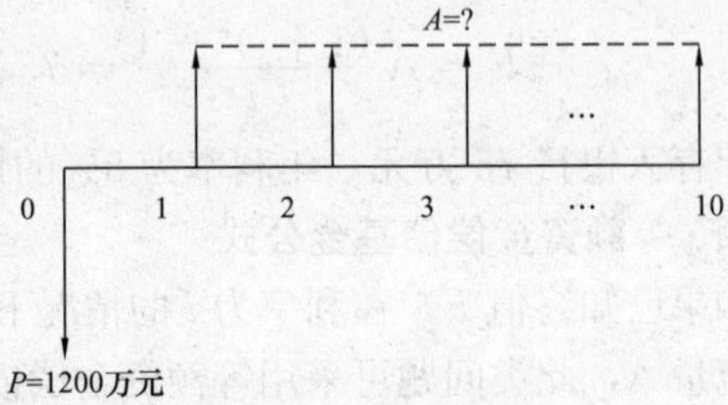

图 4-12 等额多次支付求等额回收资金现金流量图

按等额资金回收公式计算

$$A = P\frac{i(1+i)^n}{(1+i)^n-1} = 1200\times\frac{5\%\times(1+5\%)^{10}}{(1+5\%)^{10}-1} = 155.41\text{万元}$$

即未来 10 年每年年末可回收资金 155.41 万元。

六、等额资金现值公式

若已知连续若干计息期期末发生等额的现金流量 A，在利率为 i 的情况下，求与之等值的现值 P，此类问题可采用等额资金现值公式（已知 A 求 P）进行计算，为等额资金回收公式的逆运算，现金流量如图 4-13 所示。

计算公式如下

$$P = A\frac{(1+i)^n-1}{i(1+i)^n} \tag{4.16}$$

式中 $\frac{(1+i)^n-1}{i\ (1+i)^n}$——等额现值系数，记为（$P/A$，$i$，$n$）。

【例 4-12】 某公司欲投资一项目建设，希望建成后 6 年内收回全部贷款本利和，预计该项目每年获利 55 万元，银行贷款的年利率为 3%，问该项目的投资应控制在多少范围以内？

解 现金流量图如图 4-14 所示。

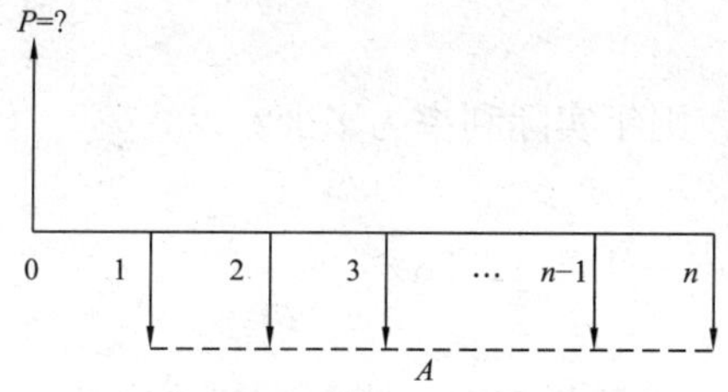

图 4－13　等额多次支付求现值现金流量图

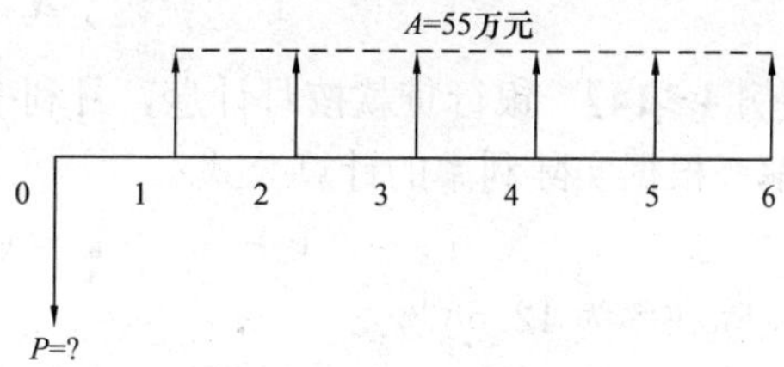

图 4－14　等额多次支付求现值现金流量图

按等额资金现值公式计算

$$P = A\frac{(1+i)^n - 1}{i(1+i)^n} = 55 \times \frac{(1+3\%)^6 - 1}{3\% \times (1+3\%)^6} = 297.95\text{ 万元}$$

即项目投资应控制在 297.95 万元。

4.3.4　名义利率与实际利率

一、名义利率与实际利率的概念

在复利法计算中，一般是采用年利率，或计息期为年，则名义利率就是实际利率；若实际计息期小于 1 年，如按月、季、半年为计息周期，则这时年利率为年名义利率或名义利率，年实际利息与本金的比值为年实际利率或实际利率。

二、名义利率与实际利率的计算

（一）名义利率的计算

$$r = m \times i \tag{4.17}$$

式中　r——年名义利率；

m——1 年的计息周期数。

【例 4－13】　银行贷款按月计息，月利率为 1%，则年名义利率为多少？

解　根据名义利率的计算公式为

$$r = m \times i = 12 \times 1\% = 12\%$$

即年名义利率为 12%。

（二）实际利率的计算

若计息期利率为 i，1 年计息 m 次，假定年初借款为 P，则年末的本利和为

$$F = P(1+i)^m$$

1 年产生的利息为

$$I = F - P = P(1+i)^m - P$$

年实际利率为

$$i_{\text{eff}} = \frac{I}{P} = \frac{P(1+i)^m - P}{P} = (1+i)^m - 1 \tag{4.18}$$

若已知年名义利率和计期周期，根据式（4.15）可得计息期利率计算公式如下

$$i = \frac{r}{m} \tag{4.19}$$

由式（4.18）和式（4.19）可得到实际利率与名义利率的关系公式

$$i_{\text{eff}} = \left(1+\frac{r}{m}\right)^m - 1 \tag{4.20}$$

【例 4-14】 银行贷款按月计息，月利率为 1%，则年实际利率为多少?

解 根据实际利率的计算公式

$$i_{\text{eff}} = (1+i)^m - 1 = (1+1\%)^{12} - 1 = 12.68\%$$

即年实际利率为 12.68%。

【例 4-15】 某企业向银行贷款有两种方式，方式 A：年利率为 15%，按月计息；方式 B：年利率 16%，按年计息；问企业应选择哪种贷款方式?

解 方式 A：

年名义利率为 15%，按月计息，则 1 年计息 12 次，根据式（4.18）计算年实际利率

$$i_{\text{effA}} = \left(1+\frac{r}{m}\right)^m - 1 = \left(1+\frac{15\%}{12}\right)^{12} - 1 = 16.08\%$$

方式 B：

按年计息，则年实际利率等于年名义利率

$$i_{\text{effB}} = r = 16\%$$

由于 $i_{\text{effA}}=16.08\%$ 大于 $i_{\text{effB}}=16\%$，所以企业贷款应选择方式 B。

4.4 建设项目方案的财务评价

4.4.1 财务评价的内容

财务评价是根据国民经济与社会发展以及行业、地区发展规划的要求，在拟定的工程建设方案、财务效益与费用估算的基础上，采用科学的分析方法，对建设项目方案的财务可行性和经济合理性进行分析论证，为科学决策提供依据。

一、财务评价的内容

对于经营性项目，财务评价内容包括盈利能力、偿债能力和财务生存能力，据以判断项目的财务可接受性，明确项目对财务主体及投资者的价值贡献，为项目决策提供依据。

（一）盈利能力分析

盈利能力分析指分析和测算建设项目计算期的盈利能力和盈利水平，其主要分析指标包括项目投资财务内部收益率和财务净现值、投资回收期、总投资收益率和项目资本金净利润率等。

（二）偿债能力分析

偿债能力分析指分析和判断财务主体的偿债能力或还贷能力，其主要分析指标包括利息备付率、偿债备付率和借款偿还期等。

（三）财务生存能力分析

财务生存能力分析是根据项目财务计划现金流量表，通过考察项目计算期内的投资、融资和经营活动所产生的各项现金流入和现金流出，计算净现金流量和累计盈余资金，分析项目是否有足够的净现金流量维持正常运营，以实现财务可持续性。

二、财务评价的指标体系

根据计算建设工程财务评价指标时是否考虑资金的时间价值，可将常用的财务评价指标

分为静态指标和动态指标。静态评价指标指不考虑资金的时间价值计算的指标，动态评价指标则是考虑资金的时间价值计算的指标。指标体系如图 4－15 所示。

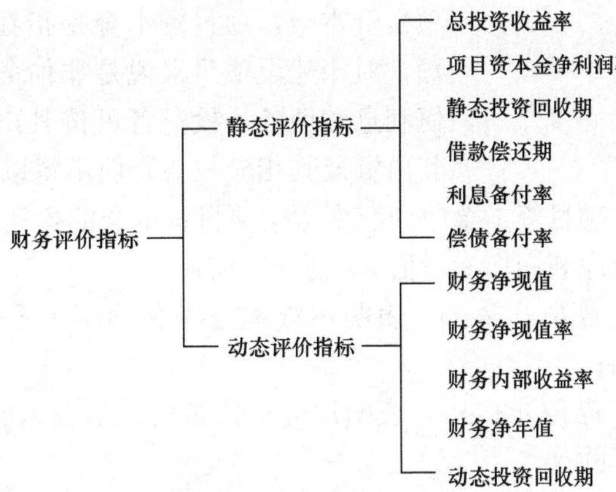

图 4－15　财务评价指标体系

4.4.2　静态评价指标

一、总投资收益率

总投资收益率指项目达到设计能力后正常税前利润或运营期内年平均息税前利润与项目总投资的比率，计算公式如下

$$ROI=\frac{EBIT}{TI}\times 100\% \qquad (4.21)$$

式中　ROI——总投资收益率；

$EBIT$——项目正常年份的年息税前利润或运营期内年平均息税前利润；

TI——项目总投资。

总投资收益率考察项目总投资的盈利水平，评价标准为将总投资收益率与同行业基准收益率（R_c）进行比较：

若 $ROI \geqslant R_c$，表明用总投资收益率表示的盈利能力满足要求，方案在财务上是可行的；

若 $ROI < R_c$，表明用总投资收益率表示的盈利能力不满足要求，方案在财务上是不可行的。

【例 4－16】　某拟建项目的投资额与运营期的息税前利润见表 4－3，已知同行业的基准收益率为 10％，试计算该项目的总投资收益率，并判断其财务的可行性。

表 4－3　　**项目的投资与利润表**　　万元

年份	0	1	2	3	4	5
投资额	300	100	—	—	—	—
息税前利润	—		30	50	60	60

解　根据总投资收益率的计算公式得

$$ROI=\frac{EBIT}{TI}\times 100\%=\frac{(30+50+60+60)/4}{300+100}=12.5\%$$

即该项目的总投资收益率为 12.5％。

由于 $ROI=12.5\%>R_c=10\%$，所以该项目在财务上是可行的。

二、资本金净利润率

项目资本金净利润率指项目达到设计生产能力后正常年份的年净利润或运营期内年平均净利润与项目资本金的比率，计算公式如下

$$ROE=\frac{NP}{EC}\times 100\% \qquad (4.22)$$

式中　ROE——资本金净利润率；

NP——项目正常年份的年净利润或运营期内年平均净利润，指在利润总额中按规定交纳了所得税后的利润留成，一般也称为税后利润或净收入；

EC——项目资本金，项目资本金是指在建设项目总投资中，由投资者认缴的出资额，对于建设项目来说是非债务性资金，项目法人不承担这部分资金的任何利息和债务，投资者可按其出资的比例依法享有所有者权益，也可转让其出资及其相应权益，但不得以任何方式抽回。

项目资本金净利润率考察项目资本金的盈利水平，评价标准为项目资本金净利润率与同行业净利润率参考值 R_d 进行比较：

若 $ROE \geqslant R_d$，表明用资本金净利润率表示的盈利能力满足要求，方案在财务上是可行的；

若 $ROE < R_d$，表明用资本金净利润率表示的盈利能力不满足要求，方案在财务上是不可行的。

【例 4-17】 某拟建工厂的资金投入和利润见表 4-4，已知同行业的基准收益率为 10%，同行业的资本金净利润率参考值 R_d 为 15%，试计算该项目的总投资收益率和资本金净利润率，并用两指标判断该项目在财务上是否可行？

表 4-4　　项目的资金投入与利润表　　万元

序号	项目＼年份	0	1	2	3	4	5	6	7	8～10
1	建设投资	1000	2500	1300						
1.1	自有资金	1000	500	300						
1.2	贷款本金		2000	1000						
1.3	贷款利息（年利率为 5%，投产后前五年等本偿还，利息照付）		50	127.5	158.88	127.10	95.32	63.55	31.78	
2	流动资金				200	50				
2.1	自有资金				100					
2.2	贷款本金				100	50				
2.3	贷款利息（年利率为 3%，投产两年后等额还本付息）				3	4.5	4.73	2.39		
3	所得税前利润				−30	100	300	500	750	950
4	所得税后利润（所得税率为 25%）				−30	75	225	375	562.5	712.5

解　(1) 计算总投资收益率。

1) 项目总投资。

$TI =$ 建设投资 + 流动资金 + 建设期贷款利息

$= 1000 + 500 + 300 + 2000 + 1000 + 100 + 100 + 50 + 50 + 127.5 = 5227.5$ 万元

2) 运营期内年平均息税前利润

$$EBIT = \begin{bmatrix}(158.88 + 127.10 + 95.32 + 63.55 + 31.78 + 3 + 4.5 + 4.73 + 2.39) + \\ (-30 + 100 + 300 + 500 + 750 + 950 \times 3)\end{bmatrix} \div 8$$

$= 620.16$ 万元

3) 总投资收益率。

根据总投资收益率的计算公式得

$$ROI = \frac{EBIT}{TI} \times 100\% = \frac{620.16}{5227.5} \times 100\% = 11.86\%$$

4）判断项目在财务上的可行性。

由于 $ROI=11.86\%>R_c=10\%$，因此用总投资收益率指标判断项目在财务上是可行的。

（2）计算资本金净利润率。

1）项目资本金。

$$EC = 1000 + 500 + 300 + 100 = 1900$$

2）运营期内年平均净利润。

$$NP = (-30 + 75 + 225 + 375 + 562.5 + 712.5 \times 3) \div 8 = 418.13 \text{ 万元}$$

3）资本金净利润率。

根据资本金净利润率的计算公式得

$$ROE = \frac{NP}{EC} \times 100\% = \frac{418.13}{1900} \times 100\% = 22.01\%$$

4）判断项目在财务上的可行性。

由于 $ROE=22.01\%>R_d=15\%$，因此用项目资本金净利润率指标判断项目在财务上是可行的。

三、静态投资回收期

项目静态投资回收期是在不考虑资金时间价值的条件下，以项目的净收益回收总投资所需要的时间（一般以年为单位）。

静态投资回收期的计算公式如下

$$\sum_{t=0}^{P_t} (CI - CO)_t = 0 \tag{4.23}$$

式中　P_t——静态投资回收期；

CI——现金流入量；

CO——现金流出量；

$(CI-CO)_t$——第 t 年净现金流量。

评价标准为用静态投资回收期与基准投资回收期 P_c 比较：

若 $P_t \leqslant P_c$，表明项目投资能在规定的时间内收回，则方案在财务上可行；

若 $P_t > P_c$，表明项目投资不能在规定的时间内收回，则方案在财务上不可行。

直接根据式（4.23）计算静态投资回收期需要进行试算，较为繁琐。静态投资回收期可根据累计净现金流量计算，较为简便，计算公式如下

$$P_t = T - 1 + \frac{\left| \sum_{t=0}^{T-1} (CI - CO) \right|}{(CI - CO)_T} \tag{4.24}$$

式中　T——累计净现金流量首次为正值或零的年份；

$\left| \sum_{t=0}^{T-1} (CI - CO) \right|$——第 $T-1$ 年累计净现金流量的绝对值；

$(CI-CO)_T$——第 T 年的净现金流量。

【例 4-18】 某项目的现金流量表见表 4-5，试计算该项目的静态投资回收期，若基准投资回收期为 5 年，试用静态投资回收期指标判断项目的可行性。

表 4-5 **项目的现金流量表** 万元

年份	0	1	2	3	4	5	6
现金流入	0	0	100	230	300	300	300
现金流出	400	200	50	60	70	70	70

解 列表计算累计净现金流量，见表 4-6。

表 4-6 **项目的累计净现金流量表** 万元

年份	0	1	2	3	4	5	6
净现金流量	−400	−200	50	170	230	230	230
累计现金流量	−400	−600	−550	−380	−150	80	310

根据静态投资回收期的计算公式

$$P_t = T - 1 + \frac{\left|\sum_{t=0}^{T-1}(CI - CO)\right|}{(CI - CO)_T} = 5 - 1 + \frac{150}{230} = 4.65\text{ 年}$$

由于 $P_t = 4.65$ 年 $< P_c = 5$ 年，可在规定的时间内收加投资，因此用静态投资回收期指标判断项目在财务上可行。

四、借款偿还期

借款偿还期是指在有关财税规定及企业具体财务条件下，项目投产后以可用作还款的利润、折旧、摊销及其他收益偿还建设投资借款本金（含未付建设期利息）所需要的时间，一般以年为单位表示。

借款偿还期反映了项目的偿债能力，计算公式如下

$$I_d = \sum_{t=0}^{P_d}(B + D + R_0 + B_r)_t \tag{4.25}$$

式中 P_d——借款偿还期（从借款开始年计算，当从投产年算起时，应予以注明）；

I_d——建设投资借款本金和利息之和（不包括已用自有资金支付的部分）；

B——第 t 年可用于还款的利润；

D——第 t 年可用于还款的折旧和摊销费；

R_0——第 t 年可用于还款的其他收益；

B_r——第 t 年企业留存。

在实际工作中，借款偿还期可直接从财务平衡表推算，具体推算公式如下

$$P_d = (\text{借款偿还后出现盈余的年份数} - 1) + \frac{\text{当年应偿还借款额}}{\text{当年可用于还款的收益额}} \tag{4.26}$$

评价标准为用借款偿还期与贷款机构的要求期限比较：

若 $P_d \leqslant$ 贷款机构的要求期限，表明项目能在规定的时间内还款，则方案在财务上可行；

若 $P_d >$ 贷款机构的要求期限，表明项目不能在规定的时间内还款，则方案在财务上不

可行。

【例 4-19】 某项目的借款还本付息数据见表 4-7，试计算该项目的借款偿还期，若银行的要求还款期限为 6 年，试判断项目的财务可行性。

表 4-7　项目的借款还本付息数据表　万元

序号	项目 \ 年份	0	1	2	3	4	5	6	7
1	新增借款额	500	200	—	—	—	—	—	—
2	借款累计	500	712.5	543.13	290.29	—	—	—	—
3	本年应付利息（利率 5%）	—	12.5	30.63	27.16	14.51	—	—	—
4	本年应偿还借款额	—	—	200	280	304.80	—	—	—
5	本年可用还款资金	—	—	200	280	350	460	500	600
5.1	利润总额	—	—	150	230	290	390	420	510
5.2	用于还款的折旧和摊销	—	—	30	30	30	30	30	30
5.3	企业留存	—	—	20	20	30	40	50	60

解　根据借款偿还期的计算公式得

$$P_{\mathrm{d}}=(\text{借款偿还后出现盈余的年份数}-1)+\frac{\text{当年应偿还借款额}}{\text{当年可用于还款的收益额}}$$

$$=(4-1)+\frac{304.80}{350}=3.87\text{ 年}$$

由于 $P_{\mathrm{d}}=3.87$ 年<6 年，可在规定的时间内还款，因此用借款偿还期指标判断项目在财务上可行。

五、利息备付率

利息备付率是指项目在借款偿还期内各年可用于支付利息的税息前利润与当期应付利息费用的比值，计算公式如下

$$ICR=\frac{EBIT}{PI} \tag{4.27}$$

式中　ICR——利息备付率；

　　PI——当期应付利息。

评价标准：利息备付率应分年计算，利息备付率越高，表明利息偿付的保障程度越，利息备付率应大于 1，并结合债权人的要求确定。

【例 4-20】 某项目的息税前利润与每年的利息见表 4-8，利率 6%，试计算各年利息备付率。

表 4-8　项目的息税前利润与付息数据　万元

序号	项目 \ 年份	1	2	3	4	5	6	7
1	息税前利润（*EBIT*）	—	20	100	150	180	200	200
2	付息（*PI*）	—	30	35	35	30	20	15

解 根据利息备付率的计算公式可得到各年的利息备付率见表4-9。

表4-9 **项目的利息备付率计算表** 万元

序号	项目 \ 年份	1	2	3	4	5	6	7
1	利息备付率（$ICR=EBIT/PD$）	—	0.67	2.86	4.29	6.00	10.00	13.33

由于投产后第1年负荷低，同时利息负担大，所以利息备付率较低，但这种状况从投产后第2年起就得到了彻底的转变。

六、偿债备付率

偿债备付率是指项目在借款偿还期内，各年可用于还本付息的资金与当期应还本付息金额的比值，计算公式如下

$$DSCR=\frac{EBITDA-T_{AX}}{PD} \tag{4.28}$$

式中 $EBITDA$——息税前利润加折旧和摊销；

T_{AX}——企业的得税；

PD——应还本付息的金额。

评价标准：偿债备付率应分年计算，偿债备付率越高，表明借款偿付的保障程度越高，偿债备付率应大于1，并结合债权人的要求确定。若偿债备付率小于1，表示当年资金来源不足以偿付当期债务，需要通过短期借款偿付已到期债务。

【例4-21】 某项目与偿债备付率指标有关的数据见表4-10，试计算偿债备付率。

表4-10 **项目的有关数据** 万元

序号	项目 \ 年份	2	3	4	5	6
1	息税前利润（$EBIT$）	40	200	210	210	210
2	应还本付息额（PD）	100	100	100	100	100
3	折旧	150	150	150	150	150
4	所得税	5	30	32	32	32

解 根据偿债备付率的计算公式可得到各年的偿债备付率见表4-11。

表4-11 **项目的偿债备付率计算表** 万元

序号	项目 \ 年份	2	3	4	5	6
1	偿债备付率（$DSCR$）	1.85	3.20	3.28	3.28	3.28

该项目各年的偿债备付率均大于1，因此能满足偿还债务的要求。

4.4.3 动态评价指标

动态评价指标不仅考虑了资金的时间价值，而且考虑了项目在整个寿命期内的全部经济数据，因此比静态指标更全面、更科学。因此在进行项目评价时，动态指标的评价结果更值得投资人参考。

一、财务净现值

财务净现值，是指项目按行业的基准收益率或设定的目标收益率，将项目计算期内各年的净现金流量折算到建设起点的现值之和。计算公式如下

$$FNPV = \sum_{t=0}^{n}(CI - CO)_t(1 + i_c)^{-t} \tag{4.29}$$

式中　$FNPV$——财务净现值；

i_c——基准收益率（投资者对资金时间价值的最低期望值）。

评价准则：若 $FNPV \geqslant 0$，表示技术方案的现金流入的现值和大于或等于现金流出的现值和，则方案在财务上是可行的；若 $FNPV < 0$，表示技术方案的现金流入的现值和小于现金流出的现值和，则方案在财务上不可行。

【例 4-22】 某项目的各年的现金流量见表 4-12，设 $i_c = 10\%$，试计算其财务净现值，并判断项目的财务可行性。

表 4-12　**项目的现金流量表**　万元

年份	0	1	2	3	4
现金流入	0	0	300	500	650
现金流出	500	100	50	50	50
净现金流量	−500	−100	250	450	600

解　根据财务净现值的计算公式得

$$\begin{aligned} FNPV &= \sum_{t=0}^{n}(CI - CO)_t(1 + i_c)^{-t} \\ &= -500 + (-100)\times(1+10\%)^{-1} + 250\times(1+10\%)^{-2} + 450\times(1+10\%)^{-3} \\ &\quad + 600\times(1+10\%)^{-4} \\ &= 363.60 \text{ 万元} \end{aligned}$$

由于 $FNPV > 0$，所以方案在财务上可行。

二、财务净现值率

财务净现值率又称财务净现值比、财务净现值指数，是指项目财务净现值与总投资现值的比率。财务净现值率是一种动态投资收益指标，用于衡量不同投资方案的获利能力大小，说明某项目单位投资现值所能实现的财务净现值大小。计算公式如下

$$FNPVR = \frac{FNPV}{I_p} \tag{4.30}$$

式中　I_p——全部投资的现值之和。

评价标准：对于独立方案，若 $FNPVR \geqslant 0$，表示技术方案的财务净现值大于或等于 0，则方案在财务上是可行的，若 $FNPVR < 0$，表示技术方案的财务净现值小于 0，则方案在财务上不可行。多方案比选时，财务净现值率大，单位投资的收益较高；在有明显的资金总量限制时，且项目占用资金远小于资金总拥有量时，以财务净现值率进行方案选优是正确的，否则应将 $FNPVR$ 与投资额、财务净现值结合选择方案。

【例 4-23】 有 A、B 两投资方案，其现金流量见表 4-13，试计算两方案的财务净现值率，并判断哪个方案单位投资收益较高。（$i_c = 8\%$）

表 4-13 投资方案的现金流量表 万元

年份	方案A					方案B				
	0	1	2	3	4	0	1	2	3	4
投资	700	100	—	—	—	200	—	—	—	—
经营成本	—	—	100	200	200	—	30	50	50	50
收入	—	—	500	800	800	—	80	130	200	200
净现金流量	−700	−100	400	600	600	−200	50	80	150	150

解 分别计算两个方案的财务净现值率。

(1) 方案A。

$$FNPV_A = \sum_{t=0}^{n}(CI-CO)_t(1+i_c)^{-t}$$
$$=-700+(-100)\times(1+8\%)^{-1}+400\times(1+8\%)^{-2}+600\times(1+8\%)^{-3}+600\times(1+8\%)^{-4}$$
$$=467.66\text{ 万元}$$

$$I_{pA}=700+100\times(1+8\%)^{-1}=792.59\text{ 万元}$$

$$FNPVR_A=\frac{FNPV}{I_p}=\frac{467.66}{792.59}=0.59$$

(2) 方案B。

$$FNPV_B = \sum_{t=0}^{n}(CI-CO)_t(1+i_c)^{-t}$$
$$=-200+50\times(1+8\%)^{-1}+80\times(1+8\%)^{-2}+150\times(1+8\%)^{-3}+150\times(1+8\%)^{-4}$$
$$=144.21\text{ 万元}$$

$$I_{pB}=200\text{ 万元}$$

$$FNPVR_B=\frac{FNPV}{I_p}=\frac{144.21}{200}=0.72$$

由于 $FNPV_A < FNPV_B$，所以方案B的单位投资收益较高。

三、财务净年值

财务净年值（$FNAV$）是指按基准折现率将方案计算期内各个不同时点的财务净现金流量分摊到计算期内各年的等额年值。计算公式如下

$$FNAV = FNPV\times(A/P,i_c,n)=\sum_{t=0}^{n}(CI-CO)(1+i_c)^{-t}\times\frac{i_c(1+i_c)^n}{(1+i_c)^n-1} \quad (4.31)$$

评价标准：对独立项目方案而言，若 $NAV\geqslant 0$，则项目在经济效果上可以接受，若 $NAV<0$，则项目在经济效果上不可接受。可以应用于寿命期不同的多方案比选，财务净年值越大且非负的方案越优（净年值最大准则）。

【例 4-24】 有A、B、C三个投资方案，各方案寿命期净现金流量见表 4-14，试计算这三个方案的财务净年值，并判断哪个方案最优。($i_c=12\%$)

表 4-14　投资方案的净现金流量表　万元

年份	0	1	2	3	4	5	6	7	8	9	10
方案 A	−500	−100	30	100	200	280	350	350	350	—	—
方案 B	−150	20	50	60	60	60	—	—	—	—	—
方案 C	−2000	−500	200	500	800	800	800	800	800	800	800

解　根据财务净年值计算公式分别计算三个方案的财务净年值

(1) 方案 A。

$$
\begin{aligned}
FNAV_A &= FNPV \times (A/P, i_c, n) = \sum_{t=0}^{n}(CI-CO)(1+i_c)^{-t} \times \frac{i_c(1+i_c)^n}{(1+i_c)^n-1} \\
&= [-500-100\times(1+12\%)^{-1}+30\times(1+12\%)^{-2}+100\times(1+12\%)^{-3} \\
&\quad +200\times(1+12\%)^{-4}+280\times(1+12\%)^{-5}+350\times(1+12\%)^{-6} \\
&\quad +350\times(1+12\%)^{-7}+350\times(1+12\%)^{-8}]\times\frac{12\%\times(1+12\%)^8}{(1+12\%)^8-1} \\
&= 54.11 \text{ 万元}
\end{aligned}
$$

(2) 方案 B。

$$
\begin{aligned}
FNAV_B &= FNPV \times (A/P, i_c, n) = \sum_{t=0}^{n}(CI-CO)(1+i_c)^{-t} \times \frac{i_c(1+i_c)^n}{(1+i_c)^n-1} \\
&= [-150+20\times(1+12\%)^{-1}+50\times(1+12\%)^{-2}+60\times(1+12\%)^{-3} \\
&\quad +60\times(1+12\%)^{-4}+60\times(1+12\%)^{-5}]\times\frac{12\%\times(1+12\%)^5}{(1+12\%)^5-1} \\
&= 6.27 \text{ 万元}
\end{aligned}
$$

(3) 方案 C。

$$
\begin{aligned}
FNAV_C &= FNPV \times (A/P, i_c, n) = \sum_{t=0}^{n}(CI-CO)(1+i_c)^{-t} \times \frac{i_c(1+i_c)^n}{(1+i_c)^n-1} \\
&= [-2000-500\times(1+12\%)^{-1}+200\times(1+12\%)^{-2}+500\times(1+12\%)^{-3} \\
&\quad +800\times\frac{(1+12\%)^7-1}{12\%\times(1+12)^7}\times(1+12\%)^{-3}]\times\frac{12\%\times(1+12\%)^{10}}{(1+12\%)^{10}-1} \\
&= 118.16 \text{ 万元}
\end{aligned}
$$

由于三个方案的财务净年值 $FNAV_C > FNAV_A > FNAV_B$，因此，用财务净年值判断方案 C 最优。

四、财务内部收益率

财务内部收益率指使财务净现值等于零时的折现率。计算公式如下

$$\sum_{t=0}^{n}(CI-CO)_t(1+FIRR)^{-t}=0 \tag{4.32}$$

式中　$FIRR$——财务内部收益率。

如果不使用电子计算机，内部收益率要用若干个折现率进行试算，直至找到净现值等于

零或接近于零的那个折现率，通常采用线性内插法计算。财务内部收益率的线性内插法示意图如图 4-16 所示。

财务内部收益率采用内插法的计算过程如下：

(1) 试算，找出 i_1 和 i_2 及其相对应的 $FNPV_1$ 和 $FNPV_2$，使 $FNPV_1>0$，$FNPV_2<0$。注意：为保证 $FIRR$ 的精度，i_2 与 i_1 之间的差距一般以不超过 2%为宜，最大不宜超过 5%。

(2) 用线性内插法计算 $FIRR$ 的近似值，计算公式如下

$$FIRR \approx FIRR' = i_1 + \frac{FNPV_1}{FNPV_1 + |FNPV_2|} \times (i_2 - i_1)$$

评价标准：$FIRR \geqslant i_c$，方案可行；反之，方案不可行。

【例 4-25】 某投资方案的净现金流量如图 4-17 所示，基准收益率 $i_c=8\%$，试计算该投资方案的财务内部收益率，并判断其财务可行性。

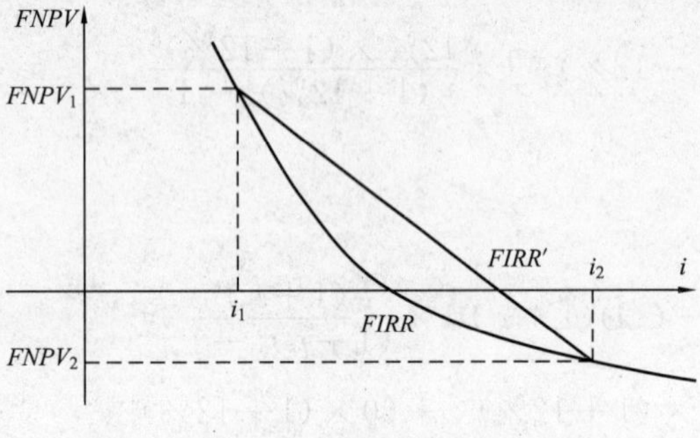

图 4-16 内部收益率线性内插法示意图

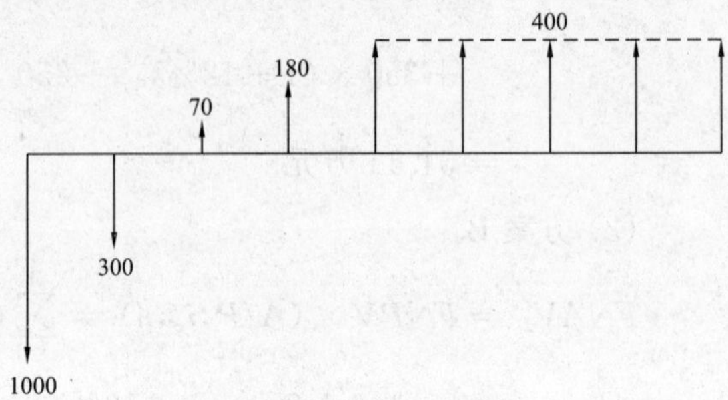

图 4-17 投资方案的净现金流量图（单位：万元）

解 设 $i_1=10\%$，计算相应的 $FNPV_1$。

$$\begin{aligned} FNPV_1 &= -1000 - 300 \times (1+10\%)^{-1} + 70 \times (1+10\%)^{-2} + 180 \times (1+10\%)^{-3} \\ &\quad + 400 \times \frac{(1+10\%)^5 - 1}{10\%(1+10\%)^5} \times (1+10\%)^{-3} \\ &= 59.59 \text{ 万元} \end{aligned}$$

设 $i_2=12\%$，计算相应的 $FNPV_2$。

$$\begin{aligned} FNPV_2 &= -1000 - 300 \times (1+12\%)^{-1} + 70 \times (1+12\%)^{-2} + 180 \times (1+12\%)^{-3} \\ &\quad + 400 \times \frac{(1+12\%)^5 - 1}{10\%(1+12\%)^5} \times (1+12\%)^{-3} \\ &= -57.61 \text{ 万元} \end{aligned}$$

$$\begin{aligned} FIRR \approx FIRR' &= i_1 + \frac{FNPV_1}{FNPV_1 + |FNPV_2|} \times (i_2 - i_1) \\ &= 10\% + \frac{59.59}{59.59 + |-57.61|} \times (12\% - 10\%) \\ &= 11.02\% \end{aligned}$$

由于 $FIRR > i_c = 8\%$，所以投资方案用财务内部收益率判断方案在财务上可行。

五、动态投资回收期

动态投资回收期是把投资项目各年的净现金流量按基准收益率折成现值之后，累计净现金流量现值等于零时的年份。其计算公式如下

$$\sum_{t=0}^{P_t'}(CI-CO)(1+i_c)^{-t}=0 \tag{4.33}$$

式中　P_t'——动态投资回收期。

评价标准为用动态投资回收期与基准投资回收期 P_c 比较：

若 $P_t' \leqslant P_c$，表明项目投资能在规定的时间内收回，则方案在财务上可行；

若 $P_t' > P_c$，表明项目投资不能在规定的时间内收回，则方案在财务上不可行。

动态投资回收期可根据累计净现金流量计算，较为简便，计算公式如下

$$P_t'=T-1+\frac{\left|\sum_{t=0}^{T-1}(CI-CO)(1+i_c)^{-t}\right|}{(CI-CO)_T} \tag{4.34}$$

式中　T——累计净现金流量现值首次为正值或零的年份；

$\left|\sum_{t=0}^{T-1}(CI-CO)(1+i_c)^{-t}\right|$——第 $T-1$ 年累计净现金流量现值的绝对值；

$(CI-CO)_T$——第 T 年的净现金流量。

【例 4-26】 某项目的现金流量表见表 4-15，基准收益率 $i_c=12\%$，试计算该项目的动态投资回收期，若基准投资回收期为 5 年，试用动态投资回收期指标判断项目的可行性。

表 4-15　项目的现金流量表　万元

年份	0	1	2	3	4	5
现金流入	0	0	180	330	460	520
现金流出	580	150	20	30	35	35

解　列表计算累计净现金流量现值，见表 4-16。

表 4-16　项目的累计净现金流量表　万元

年份	0	1	2	3	4	5
净现金流量	−580	−150	160	300	425	485
净现金流量现值	−580	−133.93	127.56	213.53	270.10	275.20
累计现金流量现值	−580	−713.93	−586.73	−372.84	−102.74	172.46

根据静态投资回收期的计算公式

$$P_t'=T-1+\frac{\left|\sum_{t=0}^{T-1}(CI-CO)\right|}{(CI-CO)_T}=5-1+\frac{102.74}{275.20}=4.37\text{ 年}$$

由于 $P_t'=4.37$ 年 $<P_c=5$ 年，可在规定的时间内收加投资，因此用动态投资回收期指标判断项目在财务上可行。

4.5　不确定性分析

决策在实施过程中，将受到许多因素的影响。例如，企业的经营决策将受到国家经济政策调整、市场需要变化、原材料和外协件供应条件改变、产品价格涨落、市场竞争加剧等因

素的影响，这些因素大都无法事先加以控制。产生不确定性的因素有：

(1) 通货膨胀和物价变动。

(2) 技术装备和生产工艺变革。

(3) 生产能力的变化。

(4) 建设资金和工期的变化。

(5) 国家经济政策和法规、规定的变化。

不确定性分析是指对决策方案受到各种事前无法控制的外部因素变化与影响所进行的研究和估计。它是决策分析中常用的一种方法，通过该分析可以尽量弄清和减少不确定性因素对经济效益的影响，预测项目投资对某些不可预见的政治与经济风险的抗冲击能力，从而证明项目投资的可靠性和稳定性，避免投产后不能获得预期的利润和收益，以致使企业亏损。不确定分析的方法主要包括盈亏平衡分析与敏感性分析。

4.5.1 盈亏平衡分析

一、盈亏平衡分析概述

(一) 盈亏平衡分析的概念

盈亏平衡分析又称保本点分析或量本利分析法，是根据产品的业务量（产量或销量）、成本、利润之间的相互制约关系的综合分析，用来预测利润，控制成本，判断经营状况的一种数学分析方法。

(二) 盈亏平衡分析的作用

盈亏平衡分析通过盈亏平衡点分析项目成本与收益的平衡关系，各种不确定因素（如投资、成本、销售量、产品价格、项目寿命期等）的变化会影响投资方案的经济效果，当这些因素的变化达到某一临界值时，就会影响方案的取舍，盈亏平衡分析的目的就是找出这种临界值，即盈亏平衡点，判断投资方案对不确定因素变化的承受能力，为决策提供依据。

(三) 盈亏平衡分析的分类

盈亏平衡分析可分为线性盈亏平衡分析和非线性盈亏平衡分析。线性盈亏平衡分析是指项目投产后正常年份的产量与成本、盈利之间呈线性的函数关系；非线性盈亏平衡分析是指产品的产量与成本、盈利之间呈非线性的函数关系。一般只要求进行线性盈亏平衡分析。

二、线性盈亏平衡分析

(一) 盈亏平衡分析的假设条件

为简化数学模型，对线性盈亏平衡分析做了如下假设：

(1) 生产量等于销售量，即当年生产的产品（或提供服务）当年销售出去。

(2) 产销量发生变化时，单位可变成本不变，即总生产成本是产销量的线性函数。

(3) 产销量变化，销售单价不变，销售收入是产销量的线性函数。

(4) 只生产单一产品，或者生产多种产品，但可以换算为单一产品计算。

(二) 量本利模型

在一定期间把成本总额分解简化为固定成本和变动成本两部分后，再同时考虑收入和利润，使成本、产销量和利润的关系统一于一个数学模型，称为量本利模型，模型的表达形式为

$$B = S - C \tag{4.35}$$

式中 B——利润；

S——销售收入；

C——总成本。

(1) 总成本。

总成本包括固定成本和可变成本两部分，固定成本是指在一定的产量范围内不受产品产量影响的成本，即不随产品产量的增减发生变化的各项成本费用，如工资及福利费（计件工资除外）、折旧费、修理费、房屋租金、银行利息、无形资产及其他资产摊销费及其他费用等。可变成本是随产品产量的增减而成正比例变化的各项成本，如原材料、燃料、计件工资等。总成本的计算公式如下

$$C = f + vx \tag{4.36}$$

式中　f——固定成本；

v——单位产品可变成本；

x——正常年份的产量或销量。

(2) 销售收入。

为便于分析，通常将销售收入与营业税金及附加合并考虑。计算公式如下

$$S = px - tx \tag{4.37}$$

式中　p——单位产品的售价；

t——单位产品营业税金及附加。

（三）盈亏平衡图

将式（4.35）～式（4.37）的关系反映在直解坐标系中，即成为盈亏平衡图，如图 4-18 所示。

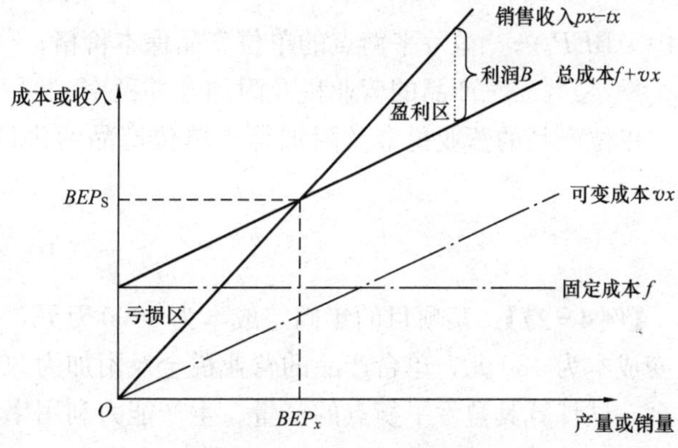

图 4-18　盈亏平衡图

从图中可以看出销售收入线与总成本线相交的交点为盈亏平衡点（BEP），即项目的利润为零，对应产（销）为 BEP_x，当实际的产（销）量小于 BEP_x 时，项目亏损；当实际的产（销）量大于 BEP_x 时，项目盈利。

（四）盈亏平衡分析的计算公式

(1) 盈亏平衡产量。

盈亏平衡产量即利润为零时的产量，令式（4.30）中 B=0，则

$$S - C = 0$$

代入式（4.36）、式（4.37）得

$$px - tx = f + vx$$

求出产量为

$$x = \frac{f}{p - t - v}$$

由于该产量为盈亏平衡产量，用 BEP_x 表示，则

$$BEP_x = \frac{f}{p - t - v} \tag{4.38}$$

式中 BEP_x——盈亏平衡点的产（销）量。

(2) 盈亏平衡点的生产能力利用率。

盈亏平衡点的生产能力利用率指盈亏平衡点产（销）量占正常产（销）量的比重。所谓正常产（销）量和是指正常市场和开工情况下的产（销）量，一般用设计生产能力表示产（销）量，计算公式如下

$$BEP(\%) = \frac{BEP_x}{Q_d} \times 100\% \tag{4.39}$$

式中 BEP（%）——盈亏平衡点的生产能力利用率；

Q_d——设计的生产能力。

BEP（%）越大，表示盈亏平衡点的产量与设计的生产能力越接近，则盈利空间越小，项目的抗风险能力差；相反，BEP（%）越小，表示盈亏平衡点的产量与设计的生产能力差距越大，则盈利空间越大，项目的抗风险能力强。

(3) 盈亏平衡点的单位产品保本价格。

盈亏平衡点的单位产品保本价格是假设实际产（销）量为正常产（销）量时，即 $x = Q_d$，企业的利润为零时的产品售价。若实际售价高于单位产品的保本价格，则项目盈利；若实际售价低于单位产品的保本价格，则项目亏损。计算公式如下

$$BEP_p = \frac{v \times Q_d + f}{(1 - t\%) \times Q_d} \tag{4.40}$$

式中 BEP_p——盈亏平衡点的单位产品保本价格；

$t\%$——产品的营业税及附加合并税率。

单位产品的营业税金及附加等于单位产品的售价乘以合并税率，合并税率的计算公式如下

$$t\% = \frac{t}{p} \times 100\% \tag{4.41}$$

【例 4-27】 某项目的年固定成本为 1000 万元，产品的单台售价为 800 元，单台产品的可变成本为 480 元，单台产品的营业税金及附加为 80 元，该项目的设计生产能力为年产 10 万台，试计算其盈亏平衡点的产量、生产能力利用率和单台产品的保本价格。

解 (1) 根据盈亏平衡产量的计算公式得

$$BEP_x = \frac{f}{p - t - v} = \frac{1000 \times 10^4}{800 - 480 - 80} = 41\,667 \text{ 台}$$

该项目的盈亏平衡产量为 41 667 台，当实际产量大于 41 667 台时，项目盈利；若实际产量小于 41 667 台时，项目亏损。

(2) 根据盈亏平衡生产能力利用率的计算公式得

$$BEP(\%) = \frac{BEP_x}{Q_d} \times 100\% = \frac{41\,667}{10 \times 10^4} \times 100\% = 41.67\%$$

该项目的盈亏平衡生产能力利用率较小，因此具有较强的抗风险能力。

(3) 根据产品营业税及附加合并税率公式得

$$t\% = \frac{t}{p} \times 100\% = \frac{80}{800} \times 100\% = 10\%$$

根据盈亏平衡单位产品的保本价格的计算公式得

$$BEP_{\mathrm{p}}=\frac{v\times Q_{\mathrm{d}}+f}{(1-t\%)\times Q_{\mathrm{d}}}=\frac{480\times 10\times 10^4+1000\times 10^4}{(1-10\%)\times 10\times 10^4}=644.44\text{ 元}$$

该项目的单位产品的保本价格为 644.44 元，若实际售价高于 644.44 元，则项目盈利；若实际售价低于 644.44 元，则项目亏损。

4.5.2　敏感性分析

一、敏感性分析概述

（一）敏感性分析的概念

敏感性分析是分析并测定各个可变因素的变化对评价指标的影响程度，即研究和分析项目的投资、成本、价格、产量和工期等主要变量发生变化时，导致对评价项目经济效益的主要指标发生变动的敏感程度，借以判断相对于某个项目的指标在其外部条件发生不利变化时的承受能力。

（二）敏感性分析的主要任务

（1）确定影响项目经济效益的敏感因素。找出影响最大、最敏感的主要变量因素，进一步分析、预测或估算其影响程度，找出产生不确定性的根源，采取相应有效措施。

（2）计算主要变量因素的变化引起项目经济效益评价指标变动的范围，使决策者全面了解建设项目投资方案可能出现的经济效益变动情况，以减少和避免不利因素的影响，改善和提高项目的投资效果。

（3）通过各种方案敏感度大小的对比，区别敏感度大或敏感度小的方案，选择敏感度小的，即风险小的项目作投资方案。

（4）通过可能出现的最有利与最不利的经济效益变动范围的分析，为投资决策者预测可能出现的风险程度，并对原方案采取某些控制措施或寻找可替代方案，为最后确定可行的投资方案提供可靠的决策依据。

（三）敏感性分析的分类

根据不确定性因素每次变动数目的多少，敏感性分析法可以分为单因素敏感性分析法和多因素敏感性分析法。

（1）单因素敏感性分析。

每次只变动一个因素而其他因素保持不变时所做的敏感性分析法，称为单因素敏感性分析，为找到敏感性因素，通常只进行单因素敏感性分析。

（2）多因素敏感性分析。

多因素敏感性分析是指在假定其他不确定性因素不变条件下，计算分析两种或两种以上不确定性因素同时发生变动，对项目经济效益值的影响程度，确定敏感性因素及其极限值。多因素敏感性分析一般是在单因素敏感性分析基础上进行，且分析的基本原理与单因素敏感性分析大体相同，但需要注意的是，多因素敏感性分析须进一步假定同时变动的几个因素都是相互独立的，且各因素发生变化的概率相同。

二、单因素敏感性分析的步骤

（1）确定研究对象 A（选最有代表性的经济效果评价指标，如 $FIRR$、$FNPV$）。

（2）选取不确定性因素 F（关键因素，如固定资产投资、产品产量、产品价格、产品可变成本、固定成本）。

(3) 计算基本方案的评价指标值，即不确定性因素在预定值时的评价指标值。

(4) 设定因素的变动范围和变动幅度（如－20%～＋20%，－10%～＋10%变动），计算某个因素变动时对经济效果评价指标的影响。

计算敏感度系数并对敏感因素进行排序。敏感度系数的计算公式为

$$\beta=\frac{|\Delta A|}{|\Delta F|}$$

式中 β——评价指标 A 对于不确定因素 F 的敏感度系数；

ΔA——不确定因素 F 发生 ΔF 变化率时，评价指标 A 的相应变化率，%；

ΔF——不确定因素 F 的变化率，%。

β 越大，表明评价指标 A 对于不确定因素 F 越敏感，反之，则不敏感，对应 β 最大的因素为敏感性因素。

(5) 计算变动因素的临界点。

临界点是指项目允许不确定因素向不利方向变化的极限值。超过极限，项目的评价指标将不可行。

(6) 绘制敏感性分析图，并作出分析。

敏感性分析图如图 4－19 所示，横轴代表各不确定因素变化百分比幅度，纵轴代表评价指标（以 $FNPV$ 为例），根据原来的评价指标值和不确定因素变动后的评价指标值，画出直线，反映不确定因素不同变化水平时所对应的评价指标值，斜率越大的不确定因素敏感度越高。

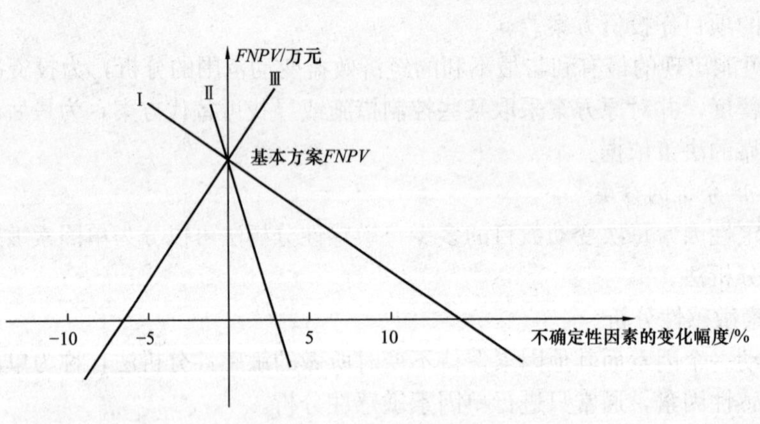

图 4－19 敏感性分析图

从图 4－19 可以看出，三个因素的敏感度排序为Ⅱ＞Ⅲ＞Ⅰ，所以不确定因素Ⅱ为敏感性因素。

【例 4－28】 某项目的设计年生产能力为 8 万台，计划投产时总投资为 980 万元，其中建设投资为 900 万元，流动资金为 80 万元，建设期为一年，建设期初投资 900 万元，第 1 年年末投资 80 万元，第 2 年投入生产，预计第 2 年产量为 5 万台，经营成本为 80 万元，第 3 年开始达到设计生产能力，产品售价为 50 元/台，营业税金及附加的合并税率为 8%，年经营成本为 100 万元，寿命期为 15 年，基准收益为 12%，寿命期结束时收回流动资金。试就投资额、单位产品价格和正常生产年份经营成本对该投资方案做敏感性分析。

解　(1) 确定研究对象 A。

选择 $FNPV$ 作为研究对象 A，即评价指标。

(2) 选取不确定性因素 F。

不确定性因素 F 包括投资额、单位产品价格、正常生产年份经营成本。

第 2 年的年销售收入为

$$S = px - tx = 5 \times 50 - 5 \times 50 \times 8\% = 230 \text{ 万元}$$

第 3 年至第 15 年的年销售收入为

$$S = px - tx = 8 \times 50 - 8 \times 50 \times 8\% = 368 \text{ 万元}$$

(3) 计算基本方案的评价指标值。

1）编制现金流量表，见表 4-17。

表 4-17　**项目的现金流量表**　万元

项目 \ 年份	0	1	2	3～14	15
投资额	900	80	—	—	—
销售收入	—	—	230	368	368
经营成本	—	—	80	100	100
回收流动资金	—	—	—	—	80
净现金流量	−900	−80	150	268	348

2）绘制净现金流量图，如图 4-20 所示。

3）列式计算基本方案财务净现值 $FNPV_0$。

$$FNPV_0 = -900 - 80 \times (1+12\%)^{-1} + 150 \times (1+12\%)^{-2} + 268 \times \frac{(1+12\%)^{12} - 1}{12\% \times (1+12\%)^{12}} \times (1+12\%)^{-2} + 348 \times (1+12\%)^{-15} = 535.14 \text{ 万元}$$

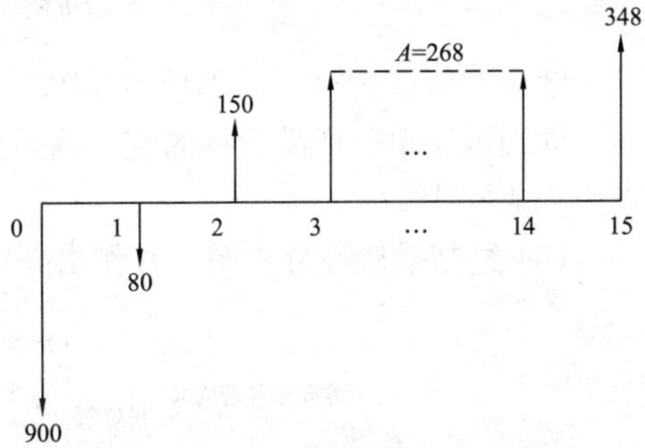

图 4-20　项目的净现金流量图/万元

由于基本方案的财务净现值 $FNPV_0 = 535.14$ 万元>0，所以项目在财务上是可行的。

(4) 设定因素的变动范围和变动幅度−20%、−10%、+10%、+20%，列表计算每个因素变动时对经济效果评价指标的影响，见表 4-18。

表 4-18　**单因素变化对 FNPV 的影响表**　万元

不确定因素	−20%	−10%	0	+10%	20%	β
投资额	715.14	625.14	535.14	445.14	355.14	1.68%
单位产品价格	121.58	328.36	535.14	741.93	948.71	3.86%
正常生产年份经营成本	637.56	586.35	535.14	483.94	432.73	0.96%

通过表格可知三个不确定性因素的敏感度系数 β 分别为

$$\beta_{\text{投资额}} = 1.68\%,\quad \beta_{\text{单位产品价格}} = 3.86\%,\quad \beta_{\text{经营成本}} = 0.96\%$$

(5) 计算变动因素的临界点。

使 $FNPV=0$ 的不确定性因素的变动幅度为变动因素的临界点，因为如果不确定性因素的变动幅度超过此临界点变动幅度，则 $FNPV<0$，项目为不可行。

可采用三角形相似原理计算各变动因素的临界点

计算投资额变动的临界点，如图 4-21 所示。

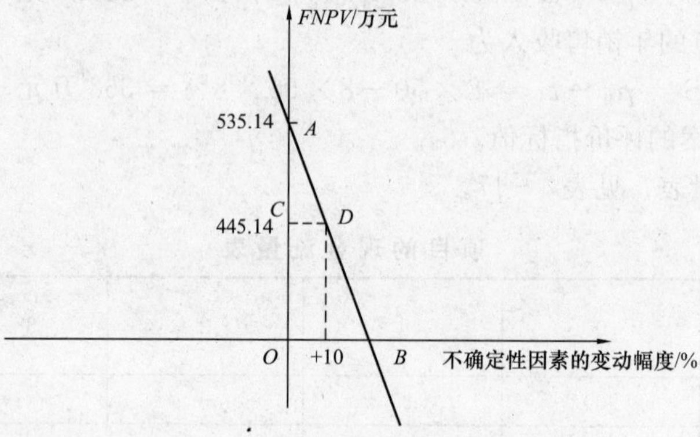

图 4-21 不确定性因素变动幅度图

利用三角形相似原理，$\triangle ACD \backsim \triangle AOB$，则$\dfrac{CD}{OB}=\dfrac{AC}{AO}$

$$\frac{10\%}{OB}=\frac{535.14-445.14}{535.14}$$

解得 $OB=59.46\%$，即使 $FNPV=0$ 时的投资额的变动临界点为 59.46%。

同理可得单位产品价格的变动临界点为 −25.88%，正常生产年份经营成本的变动临界点为 104.52%。

(6) 绘制敏感性分析图，并作出分析，如图 4-22 所示。

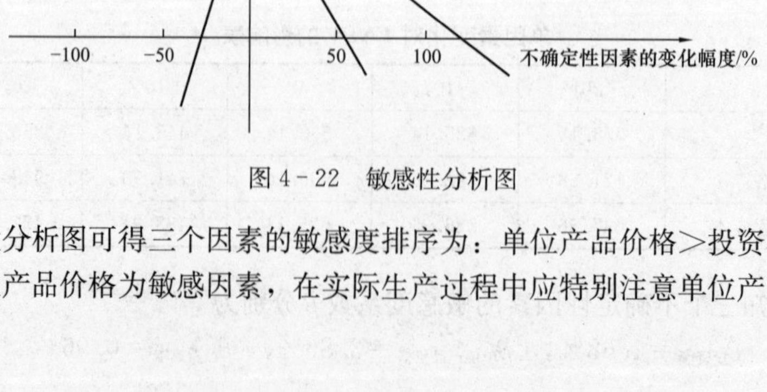

图 4-22 敏感性分析图

通过敏感性分析图可得三个因素的敏感度排序为：单位产品价格>投资额>正常年份经营成本，即单位产品价格为敏感因素，在实际生产过程中应特别注意单位产品价格的变动对项目的影响。

本 章 小 结

本章介绍了建设工程决策阶段的投资控制。投资估算是可行性研究报告中非常重要的内容，可分为建设投资估算、建设期利息估算和流动资金估算；由于资金在不同的阶段具有不同的价值，因此在项目评价时应将不同时期的货币量转化成同一时间点的货币量进行财务评价；在财务评价中可采用不同的指标评价投资项目在财务上的可行性，包括静态评价指标和动态评价指标；由于项目在实施过程中存在许多不确定性，因此很有必要对项目进行不确定性分析，不确定性分析的方法主要有盈亏平衡分析和敏感性分析。

习　题

一、单选题（每题的备选项中，只有 1 项为正确选项）

1. （　　）是指为寻找有价值的投资机会而进行的准备性调查研究。

A. 投资机会研究　　B. 初步可行性研究

C. 可行性研究　　D. 项目前评估

2. 可行性研究报告中的重大技术、经济方案应有（　　）以上的方案比选。

A. 两个　　B. 三个　　C. 四个　　D. 一个

3. （　　）是在对项目的建设规模、产品方案、工艺技术及设备方案、工程方案及项目实施进度等进行研究并基本确定的基础上，估算项目所需资金总额，并测算建设期分年资金使用计划。

A. 施工图预算　　B. 投资估算　　C. 设计概算　　D. 竣工决算

4. 某拟建项目的生产能力是已建同类项目的生产能力的 3 倍，按生产能力指数法计算（$n=0.6$，$f=1.2$），拟建项目的投资额大约增加（　　）。

A. 230%　　B. 100%　　C. 130%　　D. 200%

5. 某年产量 10 万吨化工产品已建项目的投资为 3300 万元，现拟建类似项目的生产能力为 20 万吨/年。已知生产能力指数为 0.6，价格调整系数为 1.15，则采用生产能力指数法估算的拟建项目投资额为（　　）万元。

A. 4349　　B. 4554　　C. 5002　　D. 5752

6. 现在在银行存款 10 000 元，年利率为 10%，单利法计息，则 10 年末的本利和为（　　）。

A. 20 000　　B. 25 937　　C. 23 957　　D. 10 500

7. 现在在银行存款 10 000 元，年利率为 10%，复利法计息，则 10 年末的本利和为（　　）。

A. 20 000　　B. 25 937　　C. 23 957　　D. 10 500

8. 若想在 8 年后从银行取出 50 000 元，年利率为 6%，则现在应在银行中存入

（ ）元。

A. 50 000　　B. 40 581　　C. 31 371　　D. 30 000

9. 某企业每年年末存入银行 50 万元，年利率为 5%，则 5 年后能从银行取出（ ）万元。

A. 376　　B. 250　　C. 300　　D. 276

10. 现在在银行存入 100 万元，年利率为 8%，每年年末等额从银行取出（ ）万元，在第 10 年年末恰好将存款全部取出。

A. 14.9　　B. 12.6　　C. 10.0　　D. 15.8

11. 某企业欲设立一项基金，用来支付未来 5 年的每年机械维修费用 6 万元，年利率为 10%，则现在应在银行存入（ ）万元。

A. 23.6　　B. 22.7　　C. 20.7　　D. 25.2

12. 某人办理了零存整取业务，若想在 4 年后从银行取出 10 万元，年利率为 6%，则现在开始每年年末应存入银行（ ）万元。

A. 2.70　　B. 3.70　　C. 2.29　　D. 2.52

13. 当计息期（ ）1 年时，就产生了名义利率和实际利率的概念。

A. 大于　　B. 等于　　C. 小于　　D. 大于或等于

14. 年利率为 10%，按月计息，则年实际利率为（ ）。

A. 10.00%　　B. 10.47%　　C. 12.00%　　D. 11.33%

15. 某项目从银行贷款 100 万元，年利率为 8%，按季计息，则 5 年后本利和为（ ）万元。

A. 148.59　　B. 146.93　　C. 122.36　　D. 140.45

16.（ ）属于静态评价指标。

A. 总投资收益率　　B. 财务净现值

C. 财务内部收益率　　D. 动态投资回收期

17. 某企业在正常生产年份，没有其他业务收入，主营业务收入为 800 万元，年经营成本 500 万元，固定资产折旧 10 万元，应计利息 8 万元，所得税率 40%，假设税后利润可全部用于还款，当期应还本金 12 万元，则该企业的利息备付率和偿债备付率分别为（ ）。

A. 37.5　8.46　　B. 37.5　9.36

C. 36.25　9.36　　D. 36.25　8.46

18. 某项目投资方案的现金流量见表 4-19。

表 4-19　某项目的现金流量表　万元

年份	1	2	3	4	5	6	7	8	9	10
净现金流量	−220	−250	−180	80	120	150	150	200	200	200

不考虑资金的时间价值，该项目的静态投资回收期为（ ）年。

A. 6.5　　B. 7.75　　C. 7.5　　D. 8.39

19. 若上题中考虑资金的时间价值，基准收益率为 5%，则动态投资回收期为（ ）年。

A. 8.61　　B. 7.75　　C. 7.5　　D. 8.39

20. 当（ ）时，项目在财务上可行。

A. $ROI<R_c$　　B. $ROE<R_d$　　C. $P_t \leqslant P_c$　　D. $DSCR<1$

21. 当（　　）时，项目在财务上不可行。

A. $FNPV<0$　　B. $FIRR \geqslant i_c$　　C. $FNPV \geqslant 0$　　D. $FNAV \geqslant 0$

22.（　　）是根据产品的产（销）量、成本、利润之间的相互制约关系的综合分析，用来预测利润，控制成本，判断经营状况的一种数学分析方法。

A. 敏感性分析　　B. 确定性分析

C. 方案的财务评价　　D. 盈亏平衡分析

23. 某项目的敏感性分析图如图 4－23 所示，则敏感性因素为（　　）。

A. 甲　　B. 乙　　C. 丙　　D. 无法确定

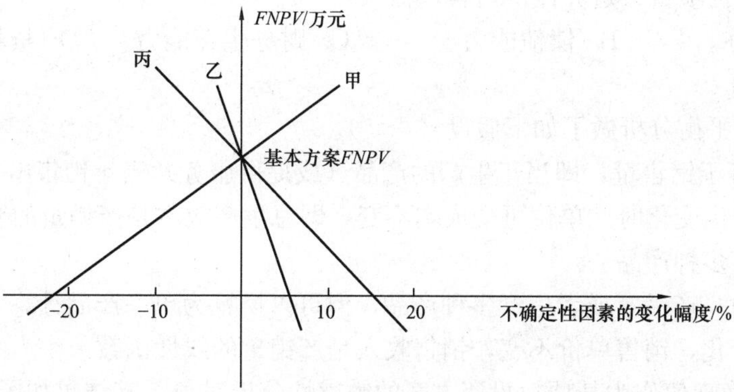

图 4－23　敏感性分析图

二、多选题（每题的备选项中，有 2 项或 2 项以上符合题意，至少有 1 项错项）

1. 项目决策阶段一般分为（　　）。

A. 投资机会研究　　B. 初步可行性研究

C. 可行性研究　　D. 项目前评估

E. 施工图设计

2.（　　）属于可行性研究报告的内容。

A. 项目建设条件　　B. 设计概算

C. 市场现状调查　　D. 投标报价的编制

E. 场（厂）址方案比选

3. 项目决策阶段影响建设工程投资的主要因素包括（　　）。

A. 设备的制造　　B. 项目合理建设规模的确定

C. 建设标准水平的确定　　D. 建设地区及建设地点的选择

E. 生产工艺和平面布置方案确定

4. 我国建设项目的投资估算划分的阶段有（　　）。

A. 项目规划阶段的投资估算　　B. 项目建议书阶段的投资估算

C. 预可行性研究阶段的投资估算　　D. 项目设计阶段的投资估算

E. 可行性研究阶段的投资估算

5. 流动资金的估算可采用（　　）。

A. 比例估算法　　B. 分项详细估算法

C. 单位生产能力指数法　　　　　　　　　D. 扩大指标法估算
E. 综合指标投资估算法

6. 建设项目的寿命期，一般可分为（　　）。
A. 生产运营期　　B. 投资期　　C. 规划期　　D. 建设期
E. 保修期

7.（　　）属于动态评价指标。
A. 总投资收益率　　　　　　　　B. 项目资本金净利润率
C. 利息备付率　　　　　　　　　D. 财务净现值
E. 财务内部收益率

8. 对于经营性项目，财务评价内容包括（　　）。
A. 盈利能力　　B. 偿债能力　　C. 财务生存能力　　D. 贷款能力
E. 建设能力

9. 线性盈亏平衡分析做了如下假设（　　）。
A. 生产量等于销售量，即当年生产的产品（或提供服务）当年销售出去
B. 产销量发生变化时，单位可变成本不变，即总生产成本是产销量的线性函数
C. 不能生产多种产品
D. 只生产单一产品，或者生产多种产品，但可以换算为单一产品计算
E. 产销量变化，销售单价不变，销售收入是产销量的线性函数

10. 现选择净现值作为某项目投资方案的敏感性分析对象，其结果如图 4－24 所示。则下列说法正确的有（　　）。

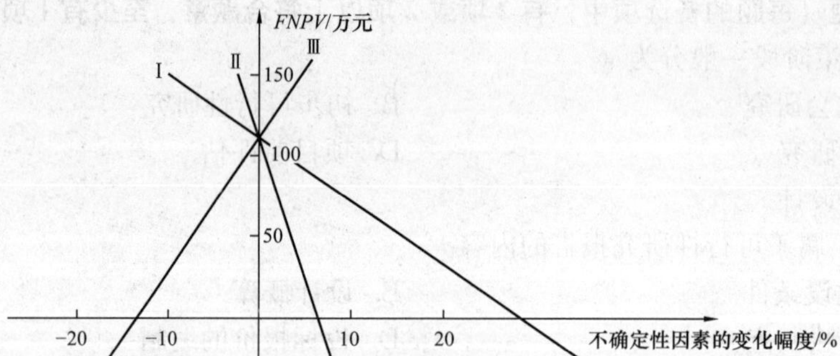

图 4－24　敏感性分析图

A. 净现值对三种不确定因素的敏感性从大到小的排列顺序为Ⅱ-Ⅲ-Ⅰ
B. 三条斜线的交点为基本方案的财务净现值
C. 不确定因素Ⅰ为最敏感因素
D. 三条斜线与横轴的交点为其变化的临界幅度
E. 净现值对三种不确定因素的敏感性从大到小的排列顺序为Ⅰ-Ⅲ-Ⅱ

三、简答题

1. 简述可行性研究报告编制要求。
2. 简述可行性研究的质量要求。

3. 建设工程投资估算的步骤有哪些?

4. 投资项目财务评价的指标体系主要包括哪些指标?

5. 盈亏平衡分析有哪些作用?

6. 简述敏感性分析的步骤。

四、案例分析

1. 某项目的各年现金流量表见表 4-20，其中 $i_c=10\%$。

表 4-20　　项目的现金流量表

年份	0	1	2	3	4～19	20
投资支出	20	20	—	—	—	—
经营成本	—	—	15	18	18	18
收入	—	—	25	25	30	50

问题：(1) 试计算该项目各年的净现金流量；

(2) 画出该项目的净现金流量图；

(3) 试计算该项目的财务净现值和财务内部收益率，并判断该项目的财务可行性。

2. 某建筑配件厂生产某种产品，设计年产量为 5000 件，每件产品的售价为 60 元，每件产品的可变成本为 35 元，企业每年的固定成本为 60 000 元，试求

(1) 该企业的盈亏平衡点产量；

(2) 该企业的盈亏平衡点的生产能力利用率；

(3) 该企业的盈亏平衡点的单位产品的保本价格。

3. 某项目的计划投产时总投资为 500 万元，设计年生产能力为 3 万台，产品售价为 60 元/台，营业税金及附加的合并税率为 5%，年经营成本为 50 万元，寿命期为 20 年，基准折现率为 8%。试就投资额、单位产品价格和经营成本对该投资方案做敏感性分析。

第5章 建设工程设计阶段的投资控制

学习目标

了解提高设计经济合理性的途径，熟悉价值工程的工作原理及程序，掌握价值工程在方案比选中的应用方法，熟悉设计概算和施工图预算的编制内容与方法，掌握设计概算和施工图预算的审查方法。

5.1 建设工程设计阶段的投资控制概述

建设工程设计阶段的费用一般只占建设工程寿命期费用的1%以下，而这1%以下的费用对工程造价的影响度却占75%以上，设计在工程造价全过程控制中起着重要作用。施工图纸一旦完成，影响工程造价的可能性只剩10%左右，因此设计阶段的投资控制十分重要。

5.1.1 提高设计经济合理性的途径

一、执行设计标准

设计标准是国家经济建设的重要技术规范，是进行工程勘察、设计、施工及验收的重要依据。

二、推行标准设计

标准设计包括国家标准设计；部级标准设计；省、市、自治区标准设计；设计单位自行制定的标准。

三、推行限额设计

限额设计是对工程造价目标进行分解，按上一阶段确定的目标控制下一阶段的设计，是以控制工程量为重要内容，运用价值工程提出合理化建议，多方案比较进行设计优化，确保在限额之内进行设计。投资估算是所选设计方案设计概算的投资控制目标，设计概算是技术设计和施工图设计的投资控制目标，施工图预算是施工阶段的投资控制目标，限额设计有利于强化设计人员的工程投资控制意识。

四、设计方案优选

设计方案的优选指对设计方案的评价与比选，从若干备选设计方案中选出最优的方案。具体的内容详见5.1.2。

5.1.2 设计方案评价和比选

一、项目设计方案评价和比选的内容

建设项目由于受资源、市场、建设条件等因素的限制，为了提高工程建设投资效果，拟建项目设计方案评价和比选的内容主要包括：

(1) 在宏观方面有建设规模、建设场址、产品方案等。

(2) 对于建设项目本身有厂区（或居住小区）总平面布置、主体工艺流程选择、主要设备选型等。

(3) 小的方面有工程设计标准、工业与民用建筑的结构形式、建筑安装材料的选择等。

二、设计方案评价与比选的方法

(一) 推行设计方案招标进行多方案比选

设计方案招标是指建设单位就拟建工程的设计任务发布通告，吸引设计单位参加竞争，通过对参与投标的多种设计方案进行比较选择，择优选定设计单位来完成设计任务。设计招标有利于控制项目建设投资，缩短设计周期，降低设计费。

设计招标确定中标的依据包括设计方案优劣、投入产出、设计进度快慢、收费多少、公司的资历和社会信誉。设计招标或方案竞选有利于竞争和设计方案的选择，通过招标有多种设计方案可供选择和参考，从而保证设计方案技术先进，功能全面，结构合理，安全舒适，经济实用，造型美观，满足建筑节能及环境要求。

(二) 运用价值工程进行设计优化

设计方案优化常采用价值工程又称价值分析法，在满足所要求功能的前提下，去掉不必要的功能，降低成本；或者成本小幅度地提高，功能有更大程度的提升。价值工程是用来分析功能和成本之间关系的，强调对所研究对象进行功能分析，将技术和经济结合起来，力求以最低的寿命周期成本实现必要功能的管理活动和方法。

三、设计方案比选的基本原则

建设项目设计方案比选应遵循以下原则：

(1) 符合国家及行业有关经济建设法规和技术政策。

(2) 建设项目设计方案比选要协调好技术先进性和经济合理性的关系，即在满足设计功能和采用合理先进技术的条件下，尽可能降低成本。

(3) 建设项目设计方案比选除考虑一次性建设投资的比选，还应考虑项目运营过程中的费用比选，及项目寿命期的总费用比选。

(4) 建设项目设计方案比选要兼顾近期与远期的要求，即建设项目的功能和规模应根据国家和地区远景发展规划，适当留有发展余地。

(5) 满足项目相应阶段的深度要求。

(6) 满足风险规避及工程可靠性要求。

5.2 价值工程

5.2.1 价值工程的基础知识

一、价值工程的产生

价值工程（简称VE），又名价值分析（简称VA），源于美国，是一种运用集体智慧和有组织的活动，着重对产品进行功能系统分析、研究，使之用全寿命最低成本实现产品必要功能，提高产品价值的技术经济分析方法。

1947年麦尔斯在《美国机械师》杂志上发表了题为“价值分析”的专著，标志着价值工程理论诞生了。

1954年，美国海军舰船局成立了专门机构，进一步研究价值分析技术，将其应用于产品设计制造的全过程中，同时将价值分析更名为价值工程。

1959 年，美国成立了全国性的“美国价值工程师协会”。

1978 年我国公开介绍价值工程。

二、价值工程的概念

价值工程（Value Engineering，简称 VE），是研究如何以最低的寿命周期成本，可靠地实现对象（产品、工程、作业或服务等）的必要功能，而致力于功能分析的一种有组织的技术经济思想方法和管理技术。

价值工程的基本原理涉及三个重要的基本概念。

（一）价值

价值是指作为产品（或工程、作业、服务等）所具有的功能与获得该功能的全部费用的比值，它是对象的比较价值，是作为评价事物有效程度的一种尺度。计算公式如下

$$V = \frac{F}{C} \tag{5.1}$$

式中 V——价值；

F——研究对象的功能；

C——寿命周期成本。

（二）功能

功能是对象能满足某种需求的一种属性。具体来说，功能就是功用、效用。分类如下：

(1) 使用功能和品味功能。

使用功能是对象所具有的与技术经济用途直接有关的功能；品味功能是与使用者的精神感觉、主观意识有关的功能，如美观、豪华等。

(2) 基本功能和辅助功能。

基本功能是决定对象性质和存在的基本要素；辅助功能是为更好实现基本功能而附加的一些因素。

(3) 必要功能和不必要功能。

必要功能是为满足使用者的要求而必须具备的功能；不必要功能是与满足使用者的需求无关的功能。

(4) 不足功能和过剩功能。

不足功能是对象尚未满足使用者需求的必要功能；过剩功能是超过使用者需求的功能。

（三）寿命周期成本

(1) 寿命周期：从产生到结束为止的期限。

(2) 寿命周期成本：指整个寿命周期过程中发生的全部费用，包括生产成本和使用及维护成本。

生产成本：是指发生在生产企业内部的成本，也是用户购买产品的费用，包括产品的科研、实验、设计、试制、生产、销售等费用及税金等。

使用及维护成本：是指用户在使用过程中支付的各种费用的总和，它包括使用过程中的能耗费用、维修费用、人工费用、管理费用等，有时还包括报废拆除所需费用（扣除残值）。

寿命周期成本构成如图 5-1 所示。

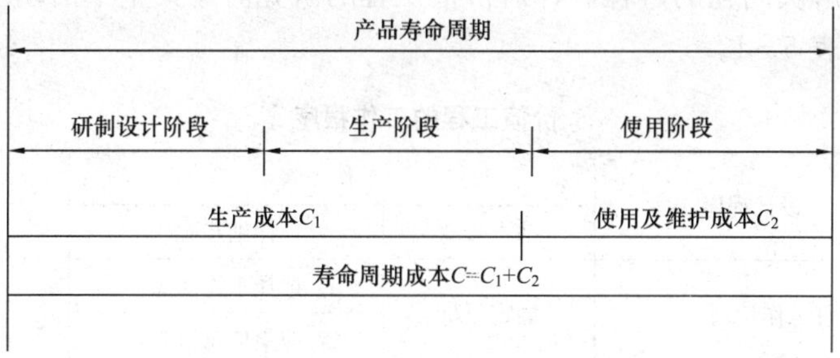

图 5-1　寿命周期成本构成

三、价值工程的特点

(1) 价值工程的目标，是以最低的寿命周期成本，使产品（或工程、作业、服务等）具备它所必须具备的功能。

(2) 价值工程的核心，是对产品（或工程、作业、服务等）进行功能分析。

(3) 价值工程将产品（或工程、作业、服务等）价值、功能和成本作为一个整体同时来考虑。

(4) 价值工程强调不断改革和创新。

(5) 价值工程要求将功能定量化。

(6) 价值工程是以集体的智慧开展的有计划、有组织的管理活动。

四、提高价值的途径

由于价值工程的目的是提高产品（或工程、作业、服务等）的价值，这也是用户和生产经营者共同的目标。根据价值工程的计算公式，可得到五种提高价值的途径。

(1) 双向型：在提高产品（或工程、作业、服务等）功能的同时，又降低产品成本，这是提高价值最为理想的途径。

$$V=\frac{F\uparrow}{C\downarrow}$$

(2) 改进型：在成本不变的条件下，通过提高产品（或工程、作业、服务等）的功能，提高利用资源的成果或效用。

$$V=\frac{F\uparrow}{C\rightarrow}$$

(3) 节约型：在保持产品（或工程、作业、服务等）功能不变的前提下，通过降低成本达到提高价值的目的。

$$V=\frac{F\rightarrow}{C\downarrow}$$

(4) 投资型：产品（或工程、作业、服务等）功能有较大幅度提高，成本有较少提高。

$$V=\frac{F\uparrow\uparrow}{C\uparrow}$$

(5) 牺牲型：产品（或工程、作业、服务等）功能略有下降，成本大幅度降低。

$$V=\frac{F\downarrow}{C\downarrow\downarrow}$$

5.2.2　价值工程的工作程序

价值工程的工作过程，实质就是针对产品（或工程、作业、服务等）的功能和成本提出问题、分析问题、解决问题的过程。针对价值工程的研究对象，整个活动围绕八个基本问题展开，具体程序见表 5－1。

表 5－1　　价值工程的工作程序

<table>
<tr><th rowspan="2">工作阶段</th><th rowspan="2">设计程序</th><th colspan="2">工作步骤</th><th rowspan="2">对应问题</th></tr>
<tr><th>基本步骤</th><th>详细步骤</th></tr>
<tr><td rowspan="2">准备阶段</td><td rowspan="2">制订工作计划</td><td rowspan="2">确定目标</td><td>1. 选择工作对象</td><td rowspan="2">1. 价值工程的研究对象是什么</td></tr>
<tr><td>2. 搜集信息资料</td></tr>
<tr><td rowspan="5">分析阶段</td><td rowspan="5">功能评价</td><td rowspan="2">功能分析</td><td>3. 功能定义</td><td rowspan="2">2. 这是干什么用的</td></tr>
<tr><td>4. 功能整理</td></tr>
<tr><td rowspan="3">功能评价</td><td>5. 功能成本分析</td><td>3. 成本是多少</td></tr>
<tr><td>6. 功能评价</td><td rowspan="2">4. 价值是多少</td></tr>
<tr><td>7. 确定改进范围</td></tr>
<tr><td rowspan="5">创新阶段</td><td>初步设计</td><td rowspan="5">制定创新方案</td><td>8. 方案创造</td><td>5. 有无其他方法实现同样功能</td></tr>
<tr><td rowspan="3">评价各设计方案，改进优化方案</td><td>9. 概略评价</td><td rowspan="3">6. 新方案的成本是多少</td></tr>
<tr><td>10. 调整完善</td></tr>
<tr><td>11. 详细评价</td></tr>
<tr><td>方案书面化</td><td>12. 提出方案</td><td>7. 新方案能满足功能要求吗</td></tr>
<tr><td rowspan="3">实施阶段</td><td rowspan="3">检查实施情况并评价活动成果</td><td rowspan="3">方案实施与成果评价</td><td>13. 方案审批</td><td rowspan="3">8. 偏离目标了吗</td></tr>
<tr><td>14. 方案实施与检查</td></tr>
<tr><td>15. 成果评价</td></tr>
</table>

一、价值工程的准备阶段

价值工程准备阶段主要是选择工作对象与搜集信息资料，目的是明确价值工程的研究对象是什么。

（一）选择研究对象

（1）选择价值工程研究对象时应遵循的一般原则：

1）优先考虑在企业生产经营上有迫切需要的或对国计民生有重大影响的项目。

2）在改善价值上有较大潜力的产品或项目。

（2）选择对象的定性分析。

1）社会利益方面考虑：国家计划内的重点产品、重点工程建设项目中的短缺产品、社会需求量大的产品、公害、污染严重的产品。

2）企业发展方面考虑：市场潜力大的产品、有发展前途的产品、正在研制中的产品、对企业有重大影响的更新改造项目。

3）市场竞争方面考虑：用户意见大的产品、竞争激烈的产品、市场占有率需要扩大的产品、需要开拓新市场的产品。

4）扩大利润方面考虑：企业主导产品、利润低的产品、原材料耗用高或利用率低的产品、能耗高或生产周期短的产品。

5）产品发展角度考虑。

① 设计方面：结构复杂、重量大、尺寸大、材料贵、性能差、技术水平低的产品。

② 生产制造方面：量大面广、工艺复杂或落后、工序繁琐、质量不高、占用关键设备工作量大的产品。

③ 销售方面：选择用户意见广、退货索赔多、销售量下降、竞争力差、需要巩固或扩大市场、能够增加收益的产品。

④ 成本方面：有市场需求但成本高、利润低、比重大、物耗高的产品。

（3）选择价值工程研究对象的方法。

常用的选择价值工程研究对象的方法有经验分析法、ABC 分析法、强制确定法、最合适区域法等。

1）经验分析法。

凭经验对设计、加工、制造、销售和成本等方面存在的问题进行综合分析，找出关键因素，并把存在这些关键问题的产品或零部件作为研究对象。

优点：简便易行，考虑问题综合全面。

缺点：缺乏定量分析，主观性太大，常需要与其他定量方法结合使用才能收到较满意的效果，在分析人员经验不足时准确程度降低。

适用范围：初选阶段，应选择熟悉业务、经验丰富的人员，集体研究共同讨论确定。

2）ABC 分析法。

又称巴雷特分析法，按各构配件制造费用占产品总制造费用的比重（或分部分项工程占总工程费用的比重）的大小进行分类，把所有研究对象分成主次有别的 A、B、C 三类的方法。ABC 分析法的分类原理见表 5－2。

表 5－2　ABC 分析法的分类原理

类别	构配件占总数百分比 （或分部、分项工程施工时间占总施工时间的百分比）	成本占总成本 百分比	研究对象 的选择
A	20%左右	70%左右	重点对象
B	30%左右	20%左右	一般对象
C	50%左右	10%左右	不做分析

ABC 分析法可层层反复运用，比如可先用以找出 A 类部件（或分部工程），再从 A 类部件找出 A 类零件（或分项工程），进而找出 A 类零件中的 A 类费用。在产品品种多，或零件种类多的情况下使用主次因素图，更显得迅速、醒目、省事。

ABC 分析法的应用范围不限于产品分析，在物资管理、编制生产作业计划等方面运用此法，同样能找出重点，便于分类控制。

优点：抓住重点，突出主要矛盾，取得较大成果，简便易行，被广泛采用。

缺点：在实际工作中，由于成本分配不合理，常会出现有的构配件功能比较重要但成本低，导致不能被选为价值工程的对象，提高其功能水平。

【例 5－1】　某高速公路线路上，一座钢筋混凝土桥梁，采用后张 T 型梁工艺，人工费、机械费、材料费总计为 3550 万元，该桥梁的各分项工程所占费用及施工时间见表 5－3。试用 ABC 分析法确定分析对象。

表 5-3 桥梁各分项工程的费用及施工时间表

序号	分项工程	成本/万元	施工占用时间/天
1	钢筋混凝土灌注桩	500	7
2	系梁	50	3
3	墩柱和墩台	370	10
4	后张T型梁	1250	5
5	混凝土铺装层	200	12
6	桥面防水	80	5
7	沥青混凝土铺装	1100	2
合计		3550	44

解 将桥梁工程的各分项工程的费用按从大到小的顺序排列，并计算各分项工程的成本比率及累计成本比率，计算结果如图 5-2 所示。

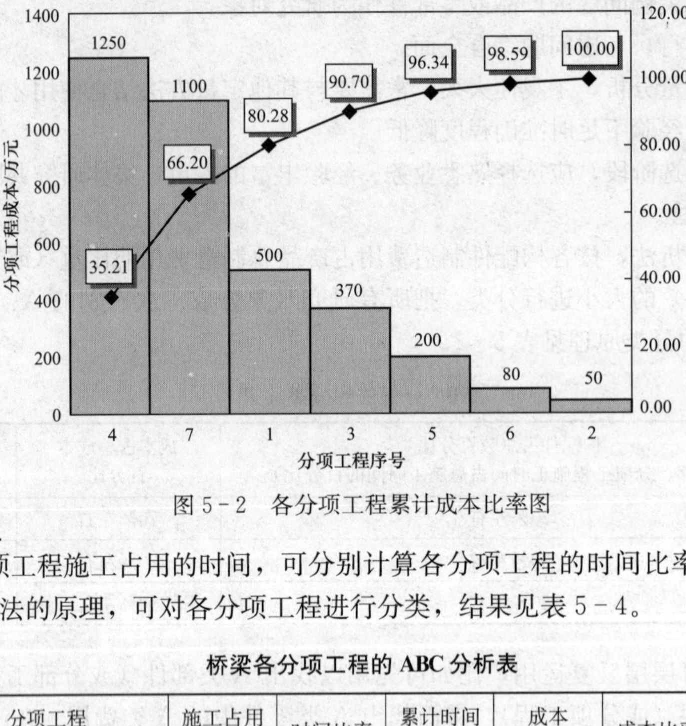

图 5-2 各分项工程累计成本比率图

已知各分项工程施工占用的时间，可分别计算各分项工程的时间比率及累计时间比率，根据 ABC 分析法的原理，可对各分项工程进行分类，结果见表 5-4。

表 5-4 桥梁各分项工程的 ABC 分析表

分项工程序号	分项工程名称	施工占用时间/天	时间比率	累计时间比率	成本/万元	成本比率	累计成本比率	分类
4	后张T型梁	5	11.36%	11.36%	1250	35.21%	35.21%	A
7	沥青混凝土铺装	2	4.55%	15.91%	1100	30.99%	66.20%	
1	钢筋混凝土灌注桩	7	15.91%	31.82%	500	14.08%	80.28%	B
3	墩柱和墩台	10	22.73%	54.55%	370	10.42%	90.70%	
5	混凝土铺装层	12	27.27%	81.82%	200	5.63%	96.34%	C
6	桥面防水	5	11.36%	93.18%	80	2.25%	98.59%	
2	系梁	3	6.82%	100.00%	50	1.41%	100.00%	
合 计		44	100.00%		3550	100.00%		

根据分类的结果，可以确定后张 T 型梁、沥青混凝土铺装为价值工程的重点研究对象，钢筋混凝土灌注桩、墩柱和墩台为价值工程的一般研究对象。

3）强制确定法。

强制确定法也称价值系数分析法，是以功能重要程度作为选择价值工程对象的一种分析方法。当产品由多个零部件组成（或一工程由若干个分部或分项工程组成），而这些零部件（或分部或分项工程）的重要性又各不相同时，可采用强制确定法。主要适用于产品功能单一、可计量，产品性能和生产特点可比的系列产品或构配件的价值对象的选择。

优点：综合考虑了零部件（或分部、分项工程）的功能与成本之间的关系，较为全面。

缺点：凡价值系数不为 1 的零部件，原则上均可作为价值工程的研究对象，这不太科学。这将使那些价值系数偏离 1 的程度小、功能系数与成本系数较大、改善期望值也较大的零部件不能被列为价值工程的研究对象；反之，那些价值系数偏离 1 的程度大、其功能系数与成本系数较小、改善期望值也较小的零部件却可能被列为价值工程的研究对象。

① 强制确定方法的步骤。

强制确定方法的步骤如下：

a. 计算功能重要性系数；

b. 计算成本系数；

c. 计算价值系数及确定分析对象的顺序。

② 强制确定法选择价值工程研究对象的依据。

按价值系数由小到大的顺序作为选择价值工程研究对象顺序，优先选择价值系数最小的零部件（或分部、分项工程）为价值工程研究对象。具体选择的方法如下。

价值系数＜1：重要程度小而成本高，应作为研究对象，可以用降低成本或提高重要程度的方法来提高产品价值；

价值系数＞1：重要程度大而成本低，可作为研究对象，进一步提高该产品或部件的质量，增大价值；

价值系数＝1：重要程度和成本相当，不作为研究对象；

价值系数＝0：构配件不重要，可取消或合并。

③ 功能重要性系数的计算。

功能的重要性系数可根据下式计算

$$\text{功能重要性系数} = \frac{\text{某零部件（或分部、分项工程）的功能重要性得分}}{\text{全部零部件（或工程）的功能重要性得分总数}} \tag{5.2}$$

产品零部件（或分部、分项工程）的功能为定性指标，为将其量化，可采用 01 评分法和 04 评分法。

a. 01 评分法。

01 评分法先将构成产品的各零件（或功能）排列成矩阵，并站在用户的角度按功能重要程度进行一对一循环对比，两两打分，功能相对重要的零件得 1 分，不重要的得 0 分，每作一次比较必有一个得 1 分，另一个得 0 分，自身与自身比较可记为“1”或“×”，再合计各零件（或分部、分项工程）的得分值（取平均值）除以全部零件（或工程）的得分值总和，就得出各零件（分部、分项工程）的功能重要性系数。

【例 5-2】 已知某拟建工程为二层砖混结构，砌筑工程的分项工程包括：砖基础、砖内墙、砖外墙、墙面勾缝。已知其分项工程的重要程度为：砖基础＞砖外墙＞砖内墙＞墙面勾缝，试计算各分项工程的功能重要性系数。

解 采用01评分法确定各分项工程的功能重要性系数，见表5-5。

表5-5 **01评分法计算表**

分项工程名称	砖基础	砖内墙	砖外墙	墙面勾缝	功能得分	功能重要性系数
砖基础	1	1	1	1	4	0.4
砖内墙	0	1	0	1	2	0.2
砖外墙	0	1	1	1	3	0.3
墙面勾缝	0	0	0	1	1	0.1
合　计					10	1

b. 04评分法。

01评分法虽然能判别零件的功能重要程度，但评分规定过于绝对，准确度不高，故此，往往采用04评分法来求算功能重要性系数。04评分法的步骤、方法与01评分法基本相同，它也是采用一对一比较打分，但两零件得分之和为4分。

04评分法的评分规则：

功能非常重要的零部件（或分部、分项工程），打4分，另一个相对不重要的得0分；

功能比较重要的零部件（或分部、分项工程）3分，另一个功能比较不重要的打1分；

两个功能同样重要的零件（或分部、分项工程）各打2分；

自身与自身比较可记为“×”。

各零件（或分部、分项工程）的得分平均值除以全部零件的得分值之和就得到零件的功能重要性系数。

【例5-3】 某道路工程的分项工程包括基底压实、水泥稳定沙砾底基层、水泥稳定级配碎石基层、中粒式SBS改性沥青混凝土面层。各分项工程的重要程度为：中粒式SBS改性沥青混凝土面层与水泥稳定级配碎石基层比较较重要，中粒式SBS改性沥青混凝土面层比水泥稳定沙砾底基层重要得多，水泥稳定沙砾底基层和基底压实同样重要。试计算各分项工程的功能重要性系数。

解 采用04评分法确定各分项工程的功能重要性系数，见表5-6。

表5-6 **04评分法计算表**

分项工程名称	基底压实	水泥稳定沙砾底基层	水泥稳定级配碎石基层	中粒式SBS改性沥青混凝土面层	功能得分	功能重要性系数
基底压实	×	2	1	0	3	0.125
水泥稳定沙砾底基层	2	×	1	0	3	0.125
水泥稳定级配碎石基层	3	3	×	1	7	0.292
中粒式SBS改性沥青混凝土面层	4	4	3	×	11	0.458
合　计					24	1

④ 成本系数和价值系数的计算。

a. 成本系数的计算公式如下

$$成本系数=\frac{某零部件（或分部、分项工程）的现实成本}{全部零部件（或工程）的现实总成本} \tag{5.3}$$

【例 5-4】 若［例 5-2］中的砖基础、砖内墙、砖外墙、墙面勾缝的成本分别为 85 000 元、70 000 元、80 000 元、16 000 元，试分别计算各分项工程的成本系数。

解 根据式（5.3）计算各分项工程的成本系数，见表 5-7。

表 5-7　成本系数计算表

分项工程名称	成本/元	成本系数
砖基础	85 000	0.34
砖内墙	70 000	0.28
砖外墙	80 000	0.32
墙面勾缝	16 000	0.06
合　计	251 000	1

b. 价值系数的计算公式如下

$$价值系数=\frac{某零部件（或分部、分项工程）的功能重要性系数}{该零部件（或分部分项工程）的成本系数} \tag{5.4}$$

【例 5-5】 试根据［例 5-2］和［例 5-4］计算各分项工程的价值系数，并选择价值工程的研究对象。

解 根据式（5.4）计算各分项工程的价值系数，见表 5-8。

表 5-8　价值系数计算表

分项工程名称	功能重要性系数	成本系数	价值系数
砖基础	0.4	0.34	1.18
砖内墙	0.2	0.28	0.71
砖外墙	0.3	0.32	0.94
墙面勾缝	0.1	0.06	1.67

根据强制确定法选择价值工程研究对象的依据，可以得到如下结论：

按价值系数由小到大的顺序作为选择价值工程研究对象顺序，优先选择价值系数最小的零部件（或分部、分项工程）为价值工程研究对象；因此价值工程的研究对象选择顺序为：砖内墙、砖外墙、砖基础、墙面勾缝，优先选择砖内墙为价值工程的研究对象。

【例 5-6】 某 8 层住宅工程，结构类型为钢筋混凝土框架，材料费、机械费、人工费总计为 2 294 000 元，建筑面积为 $2000m^2$，各分部工程所占成本见表 5-9，已知 A、B、C 同样重要，A 与 D 比较 A 较重要，D、E、F 同样重要，D 与 G 比较 D 较重要，试用 04 评分法计算各分部工程的功能重要性系数，采用强制确定法选择价值工程的研究对象。

表 5-9　各分部工程的成本表

分部工程名称	代号	成本/元
基础	A	300 000
墙体	B	420 000
框架	C	860 000

续表

分部工程名称	代号	成本/元
楼地板	D	105 000
装饰	E	208 000
门窗	F	346 000
其他	G	55 000
合计		2 294 000

解 ① 计算各分部工程的功能重要性系数。

采用04评分法确定各分部工程的功能重要性系数，见表5-10。

表5-10 04评分法计算表

代号	A	B	C	D	E	F	G	功能得分	功能重要性系数
A	×	2	2	3	3	3	4	17	0.20
B	2	×	2	3	3	3	4	17	0.20
C	2	2	×	3	3	3	4	17	0.20
D	1	1	1	×	2	2	3	10	0.12
E	1	1	1	2	×	2	3	10	0.12
F	1	1	1	2	2	×	3	10	0.12
G	0	0	0	1	1	1	×	3	0.04
合计								84	1

② 计算各分部工程的成本系数和价值系数。

根据成本系数和价值系数的计算公式，各分部工程的成本系数和价值系数见表5-11。

表5-11 各分部工程的成本系数和价值系数计算表

代号	功能重要性系数	成本/元	成本系数	价值系数
A	0.20	300 000	0.13	1.538
B	0.20	420 000	0.18	1.111
C	0.20	860 000	0.38	0.526
D	0.12	105 000	0.05	2.400
E	0.12	208 000	0.09	1.333
F	0.12	346 000	0.15	0.800
G	0.04	55 000	0.02	2.000
合计	1	2 294 000	1	

③ 确定价值工程的研究对象。

根据强制确定法选择价值工程研究对象的依据，可得到如下结论：

按价值系数由小到大的顺序作为选择价值工程研究对象顺序，优先选择价值系数最小的零部件（或分部、分项工程）为价值工程研究对象；因此价值工程的研究对象选择顺序为：框架、门窗、墙体、装饰、基础、其他、楼地板，优先选择框架为价值工程的研究对象。

4）最合适区域法。

针对强制确定法的不足，日本东京大学田中教授提出最合适区域法。它的出发点是，功能重要程度高的零部件（或分部、分项工程），是产品（或工程）中举足轻重的关键，应当着重分析，列为研究对象。

最合适区域法是要确定一个区域，使得虽不在 $V=1$ 直线上，但在所给范围内的对象可不选作 VE 的对象，凡超出范围的，才选作 VE 的对象。

按照最合适区域的思路：对于偏离 $V=1$ 的直线的点，当成本系数和功能评价系数均较小，即距离 O 点较近时，可放宽控制。因此，最合适区域是一个关于 $V=1$ 直线对称、向原点 O 开口的喇叭形区域，如图 5-3 所示。

在价值系数相近的条件下，应选择功能评价系数和成本系数较大的零部件为 VE 对象，不使其价值系数对 1 的偏离过大，这对整个产品提高功能、降低成本往往有举足轻重的作用。

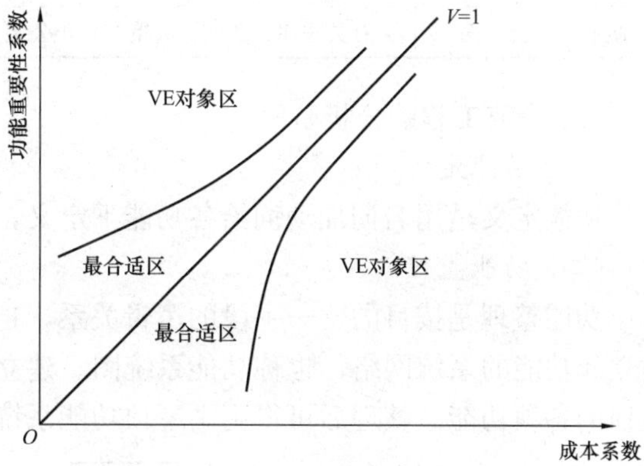

图 5-3　最合适区域法示意图

优点：最合适区域法解决了目标选择问题，使人们能够抓住主要矛盾，用适当的人力、物力、财力来解决产品的主要不足，有效地提高产品功能，降低产品成本。

缺点：最合适区域法未给出 VE 对象区与最合适区的确定分界值，因此采用该法选择价值工程的研究对象时具有很大的主观性。

（二）信息资料收集

价值工程所需的信息资料收集是价值工程准备阶段非常重要的一项工作，收集的资料是否全面、真实并且能满足价值工程分析的需要，都将直接关系到价值工程的分析结果，进而影响企业未来的发展决策。

（一）信息资料收集的原则

（1）目的性：以价值工程的对象为目标，将与其有关的信息资料尽量收集齐全。

（2）计划性：收集信息资料要有明确的范围和内容，编制好计划，并有步骤地逐步实现。

（3）可靠性：指要对信息资料的真伪加以处理，做到去伪存真。

（4）适时性：只有在需要信息资料的时候保证得到所需要的信息资料有价值，才能适应决策的需要。

（二）信息资料收集的内容

对于一般工程产品（或施工作业）分析来说，应收集的信息资料内容见表 5-12。

表 5-12　信息资料收集的内容

项　目	内　容
用户方面	使用目的、使用条件、使用环境、维护保养条件、操作标准，用户对产品的意见等。如是消费品尚需了解用户的经济收入、身份、民族习惯、审美观等
市场方面	市场需求、市场容量、竞争产品的价格、利润、销售量、质量指标、用户反映等

续表

项　目	内　容
技术方面	本产品设计、创造等技术档案、国内外同类产品的设计方案、产品结构、加工工艺、设备、材料标准、成品率及其成本、新技术、新工艺、新材料、三废处理、国外专利、产品目录等
经济方面	产品成本的构成，包括生产费用、销售费用、运输储存费用、零部件的成本、外购件、协作件的费用等
本企业的基本情况	经营方针、生产能力、经营情况、技术经济指标等
政府和社会方面	有关法律、条例、政策、防止公害、环境保护等

二、价值工程的分析阶段

（一）功能定义

功能定义是用名词加动词给各功能下定义，如分隔空间、传递荷载、隔热、采光。

（二）功能整理

功能整理是按目的——手段的逻辑关系，把价值工程对象的各个功能有机的连接起来，建立起功能的系统网络，也称功能系统图。建立功能系统图是功能整理的主要任务，例如平屋顶的各项功能经整理后可得到平屋顶功能系统图，如图 5-4 所示。

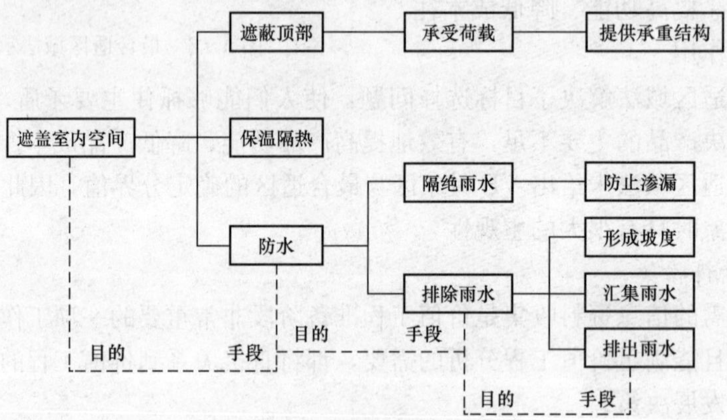

图 5-4　平屋顶功能系统图

（三）功能评价

(1) 功能评价的概念。

经过功能系统分析明确了对象所具有的功能后，紧接着要做的工作就是定量地确定功能的目前成本是多少，功能的目标成本是多少，功能的价值是多少，改进目标是多少，改进的幅度有多大等，即评定功能的价值。

功能评价包括相互关联的价值评价和成本评价两个方面。价值评价是通过计算和分析对象的价值，分析成本功能的合理匹配程度。

(2) 功能评价的程序。

1) 确定对象的目标成本 C_a。

2) 计算对象功能的目前成本 C_0。

3) 计算和分析对象的价值 V_i。

4) 计算成本改进期望值 $\Delta C = C_a - C_0$。

5) 根据对象价值的高低及成本降低期望值的大小，确定改进的重点对象及优先次序。

功能评价的程序如图 5-5 所示。

(3) 功能价值的计算。

功能价值的计算方法可分为两大类，即功能成本法与功能指数法。

1) 功能成本法。

功能成本法又称为绝对值法，是通过一定的测算方法，测定实现应有功能所必须消耗的最低成本，同时计算为实现应有功能所耗费的目前成本，经过分析、对比，求得对象的价值系数和成本降低期望值，确定价值工程的改进对象。价值系数的计算公式如下

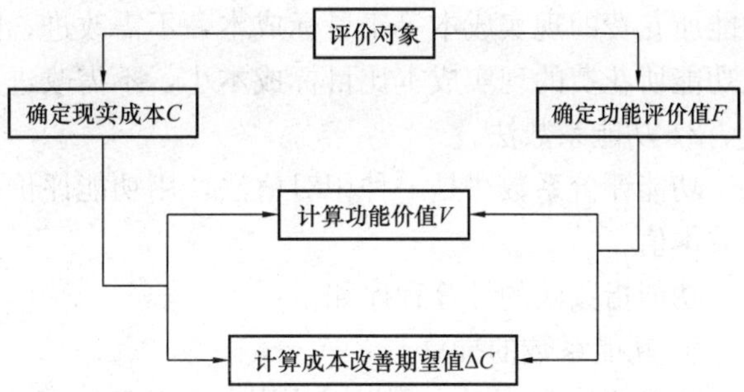

图 5-5　功能评价的程序

$$V_i=\frac{\text{第 }i\text{ 个功能的目标成本}}{\text{第 }i\text{ 个功能的现实成本}} \tag{5.5}$$

式中　V_i——第 i 个功能的价值系数。

功能成本法主要包括两个内容，即功能目前成本的计算和功能评价值的推算，其中关键的是功能评价值（目标成本）的推算，其确定方法包括经验估算法、公式法、实际价值标准法。

当 $V_i=1$ 时，表示实现该功能所花费的现实成本与目标成本相适应，评价对象的价值为最佳，可不必分析。

当 $V_i<1$ 时，表示实现该功能所花费的现实成本比目标成本大，必须大力降低成本，此时应作为改进对象，特别是 V_i 值比 1 小得较多的功能区域，即优先选择成本改进期望值 ΔC 较大的功能区域作为重点改进对象，力求使 $V_i=1$。

当 $V_i>1$ 时，表示实现该功能所花费的现实成本比目标成本小，一般可不作为改进对象，只要检查其功能是否能得到保证，是否存在不必要功能。

【例 5-7】 若某项目的施工方案中选择外墙施工为价值工程的研究对象，外墙的功能包括承受荷载、保温、防水、防火，施工方案实现各功能的成本分别为 100 万元、50 万元、20 万元、15 万元，实现各功能的目标成本分别为 90 万元、50 万元、25 万元、10 万元，试计算施工方案实现外墙各功能的价值系数，并判断哪些功能需改进。

解　根据价值系数的计算公式，可计算各功能的价值系数见表 5-13。

表 5-13　功能的价值系数计算表

序号	功能名称	目标成本 C_a /万元	现实成本 C_0 /万元	价值系数 V_i	是否需要改进	成本改进期望值 ΔC /万元
1	承受荷载	90	100	0.90	是	−10
2	保温	50	50	1.00	否	0
3	防水	25	20	1.25	否	—
4	防火	10	15	0.67	是	−5

由表中的计算结果可以看到，承受荷载与防火两项功能的价值系数小于 1，说明实现该功能所花费的现实成本比目标成本大，应进行改进；保温功能的价值系数为 1，说明实现该

功能所花费的现实成本等于目标成本，不需改进；防水功能的价值系数大于 1，说明实实现该功能所花费的现实成本比目标成本小，不需改进。

2）功能系数法。

功能评价系数法是一种相对值法，用功能评价系数表达功能评价值，用功能成本系数表达成本值。

功能指数法的计算程序如下：

① 功能系数的推算。

功能评价系数 F_i，可以采用强制打分法（01 评分法或 04 评分法）；按功能重要性程度获得，也可通过综合评分法来确定，综合评分法的计算公式如下

$$F_i = \frac{\text{第 } i \text{ 个功能（或作业）的功能评分}}{\text{全部功能（或作业）的总评分}} \tag{5.6}$$

【例 5-8】 某施工方案的作业包括桩基围护工程、主体结构工程、装饰工程，各作业的重要性评分为 5、13、16，试计算各作业的功能评分。

解 根据功能评分法的计算公式计算，见表 5-14。

表 5-14 功能系数计算表

序号	作业名称	功能评分	功能系数
1	桩基围护工程	5	0.15
2	主体结构工程	13	0.38
3	装饰工程	16	0.47
合计		34	1

② 成本系数的计算。

根据各功能的现实成本与总成本计算各功能的成本系数，计算公式如下

$$C_i = \frac{\text{第 } i \text{ 个功能（或作业）的成本}}{\text{全部功能（或作业）的总成本}} \tag{5.7}$$

③ 计算出各个功能的价值系数。

功能价值系数计算公式为

$$V_i = F_i / C_i \tag{5.8}$$

④ 根据价值系数进行分析。

根据计算结果：

若 $V_i = 1$，功能的目前成本是比较合理的。

若 $V_i < 1$，应将评价对象列为改进对象，改善方向主要是降低成本。

⑤ 确定目标成本。

根据各功能的功能系数计算各功能（或作业）的目标成本，计算公式如下

$$C'_i = F_i \times C \tag{5.9}$$

式中 C——各功能（或作业）的目标成本之和。

【例 5-9】 对某道路工程的施工方案进行价值工程分析，选择其路面工程作为价值工程的研究对象，已知路面作业包括厂拌沥青、沥青半成品运输、现场摊铺、碾压，施工方案中各项作业成本分别为 75 万元、2 万元、10 万元、15 万元，各作业的功能评分为：15、1、3、4，试计算各功能的功能指数与价值指数，并分析应对哪些作业进行改进；若路面工程的

目标成本为 95 万元，试确定各项作业的目标成本与成本改进期望值。

解　(1) 功能系数的推算。

采用综合评分法计算各功能的功能系数，见表 5-15。

表 5-15　功能系数计算表

序号	作　业	功能评分	功能系数
1	厂拌沥青	25	0.69
2	沥青半成品运输	1	0.03
3	现场摊铺	5	0.14
4	碾压	5	0.14
合　计		36	1

(2) 成本系数和价值系数的计算。

各作业的成本系数和价值系数见表 5-16。

表 5-16　功能的成本系数与价值系数计算表

作　业	功能重要性系数	成本/万元	成本重要性系数	价值系数
厂拌沥青	0.69	75	0.73	0.95
沥青半成品运输	0.03	2	0.02	1.50
现场摊铺	0.14	10	0.10	1.40
碾压	0.14	15	0.15	0.93
合　计	1	102	1	

(3) 由表 5-16 的计算结果可以看出，厂拌沥青和碾压的价值系数小于 1，所以应对此项作业进行改进，沥青半成品运输和现场摊铺的价值系数均大于 1，所以不需改进。

(4) 确定各项作业的目标成本与成本改进期望值。

根据式 (5.9) 计算各作业的目标成本，并根据目标成本与现实成本计算成本改进期望值，见表 5-17。

表 5-17　各作业的目标成本计算表

作　业	功能系数 (1)	现实成本/万元 (2)	按功能系数分配的 目标成本/万元 (3)=(1)×95	成本改进期望值/万元 (4)=(3)-(2)
厂拌沥青	0.69	75	65.55	-9.45
沥青半成品运输	0.03	2	2.85	0.85
现场摊铺	0.14	10	13.30	3.30
碾压	0.14	15	13.30	-1.7
合　计	1	102	95	-7

三、价值工程的创新阶段

方案创新阶段包括：方案的改进和创新、方案的评价。

(1) 方案的改进和创新。

寻求或构思这种最佳方案的过程就是方案的创造过程，创造也可以理解为“组织人们通过对过去经验和知识的分析与综合以实现新的功能”。

价值工程能否取得成功，关键是功能分析评价之后能否构思出可行的方案，这是一个创造、突破、精制的过程。常采用头脑风暴法（BS法）、模糊目标法（哥顿法）和专家函询法（德尔斐法）等。

(2) 方案的评价。

1) 方案评价一般分为概略评价、详细评价两种。

概略评价是对创造出的方案从技术、经济和社会三个方面进行初步研究，其目的是从众多的方案中进行粗略筛选，使精力集中于优秀的方案，为详细评价作准备。

详细评价是在掌握大量数据资料的基础上，对概略评价获得少数方案进行详尽的技术评价、经济评价和综合评价，为提案的编写和审批提供依据。详细评价是多目标决策问题，常用的方法有打分法、加权法等。

2) 方案评价的内容包括技术评价、经济评价和社会评价。

技术评价是对方案功能的必要性、必要程度（如性能、质量、寿命等）及实施的可能性进行分析评价；

经济评价是对方案实施的经济效果（如成本、利润、节约额等）的大小进行分析评价；

社会评价是对方案给国家和社会带来的影响（如环境污染、生态平衡、国民经济效益等）进行分析评价。

3) 综合评价。

综合评价是在技术评价、经济评价和社会评价的基础上对改进方案所做的一种全面、综合评价。

四、价值工程的实施阶段

通过综合评价选出的方案，送决策部门审批后便可实施。在实施过程中，应对方案的实施情况进行检查，注意做到健全组织、培训人员、反馈与提高，发现问题及时解决。方案实施完成后，要进行总结评价和验收。

5.2.3 价值工程在方案比选中的应用

在设计阶段，可以采用价值工程的方法对多个设计方案进行优选；价值工程在方案比选中的应用过程如下：

(1) 确定方案比选时应分析的功能。

(2) 计算各功能的权重。

(3) 计算各方案的功能加权得分，各方案的功能得分可通过加权评分法计算，计算公式如下

$$W_{ij} = i\text{方案的第}j\text{个功能的功能得分} \times \text{第}j\text{个功能的权重} \tag{5.10}$$

$$W_i = \sum_{j=1}^{n} W_{ij} \tag{5.11}$$

式中 W_{ij}——第 i 个方案的第 j 项功能评分的加权值；

W_i——第 i 个方案的功能加权得分。

(4) 计算各方案的功能系数，方案的功能系数计算公式如下

$$F_i = W_i / \sum W_i \tag{5.12}$$

式中　F_i——第 i 个方案的功能系数。

(5) 计算各方案的成本系数，方案的成本系数计算公式如下

$$C_i = \frac{\text{各方案的成本}}{\text{所有方案的成本之和}} \tag{5.13}$$

式中　C_i——第 i 个方案的成本系数。

(6) 计算各方案的价值系数，方案的价值系数计算公式如下

$$V_i = \frac{F_i}{C_i} \tag{5.14}$$

式中　V_i——第 i 个方案的价值系数。

当 $V_i = 1$ 时，表示该方案实现功能所花费的现实成本与目标成本相适应，方案可行。

当 $V_i < 1$ 时，表示该方案实现功能所花费的现实际成本比目标成本大，表示方案不可行。

当 $V_i > 1$ 时，表示该方案实现功能所花费的现实际成本比目标成本小，方案可行，且 V_i 越大方案越优，即 V_i 最大的方案为最优方案。

【例 5-10】 某公寓开发项目，有四个备选设计方案，有关专家决定从五个方面（F_1～F_5）对方案进行评价，各功能的重要性比较结果如下：F_1 与 F_4 比较较重要，F_1 与 F_2 比较很重要 F_2 与 F_3 同样重要，F_4 与 F_5 同样重要；各方案的功能得分见表 5-18。各方案的单方造价分别为 2720 元/m^2，2830 元/m^2，2850 元/m^2，2960 元/m^2。试计算各功能的权重及各方案的价值系数，并选择最佳设计方案。

表 5-18　方案功能得分表

方案功能	方案功能得分			
	A	B	C	D
F_1	10	8	10	8
F_2	9	9	9	9
F_3	8	7	8	10
F_4	9	9	9	9
F_5	9	8	8	9

解　(1) 根据 04 评分法计算各功能的权重，见表 5-19。

表 5-19　04 评分法计算表

功能名称	F_1	F_2	F_3	F_4	F_5	功能得分	功能权重
F_1	×	4	4	3	3	14	0.350
F_2	0	×	2	1	1	4	0.100
F_3	0	2	×	1	1	4	0.100
F_4	1	3	3	×	2	9	0.225
F_5	1	3	3	2	×	9	0.225
合　计						40	1

(2) 通过加权评分法计算各方案的功能得分，见表5-20。

表5-20 方案的功能加权得分计算表

功能名称	方案功能加权得分				功能权重
	A	B	C	D	
F_1	10×0.350=3.5	8×0.350=2.8	10×0.350=3.5	8×0.350=2.8	0.350
F_2	9×0.100=0.9	9×0.100=0.6	9×0.100=0.9	9×0.100=0.9	0.100
F_3	8×0.100=0.8	7×0.100=0.7	8×0.100=0.8	10×0.100=1.0	0.100
F_4	9×0.225=2.025	9×0.225=2.025	9×0.225=2.025	9×0.225=2.025	0.225
F_5	9×0.225=2.025	8×0.225=1.8	8×0.225=1.8	9×0.225=2.025	0.225
方案的功能加权得分	9.25	8.225	9.025	8.75	

(3) 根据方案的功能加权得分，可计算各方案的功能系数，见表5-21。

表5-21 方案的功能系数计算表

方案名称	方案的功能加权得分	方案的功能系数 ($W_i/\sum W_i$)
A	9.25	0.26
B	8.225	0.23
C	9.025	0.26
D	8.75	0.25
合　计	35.25	

(4) 计算各方案的成本系数，见表5-22。

表5-22 方案的成本系数计算表

方案名称	方案的成本	方案的成本系数
A	2720	0.24
B	2830	0.25
C	2850	0.25
D	2960	0.26
合　计	11 360	1

(5) 计算各方案的价值系数，见表5-23。

表5-23 方案的价值系数计算表

方案名称	方案的功能系数	方案的成本系数	方案的价值系数
A	0.26	0.24	1.08
B	0.23	0.25	0.92
C	0.26	0.25	1.04
D	0.25	0.26	0.96

(6) 从表5-23的计算结果可以看到方案A和C的价值系数大于1，方案可行；而方案B和D的价值系数小于1，方案不可行。又有 $V_A > V_C$，即方案A的价值系数最大，所方案A为最优方案。

5.3　设计概算的编制与审查

5.3.1　设计概算的内容、作用和编制程序

一、设计概算的内容

设计概算是设计文件的重要组成部分，是由设计单位根据初步设计图纸及说明、概算定额、各项费用定额或取费标准、设备、材料预算价格等资料或参照类似工程预决算文件，编制和确定的建设工程项目从筹建至竣工交付使用所需全部费用的文件。

设计概算可分为单位工程概算、单项工程综合概算和建设工程项目总概算三级。

(一) 单位工程概算

单位工程概算按其工程性质分为建筑工程概算和设备及安装工程概算两大类。

建筑工程概算包括土建工程概算、给排水采暖工程概算、通风空调工程概算、电气照明工程概算、弱电工程概算、特殊构筑物工程概算。

设备及安装工程概算包括机械设备及安装工程概算、电气设备及安装工程概算、热力设备及安装工程概算、工器具及生产家具购置费概算。

单位工程概算由直接费、间接费、利润和税金组成。

(二) 单项工程综合概算

单项工程综合概算是由单项工程中的各单位工程概算汇总编制而成的，是建设工程项目总概算的组成部分。对于一般工业与民用建筑工程而言，单项工程综合概算的组成内容如图5-6所示。

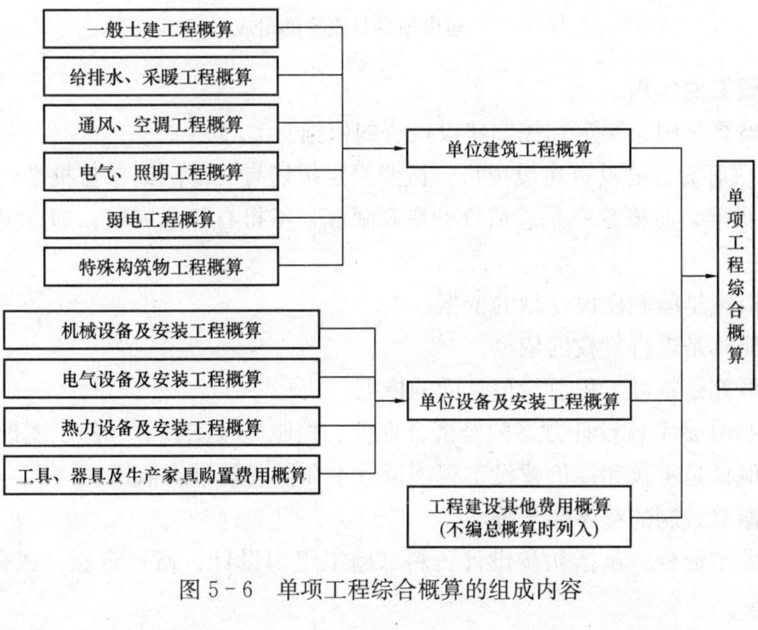

图5-6　单项工程综合概算的组成内容

【例 5-11】 某建设项目只有一个单项工程不编制建设项目总概算，则该单项工程的综合概算除了单位建筑工程概算，单位设备及安装工程概算外，还应包括（ ）概算。

A. 工器具及生产家具购置费用

B. 工程建设其他费用

C. 给排水采暖工程

D. 特殊构筑物工程

解析：由于该建设项目只有一个单项工程而不编制建设项目总概算，此时该单项工程的综合概算应包括单位建筑工程概算、单位设备及安装工程概算、工程建设其他费用概算，因此B选项为正确选项。

（三）建设工程项目总概算

它是由各单项工程综合概算、工程建设其他费用概算、预备费、铺底流动资金和建设期利息概算等汇总编制而成。建设工程项目总概算的构成如图 5-7 所示。

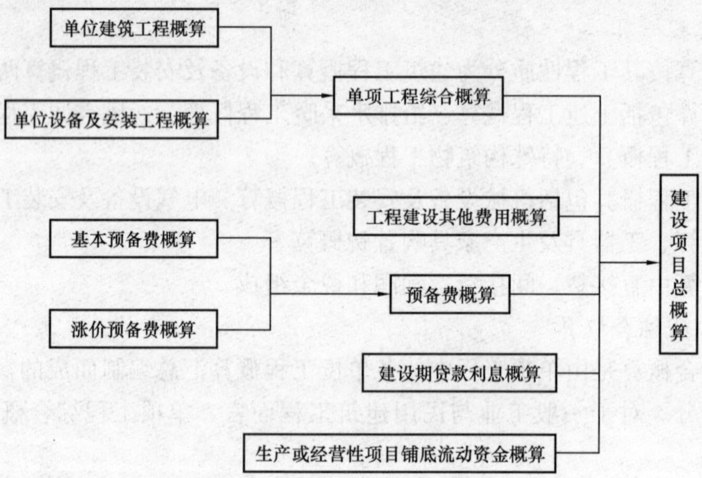

图 5-7 建设项目总概算的组成内容

二、设计概算的作用

(1) 设计概算是国家制定和控制建设投资的依据。

对于使用政府资金的投资建设项目，按照规定报请有关部门或单位批准初步设计及总概算，一经上级批准，总概算就是总造价的最高限额，不得有任意突破，如有突破须报原审批部门批准。

(2) 设计概算是编制建设计划的依据。

(3) 设计概算是进行贷款的依据。

(4) 设计概算是签订工程总承包合同的依据。

(5) 设计概算是考核设计方案的经济合理性、控制施工图预算和施工图设计的依据。

(6) 设计概算是考核和评价建设工程项目成本和投资效果的依据。

三、设计概算编制的程序和步骤

(1) 收集原始资料：包括初步设计资料、施工组织设计、概算定额（或概算指标）、取费标准等资料。

(2) 确定有关数据：要求确定概算工程量、综合单价和设备明细等数据。

(3) 各项费用计算：要计算的费用包括概算直接工程费、间接费、利润、税金及设备工器具购置费等。

(4) 单位工程概算书编制：编制单位建筑工程概算书和单位设备及安装工程概算书。

(5) 单项工程综合概算书的编制：由单位工程概算汇总后编制单项工程综合概算书。

(6) 建设项目总概算的编制：为设计概算编制的最后一个步骤，将项目的所有概算费用汇总编制而成。

5.3.2　单位工程概算的编制方法

单位工程概算分建筑工程概算和设备及安装工程概算两大类。单位工程概算文件应包括：建筑（安装）工程直接工程费计算表、建筑（安装）工程人工、材料，机械台班价差表、建筑（安装）工程费用构成表。单位工程概算投资由直接费、间接费、利润和税金组成。

建筑工程概算的编制方法有概算定额法、概算指标法、类似工程预算法等。

设备及安装工程概算的编制方法有预算单价法、扩大单价法、设备价值百分比法和综合吨位指标法等。

一、单位建筑工程概算编制方法

(一) 概算定额法

(1) 概算定额法的概念和适用范围。

1) 概念。

概算定额法又称为扩大单价法或扩大结构定额法，是采用概算定额编制建筑工程概算的方法。它根据初步设计图纸资料和概算定额的项目划分计算出工程量，然后套用概算定额单价（基价），计算汇总后，再计取有关费用，便可得出单位工程概算造价。

2) 适用范围。

概算定额法要求初步设计达到一定深度，建筑结构比较明确，能按照初步设计的平面、立面、剖面图纸计算出楼地面、墙身、门窗和屋面等分部工程（或扩大结构件）项目的工程量时，才可采用。

(2) 概算定额法编制的步骤：

1) 列出单位工程中分项工程或扩大分项工程的项目名称，并计算其工程量。

2) 确定各分部分项工程项目的概算定额单价。

3) 计算分部分项工程的直接工程费，合计得到单位工程直接工程费总和。

4) 按照有关固定标准计算措施费，合计得到单位工程直接费。

5) 按照一定的取费标准计算间接费和利税。

6) 计算单位工程概算造价，计算公式如下

$$\text{单位工程概算造价} = \text{直接费} + \text{间接费} + \text{利润} + \text{税金} \tag{5.15}$$

【例5-12】 某市拟建一座8350m² 图书馆，已知扩大单价和工程量表见表5-24，试编制出该图书馆土建工程设计概算造价和平方米造价。按有关规定标准计算得到措施费为526 000元，各项费率分别为间接费费率为6%，利润率为7%，综合税率为3.41%（以直接费为计算基础）。

表 5－24　　图书馆土建工程量和扩大单价

分部工程名称	单位	工程量	扩大单价/元
基础工程	$10m^3$	180	2600
混凝土及钢筋混凝土	$10m^3$	200	7800
砌筑工程	$10m^3$	300	3600
地面工程	$100m^2$	40	1600
楼面工程	$100m^2$	90	1800
卷材屋面	$100m^2$	50	4700
门窗工程	$100m^2$	35	5600
脚手架	$100m^2$	180	600

解　根据概算定额法编制单位工程概算，见表 5－25。

表 5－25　　图书馆土建工程量和扩大单价

序号	分部工程或费用名称	单位	工程量	单价/元	合价/元
1	基础工程	$10m^3$	180	2600	468 000
2	混凝土及钢筋混凝土	$10m^3$	200	7800	1 560 000
3	砌筑工程	$10m^3$	300	3600	1 080 000
4	地面工程	$100m^2$	40	1600	64 000
5	楼面工程	$100m^2$	90	1800	162 000
6	卷材屋面	$100m^2$	50	4700	235 000
7	门窗工程	$100m^2$	35	5600	196 600
8	脚手架	$100m^2$	180	600	108 000
A	直接工程费小计	以上 8 项之和			3 873 000
B	措施费				526 000
C	直接费小计	A＋B			4 399 000
D	间接费	C×6％			263 940
E	利润	(C＋D)×7％			326 406
F	税金	(C＋D＋E)×3.41％			170 137
概算造价		C＋D＋E＋F			5 159 483
平方米造价		5 159 483÷8350			61 790

（二）概算指标法

（1）概算指标法的概念与适用范围。

1）概念。

概算指标法是一种用拟建厂房、住宅的建筑面积（或体积）乘以技术条件相同或基本相同工程的概算指标，得出直接工程费，然后按规定计算出措施费、间接费、利润和税金等，编制出单位工程概算的方法。

2）适用范围。

概算指标法的适用范围是当初步设计深度不够，不能准确地计算出工程量，但工程设计技术比较成熟而又有类似工程概算指标可以利用时，可采用此法。由于其编制速度快，因此对一般附属、辅助和服务工程等项目，以及住宅和文化福利工程项目或投资比较小、比较简单的工程项目，概算指标法有一定实用价值。

(2) 拟建工程结构特征与概算指标相同时的计算。

在使用概算指标法时，如果拟建工程在建设地点、结构特征、地址及自然条件、建筑面积等方面与概算指标相同或者相近，就可直接套用概算指标编制概算。

根据选用的概算指标内容，可选用两种套用方法。

1) 以指标中所规定的工程每平方米或立方米直接工程费单价，乘以拟建单位工程建筑面积或者体积，得出单位工程的直接工程费，再计算其他费用，即可求出单位工程的概算造价。直接工程费计算公式为

$$\text{直接工程费} = \text{概算指标每平方米(每立方米)直接工程费单价} \times \text{拟建工程建筑面积(体积)} \tag{5.16}$$

这种简化方法的计算结果参照的是概算指标编制时期的价格标准，未考虑拟建工程建设时期与概算指标编制时期的价差，所以在计算直接工程费后还应用物价指数另行调整。

2) 以概算指标中规定的每 $100m^2$ 建筑物面积（或 $1000m^3$ 体积）所耗人工工日数、主要材料数量为依据，首先计算拟建工程人工、主要材料消耗量，再计算直接工程费，并取费。在概算指标中，一般规定了 $100m^2$ 建筑物面积（或 $1000m^3$ 体积）所耗工日数、主要材料数量，通过套用拟建地区当时的人工工资单价和主材料预算价格，便可得到每 $100m^2$ 建筑物面积（或 $1000m^3$ 体积）建筑物的人工费和主材费而无需再作价差调整。计算公式为

$$100m^2\ \text{建筑物面积的主要材料费} = (\text{指标规定的主要材料数量} \times \text{地区材料预算单价}) \tag{5.17}$$

$$100m^2\ \text{建筑物面积的其他材料费} = \text{主要材料费} \times \text{其他材料费占主要材料费的百分比} \tag{5.18}$$

$$100m^2\ \text{建筑物面积的机械使用费} = (\text{人工费} + \text{主要材料费} + \text{其他材料费}) \times \text{机械使用费所占百分比} \tag{5.19}$$

$$\text{每平方米建筑面积的直接工程费} = (\text{人工费} + \text{主要材料费} + \text{其他材料费} + \text{机械使用费})/100 \tag{5.20}$$

根据直接工程费，结合其他各项取费方法，分别计算措施费、间接费、利润和税金，得到每平方米建筑面积的概算单价，乘以拟建单位工程的建筑面积，即可得到单位工程概算造价。

(3) 拟建工程结构特征与指标有差异时的调整。

由于拟建工程往往与类似工程的概算指标的技术条件不尽相同，而且概算编制年份的设备、材料、人工等价格与拟建工程当时当地的价格也会不同，在实际工作中，还经常会遇到拟建对象的结构特征与概算指标中规定的结构特征有局部不同的情况，因此必须对概算指标进行调整后方可套用。

1) 调整概算指标中的每平方米（每立方米体积）造价。

当设计对象的结构特征与概算指标有局部差异时需要进行这种调整。这种调整方法是将原概算指标中的单位造价进行调整（仍使用直接工程费指标），扣除每平方米（每立方米体积）原概算指标中与拟建工程结构不同部分的造价，增加每平方米（每立方米体积）拟建工程与概算指标结构不同部分的造价，使其成为与拟建工程结构相同的工程单位直接工程费造价。计算公式为

$$\text{结构变化修正概算指标(元/m}^2) = J + Q_1 \times P_1 - Q_2 \times P_2 \tag{5.21}$$

式中　J——原概算指标；

Q_1——概算指标中换入结构的工程量；

Q_2——概算指标中换出结构的工程量；

P_1——换入结构的直接工程费单价；

P_2——换出结构的直接工程费单价。

则拟建单位工程的直接工程费为

$$直接工程费 = 修正后的概算指标 \times 拟建工程建筑面积（或体积） \tag{5.22}$$

【例5-13】 某学生宿舍建筑面积为2400m²，按概算指标计算每平方米建筑面积的直接费为850元，因设计图纸与所选用的概算指标有差异，每100m² 建筑面积发生了如表5-26所示的变化，则修正后的单位直接工程费为多少？

表5-26　某学生宿舍每100m² 建筑面积概算指标调整表

	项目名称	数量/m²	单价/元
概算指标（换出部分）	A	80	12
	B	150	6
设计规定（换入部分）	C	65	18
	D	45	14

解　由式（5.21）得

$$结构变化修正概算指标（元/m^2）= J + Q_1 \times P_1 - Q_2 \times P_2$$
$$= 850 - 12 \times \frac{80}{100} - 6 \times \frac{150}{100} + 18 \times \frac{65}{100} + 14 \times \frac{45}{100} = 849.4 元/m^2$$

由于概算指标单位为每平方米建筑面积，而题中所给的数量均为每100m² 建筑面积的数量，所以在计算修正概算指标时应将各项目的数量换算为每平方米建筑面积所需的数量。

由式（5.22）得

$$直接工程费 = 修正后的概算指标 \times 拟建工程建筑面积（或体积）$$
$$= 849.4 \times 2400 = 2\,038\,560 元$$

求出直接工程费后，再按照规定的取费方法计算其他费用，最终得到单位工程概算价值。

2）调整概算指标中的工、料、机数量。

将原概算指标中每100m²（或1000m³）建筑面积（体积）中的工、料、机数量进行调整，扣除原概算指标中与拟建工程结构不同部分的工、料、机消耗量，增加拟建工程与概算指标结构不同部分的工、料、机消耗量，使其成为与拟建工程结构相同的每100m²（或1000m³）建筑面积（体积）工、料、机数量。其公式为

$$\begin{aligned}结构变化修正概算指标的工、料、机数量 = {}& 原概算指标的工、料、机数量 + 换入结构件工程量 \times \\ & 相应定额工、料、机消耗量 - 换出结构件工程量 \times \\ & 相应定额工、料、机消耗量\end{aligned} \tag{5.23}$$

（三）类似工程预算法

类似工程预算法是利用技术条件与设计对象相类似的已完工程或在建工程的工程造价资料来编制拟建工程设计概算的方法。

类似工程预算法适用于拟建工程初步设计与已完工程或在建工程的设计相类似而又没有可用的概算指标时采用，但必须对建筑结构差异和价差进行调整。

建筑结构差异的调整方法与概算指标法的调整方法相同，主要包括两种情况：

(1) 建筑结构差异的调整。

调整方法与概算指标法的调整方法相同，即先确定有差别的项目，分别按每一项目算出结构构件的工程量和单位价格（按编制概预算工程所在地区的单价），然后以类似预算中相应（有差别）的结构构件的工程数量和单价为基础，算出总差价。将类似预算的直接工程费总额减去（或加上）这部分差价，就得到结构差异换算后的直接工程费，再行取费，得到结构差异换算后的差价。

(2) 价差调整。

类似工程造价的价差调整方法通常有两种。

一是类似工程造价资料在有具体的人工、材料、机械台班的用量时，可按类似工程造价资料中的主要材料用量、工日数量、机械台班数量，乘以拟建工程所在地的主要材料预算价格、人工单价、机械台班单价、计算出直接工程费，再乘以当地的综合费率，即可得出所需的造价指标。

二是类似工程造价资料在只有人工、材料、机械台班费用和其他费用时，可按下面公式调整，即

$$D = A \times K \tag{5.24}$$

$$K = aK_1 + bK_2 + cK_3 + dK_4 + eK_5 \tag{5.25}$$

式中　D——拟建工程单方预算造价；

A——类似工程单方预算造价；

K——综合调整系数；

a、b、c、d、e——类似工程预算的人工费、材料费、机械费、措施费、间接费占预算造价的比重；

K_1、K_2、K_3、K_4、K_5——拟建工程地区与类似工程地区人工费、材料费、机械费、措施费、间接费差异系数。

【例 5-14】 新建一幢教学大楼，建筑面积为 3500m^2，根据下列类似工程施工图预算的有关数据，试用类似工程预算编制概算。已知数据如下：

(1) 类似工程的建筑面积为 3000m^2，预算成本 578 800 元。

(2) 类似工程各种费用占预算成本的权重是：人工费 8%、材料费 61%、机械费 15%、措施费 6%、间接费 10%。

(3) 拟建工程地区与类似工程地区造价之间的差异系数为 1.03、1.04、0.98、1.00、0.96。

问题：试求拟建工程的概算造价。

解　(1) 计算综合调整系数。

$$\begin{aligned} K &= aK_1 + bK_2 + cK_3 + dK_4 + eK_5 \\ &= 8\% \times 1.03 + 61\% \times 1.04 + 15\% \times 0.98 + 6\% \times 1.00 + 10\% \times 0.96 \\ &= 1.0198 \end{aligned}$$

(2) 计算拟建工程的单方预算造价。

类似工程的单方预算造价为

$$A = \frac{578\,800}{3000} = 192.93 \text{ 元}/\text{m}^2$$

拟建工程的单方预算造价为

$$D = A \times K = 192.93 \times 1.0198 = 196.75\text{元}/\text{m}^2$$

(3) 计算拟建工程的概算造价。

$$\text{拟建工程的概算造价} = 196.75 \times 3500 = 688\ 625\text{元}$$

二、设备及安装工程概算编制方法

设备安装工程概算的主要内容包括设备购置费概算和设备安装工程费概算。

(一) 编制依据

(1) 有关设备及安装工程的初步设计图纸、设计说明书、设备数量表和主要材料表。

(2) 设备价目表、材料预算价格及当地实行的运杂费率标准。

(3) 设备安装工程费用概算定额或概算指标。

(二) 计算方法

(1) 设备购置费概算。

$$\begin{aligned}\text{设备购置费概算} &= \sum(\text{设备清单中的设备数量} \times \text{设备原价}) \times (1+\text{运杂费率}) \\ &= \sum(\text{设备清单中设备的数量} \times \text{设备预算价格})\end{aligned}$$

国产非标准设备原价在设计概算时可按下列方法确定：

1) 非标准设备台数估算指标法。

根据非标准设备的类别、质量、性能、材质等情况，以每台设备规定的估价指标计算，即

$$\text{非标准设备原价} = \text{设备台数} \times \text{每台设备的估价指标} \tag{5.26}$$

2) 非标准设备吨重估价指标法。

根据非标准设备的类别、质量、性能、材质等情况，以某类设备所规定吨位估价指标计算，即

$$\text{非标准设备原价} = \text{设备吨重} \times \text{每台设备估价指标（元/吨）} \tag{5.27}$$

(2) 设备安装工程概算编制方法。

1) 预算单价法：当初步设计较深，有详细的设备清单时，可直接按安装工程预算定额单价编制安装工程概算。

2) 扩大单价法：当初步设计深度不够，设备清单不完整，只有主体设备或仅有成套设备质量时，可采用主体设备、成套设备的综合扩大安装单价来编制概算。

3) 设备价值百分比法：又叫安装设备百分比法。当初步设计深度不够，只有设备出厂价而无详细规格质量时，安装费可按占设备费的百分比计算。计算式为

$$\text{设备安装费} = \text{设备原价} \times \text{安装费率（\%）} \tag{5.28}$$

【例 5-15】 某拟建项目订购了 30 吨的国产非标准设备，订货合同价格 15 000 元/吨，已知设备运杂费率为 8%，设备安装费率为 20%，该项目的设备安装工程概算价值为（　　）万元。

A. 0.3　　B. 9.00　　C. 0.324　　D. 9.7

解析： 正确选项为设备 B。由于设备安装费＝设备原价×安装费率，而设备原价为 15 000×30＝450 000 元，设备安装费率为 20%，设备安装费＝450 000×20%＝90 000 元。

4) 综合吨位指标法：当初步设计提供设备质量清单有规格和设备质量时，可采用综合

吨位指标编制概算，计算式为

$$设备安装费 = 设备吨重 \times 每吨设备安装费指标 \tag{5.29}$$

5.3.3　单项工程综合概算和建设工程项目总概算的编制

一、单项工程综合概算的编制

单项工程综合概算文件一般包括编制说明和综合概算表两部分。

（一）编制说明

主要包括编制依据、编制方法、主要设备和材料的数量及其他有关问题。

（二）综合概算表

综合概算表是根据单项工程所辖范围内的各单位工程概算等基础资料，按照国家规定的统一表格进行编制。

二、建设工程项目总概算的编制

建设工程项目总概算简称“总概算”。是初步设计文件的组成部分，是确定一个建设项目从筹建到竣工验收全部建设过程的全部建设费用文件。总概算包括表格和编制说明。

（一）表格

设计概算中的表格主要包括下列表格。

（1）总概算表。

第一部分列工程费用，主要是建筑安装工程费用和设备及工具器具购置费。以工业建设项目为例，应分列主要生产工程项目、辅助生产工程项目、公用设施工程项目、生活福利文化教育服务性工程项目等；第二部分列工程建设其他费用，包括土地征用及拆迁补偿费或批租地价、建设单位管理费、勘察设计费、研究试验费、联动负荷试车费、工程监理费等，此外还列有工程预备费、建设期利息、铺底流动资金、总概算价值等。

（2）工程建设其他费用概算表。

（3）单项工程综合概算表。

（4）单位工程概算表。

（二）编制说明

在编制说明中，应包括工程概况、编制原则、编制依据、投资构成分析、主要设备和材料的用量，以及存在的问题和建议。审定的总概算，是确定建设项目投资额、编制固定资产投资计划和控制投资规模的依据，也是考核设计经济合理性和建设成本的依据。建设工程项目总概算由各单项工程综合概算及其他工程和费用概算综合汇编而成。

5.3.4　设计概算的审查

一、审查设计概算的意义

（1）审查设计概算，有利于合理分配投资资金、加强投资计划管理，有助于合理确定和有效控制建设投资。设计概算编制偏高或偏低，不仅影响建设投资的控制，也会影响投资计划的真实性，影响投资资金的合理分配。

（2）审查设计概算，有利于促进概算编制单位严格执行国家有关概算的编制规定和费用标准，从而提高概算的编制质量。

（3）审查设计概算，有利于促进设计的技术先进性与经济合理性。概算中的技术经济指标，是概算的综合反映，与同类工程对比，便可看出它的先进与合理程度。

(4) 审查设计概算，有利于核定建设项目的投资规模，可以使建设项目总投资力求做到准确、完整，防止任意扩大投资规模或出现漏项，从而减少投资缺口，缩小概算与预算之间的差距，避免故意压低概算投资，搞“钓鱼”项目，最后导致实际投资大幅度地突破概算。

(5) 经审查的概算，有利于为建设项目投资的落实提供可靠的依据。打足投资，不留缺口，有助于提高建设项目的投资效益。

二、设计概算的审查内容

(1) 审查概算的编制是否符合党的方针、政策，是否根据工程所在地的自然条件编制。

(2) 审查建设规模（投资规模、生产能力等）、建设标准（用地指标、建筑标准等）、配套工程、设计定员等是否符合原批准的可行性研究报告或立项批文的标准。对总概算投资超过批准投资估算10%以上的，应查明原因，重新上报审批。

【例5-16】 某项目批准的投资估算为65万元，则若该项目的概算为（ ）时，设计概算需要重新上报审批。

A. 60万元　　B. 65万元　　C. 68万元　　D. 72万元

解析：正确选项为D。由于对总概算投资超过批准投资估算10%以上的，应查明原因，重新上报审批，而备选选项中只有D选项的设计概算超过的投资估算的10%以上。

(3) 审查编制方法、计价依据和程序是否符合现行规定，包括定额或指标的适用范围和调整方法是否正确。进行定额或指标的补充时，要求补充定额的项目划分、内容组成、编制原则等要与现行的定额精神相一致等。

(4) 审查工程量是否正确。工程量的计算是否根据初步设计图纸、概算定额、工程量计算规则和施工组织设计的要求进行，有无多算、重算和漏算，尤其对工程量大、投资高的项目要重点审查。

(5) 审查材料用量和价格。审查主要材料的用量数据是否正确，材料预算价格是否符合工程所在地的价格水平，材料价差调整是否符合现行规定及其计算是否正确等。

(6) 审查设备规格、数量和配置是否符合设计要求，是否与设备清单相一致，设备预算价格是否真实，设备原价和运杂费的计算是否正确，非标准设备原价的计价方法是否符合规定，进口设备的各项费用的组成及其计算程序、方法是否符合国家主管部门的规定。

(7) 审查建筑安装工程的各项费用的计取是否符合国家或地方有关部门的现行规定，计算程序和取费标准是否正确。

(8) 审查综合概算、总概算的编制内容、方法是否符合现行规定和设计文件的要求，有无设计文件外项目，有无将非生产性项目以生产性项目列入。

(9) 审查总概算文件的组成内容，是否完整地包括了建设项目从筹建到竣工投产为止的全部费用组成。

(10) 审查工程建设其他各项费用。这部分费用内容多、弹性大，约占项目总投资25%以上，要按国家和地区规定逐项审查，不属于总概算范围的费用项目不能列入概算，具体费率或计取标准是否按国家、行业有关部门规定计算，有无随意列项、有无多列、交叉计列和漏项等。

（11）审查项目的“三废”治理。拟建项目必须同时安排“三废”（废水、废气、废渣）的治理方案和投资，对于未作安排或漏项或多算、重算的项目，要按国家有关规定核实投资，以满足“三废”排放达到国家标准。

（12）审查技术经济指标。技术经济指标计算方法和程序是否正确，综合指标和单项指标与同类型工程指标相比，是偏高还是偏低，其原因是什么并予纠正。

（13）审查投资经济效果。设计概算是初步设计经济效果的反映，要按照生产规模、工艺流程、产品品种和质量，从企业的投资效益和投产后的运营效益全面分析，是否达到了先进可靠、经济合理的要求。

三、审查设计概算的方法

采用适当方法审查设计概算，是确保审查质量、提高审查效率的关键。常用方法有以下几种。

（一）对比分析法

对比分析法主要是通过建设规模、标准与立项批文对比；工程数量与设计图纸对比；综合范围、内容与编制方法、规定对比；各项取费与规定标准对比；材料、人工单价与统一信息对比；引进设备、技术投资与报价要求对比；技术经济指标与同类工程对比等。通过以上对比，容易发现设计概算存在的主要问题和偏差。

（二）查询核实法

查询核实法是对一些关键设备和设施、重要装置、引进工程图纸不全、难以核算的较大投资进行多方查询核对，逐项落实的方法。主要设备的市场价向设备供应部门或招标公司查询核实；重要生产装置、设施向同类企业（工程）查询了解；引进设备价格及有关费税向进出口公司调查落实；复杂的建筑安装工程向同类工程的建设、承包、施工单位征求意见；深度不够或不清楚的问题直接同原概算编制人员、设计者询问清楚。

（三）联合会审法

联合会审前，可先采取多种形式分头审查，包括设计单位自审，主管、建设、承包单位初审，工程造价咨询公司评审，邀请同行专家预审，审批部门复审等，经层层审查把关后，由有关单位和专家进行联合会审。在会审大会上，由设计单位介绍概算编制情况及有关问题，各有关单位、专家汇报初审、预审意见，然后进行认真分析、讨论，结合对各专业技术方案的审查意见所产生的投资增减，逐一核实原概算出现的问题。经过充分协商，认真听取设计单位意见后，实事求是地处理和调整。

四、审查问题和偏差的处理

通过以上复审后，对审查中发现的问题和偏差，按照单项、单位工程的顺序，先按设备费、安装费、建筑费和工程建设其他费用分类整理。然后按照静态投资、动态投资和铺底流动资金三大类，汇总核增或核减的项目及其投资额。最后将具体审核数据，按照“原编概算”、“审核结果”、“增减投资”、“增减幅度”四栏列表，并按照原总概算表汇总顺序，将增减项目逐一列出，相应调整所属项目投资合计，再依次汇总审核后的总投资及增减投资额。对于差错较多、问题较大或不能满足要求的，责成按会审意见修改返工后，重新报批；对于无重大原则问题，深度基本满足要求，投资增减不多的，当场核定概算投资额，并提交审批部门复核后，正式下达审批概算。

5.4 施工图预算的编制与审查

5.4.1 施工图预算的概念、作用和内容

一、施工图预算的概念

施工图预算是施工图设计预算的简称，又称为设计预算。它是由设计单位在施工图设计完成后，根据施工图设计图纸、现行预算定额、费用定额以及地区设备、材料、人工、施工机械台班等预算价格编制和确定的建筑安装工程造价的文件。

二、施工图预算的作用

(1) 施工图预算是设计阶段控制工程造价的重要环节，是控制施工图设计不突破设计概算的重要措施。

(2) 施工图预算是施工单位进行施工准备的依据，是施工单位在施工前组织材料、机具、设备及劳动力供应的重要参考，是施工单位编制进度计划、统计完成工作量、进行经济核算的参考依据。

(3) 对于实行施工招标的工程，施工图预算既是编制招标控制价或标底的依据，也是确定投标报价的基础。

(4) 对于不宜实行招标而采用施工图预算加调整价结算的工程，施工图预算可作为确定合同价款的基础或作为审查施工企业提出的施工图预算的依据。

三、施工图预算的内容

施工图预算有单位工程预算、单项工程预算和建设项目总预算。单位工程预算是根据施工图设计文件、现行预算定额、费用定额以及人工、材料、设备、机械台班等预算价格资料，以一定方法，编制单位工程的施工图预算；然后汇总各单位工程施工图预算，成为单项工程施工图预算；再汇总各单项工程施工图预算，便是一个建设项目建筑安装工程的总预算。

单位工程预算包括建筑工程预算和设备安装工程预算。建筑工程预算按其工程性质分为一般土建工程预算、卫生工程预算（包括室内外给排水工程、采暖通风工程、煤气工程等）、电气、照明工程预算、弱电工程预算、特殊构筑物如炉窑、烟囱、水塔等工程预算和工业管道工程预算等。设备安装工程预算可分为机械设备安装工程预算、电气设备安装工程预算和热力设备安装工程预算等。

5.4.2 施工图预算的编制

一、施工图预算的编制依据

(一) 施工图纸及说明书和标准图集

经审定的施工图纸、说明书和标准图集，完整地反映了工程的具体内容，各部的具体做法、结构、尺寸、技术特征以及施工方法，是编制施工图预算的重要依据。

(二) 现行预算定额及单位估价表

国家和地区都颁发有现行建筑、安装工程预算定额及单位估价表和相应的工程量计算规则，是编制施工图预算确定分项工程子目、计算工程量、选用单位估价表、计算直接工程费的主要依据。

(三) 施工组织设计或施工方案

因为施工组织设计或施工方案中包括了与编制施工图预算必不可少的有关资料，如建设

地点的土质、地质情况，土石方开挖的施工方法及余土外运方式与运距，施工机械使用情况，结构预制加工方法及运距，重要的梁板柱的施工方案、重要或特殊机械设备的安装方案等。

（四）材料、人工、机械台班预算价格及调价规定

材料、人工、机械台班预算价格是预算定额的三要素，是构成直接工程费的主要因素。尤其是材料费在工程成本中占的比例大，而且在市场经济条件下，材料、人工、机械台班的价格是随市场而变化的。为使预算造价尽可能接近实际，各地区主管部门对此都有明确的调价规定。因此，合理确定材料、人工、机械台班预算价格及其调价规定是编制施工图预算的重要依据。

（五）建筑安装工程费用定额

建筑安装工程费用定额是各省、市、自治区和各专业部门规定的费用定额及计算程序。

二、施工图预算的编制方法

根据建设部《建筑工程施工发包与承包计价管理办法》（建设部令第 107 号）第五条规定，施工图预算的编制可采用以下两种计价方法。

（一）工料单价法

工料单价法指分部分项工程量的单价为直接费，直接费以人工、材料、机械的消耗量及其相应价格确定。间接费、利润、税金按照有关规定另行计算。

工料单价法又分为单价法（传统施工图预算使用工料单价法）和实物法。

(1) 单价法。

单价法是用事先编制好的分项工程的单位估价表来编制施工图预算的方法。

按施工图计算的各分项工程的工程量，乘以相应单价，汇总相加，得到单位工程的人工费、材料费、机械使用费之和；再加上按规定程序计算出来的其他直接费、现场经费、间接费、计划利润和税金，便可得出单位工程的施工图预算造价。

单价法编制施工图预算的计算公式表述为

$$\text{单位工程施工图预算直接费} = \sum(\text{工程量} \times \text{预算定额单价}) \tag{5.30}$$

1）单价法编制施工图预算的步骤。

① 搜集各种编制依据资料。各种编制依据资料包括施工图纸、施工组织设计或施工方案、现行建筑安装工程预算定额、费用定额、统一的工程量计算规则、预算工作手册和工程所在地区的材料、人工与机械台班预算价格与调价规定等。

② 熟悉施工图纸和定额。只有对施工图和预算定额有全面详细的了解，才能全面准确地计算出工程量，进而合理地编制出施工图预算造价。

③ 计算工程量。工程量的计算在整个预算过程中是最重要、最繁重的一个环节，不仅影响预算的及时性，更重要的是影响预算造价的准确性。因此，必须在工程量计算上狠下工夫，确保预算质量。

④ 套用预算定额单价。工程量计算完毕并核对无误后，用所得到的分部分项工程量套用单位估价表中相应的定额基价，相乘后相加汇总，便可求出单位工程的直接费。

⑤ 编制工料分析表。根据各分部分项工程的实物工程量和相应定额中的项目所列的用工工日及材料数量，计算出各分部分项工程所需的人工及材料数量，相加汇总便得出该单位工程的所需要的各类人工和材料的数量。

⑥ 计算其他各项应取费用和汇总造价。按照建筑安装单位工程造价构成的规定费用项目、费率及计费基础，分别计算出其他直接费、现场经费、间接费、计划利润和税金，并汇总单位工程造价。单位工程造价计算公式为

$$单位工程造价 = 直接费 + 间接费 + 利润 + 税金 \tag{5.31}$$

直接费包括直接工程费、其他直接费和现场经费。

⑦ 复核。单位工程预算编制后，有关人员对单位工程预算进行复核，以便及时发现差错，提高预算质量。复核时应对工程量计算公式和结果、套用定额基价、各项费用的取费费率及计算基础和计算结果、材料和人工预算价格及其价格调整等方面是否正确进行全面复核。

⑧ 编制说明、填写封面。编制说明是编制者向审核者交代编制方面有关情况，包括编制依据，工程性质，内容范围，设计图纸号，所用预算定额编制年份（即价格水平年份），有关部门的调价文件号，套用单价或补充单位估价表方面的情况及其他需要说明的问题。封面填写应写明工程名称、工程编号、工程量（建筑面积）、预算总造价及单方造价、编制单位名称及负责人和编制日期、审查单位名称及负责人和审核日期等。

2）单价法编制施工图预算、计算工程量的具体步骤。

① 根据施工图示的工程内容和定额项目，列出计算工程量的分部分项工程。

② 根据一定的计算顺序和计算规则，列出计算式。

③ 根据施工图示尺寸及有关数据，代入计算式进行数学计算。

④ 按照定额中的分部分项工程的计量单位对相应计算结果的计量单位进行调整，使之一致。

3）套用单价时需注意事项。

① 分项工程量的名称、规格、计量单位必须与预算定额或单位估价表所列内容一致，否则重套、漏套预算基价都会引起直接工程费的偏差，导致施工图预算造价偏高或偏低。

② 当施工图纸的某些设计要求与定额单价的特征不完全符合时，必须根据定额使用说明对定额基价进行调整或换算。

③ 当施工图纸的某些设计要求与定额单价的特征相差甚远，既不能直接套用也不能换算、调整时，必须编制补充单位估价表或补充定额。

单价法是目前国内编制施工图预算的主要方法，具有计算简单，工作量较小和编制速度较快，便于工程造价管理部门集中统一管理的优点。但由于是采用事先编制好的统一的单位估价表，其价格水平只能反映定额编制年份的价格水平。在市场经济价格波动较大的情况下，单价法的计算结果会偏离实际价格水平，虽然可采用调价，但调价系数和指数从测定到颁布又滞后且计算也较繁琐。

（2）实物法。

实物法是首先根据施工图纸分别计算出分项工程量，然后套用相应预算人工、材料、机械台班的定额用量，再分别乘以工程所在地当时的人工、材料、机械台班的实际单价，求出单位工程人工费、材料费和施工机械使用费，并汇总求和，进而求得直接工程费，最后按规定计取其他各项费用，汇总就可得出单位工程施工图预算造价。

1）实物法编制施工图预算中主要的计算公式是

单位工程预算直接工程费＝[∑(工程量×人工预算定额用量×当时当地工日单价)＋∑(工程量×材料预算定额用量×当时当地材料预算单价)＋∑(工程量×施工机械台班预算定额用量×当时当地机械台班单价)]　(5.32)

2) 实物法编制施工图预算的步骤。实物法编制施工图预算的首尾步骤与单价法相同，二者最大的区别在于中间的步骤，也就是计算人工费、材料费和施工机械使用费及汇总三者费用之和的方法不同。

① 套用相应预算人工、材料、机械台班定额用量。

人工、材料、施工机械的定额用量在建材产品、标准、设计、施工技术及其相关规范和工艺水平等没有大的突破性变化之前，是相对稳定不变的。从长远角度看，特别是从承包商角度，实物消耗量应根据企业自身消耗水平确定。因此，实物消耗量将逐渐以企业自身消耗水平替代全国统一定额消耗水平。

② 汇总单位工程所需各类人工工日、材料和机械台班的消耗量。

③ 用当时当地的各类人工、材料和机械台班的实际预算单价分别乘以相应的人工、材料和机械台班的消耗量，并汇总得出单位工程的人工费、材料费和机械使用费。人工单价、材料预算单价和机械台班的单价可在由工程造价主管部门定期发布的价格、造价信息中获取，企业也可根据自己的情况自行确定。

用实物法编制施工图预算，采用的是工程所在地实际价格水平，工程造价的准确性高。虽然计算过程较单价法繁琐，但利用计算机便可解决此问题。因此，定额实物法是与市场经济体制相适应的预算编制方法。

(二) 综合单价法

综合单价法是指分部分项工程量的单价为全费用单价，既包括直接费、间接费、利润、税金，也包括合同约定的所有工料价格变化风险等一切费用，是国际上通行的计价方式。今后推行工程量清单计价，其费用构成也是如此，单价采用综合单价。综合单价法按其所包含项目工作的内容及工程计量方法的不同，又可分为以下三种表达形式：

(1) 参照现行预算定额（或基础定额）对应子目所约定的工作内容、计算规则，形成综合价格。

(2) 按照招标文件和其他约定形成综合单价。

(3) 由投标者依据图纸、技术规范，按其计价习惯，自主形成综合单价。

综合单价是由分项工程的直接费、间接费、利润和税金组成的，而直接费是以人工、材料、机械的消耗量及相应价格确定的。因此计价顺序应当是：

1) 准备资料，熟悉施工图纸。

2) 划分项目，按统一规定计算工程量。

3) 计算人工、材料和机械数量。

4) 套用综合单价，计算各分项工程造价。

5) 汇总得分部工程造价。

6) 汇总各分部工程造价得单位工程造价。

7) 复核。

8) 编写说明。

“综合单价”的产生是使用该方法的关键。显然编制全国统一的综合单价是不现实的或不可能的，而由各地区编制较为可行。理想的是由各企业编制“企业定额”产生综合单价。由于在每个分项工程上确定利润和税金较困难，故可以编制含有直接费和间接费的综合单价，待求出单位工程总的直接费和间接费后，再统一计算单位工程的利润和税金，汇总得出单位工程的造价。

5.4.3 施工图预算的审查

一、审查施工图预算的内容

审查施工图预算的重点，应该放在编制依据、工程量计算、预算单价套用、设备材料预算价格取定是否正确，各项费用标准是否符合现行规定等方面。

（一）审查编制的依据

（1）审查编制依据是否合法。采用的各种编制依据应经国家有关部门批准发布，符合国家编制规定。

（2）审查编制依据的时效性。各种计价依据如定额、价格、取费标准等，应根据国家有关部门的现行规定进行，注意有无调整和新的规定。

（3）审查编制依据的适用范围。各种编制依据都有规定的适用范围，既要符合一定时间某种专业和某个地区的规定，又要符合编制依据计价要求。

（二）审查工程量

（1）土方工程。

1）平整场地、挖地槽、挖地坑、挖土方工程量的计算是否符合现行定额计算规定和施工图纸标注尺寸，土壤类别是否与勘察资料一致，地槽与地坑放坡、带挡土板是否符合设计要求，有无重算和漏算。

2）回填工程量应注意地槽、地坑回填土的体积是否扣除了基础所占体积，地面和室内填土的厚度是否符合设计要求。

3）运土方的审查除了注意运土距离外，还要注意运土数量是否扣除了就地回填的土方。

（2）打桩工程。

1）注意审查各种不同桩料，必须分别计算，施工方法必须符合设计要求。

2）桩料长度必须符合设计要求，桩料长度如果超过一般桩料长度需要接桩时，注意审查接头数是否正确。

（3）砖石工程。

1）墙基和墙身的划分是否符合规定。

2）按规定不同厚度的内、外墙是否是分别计算的，应扣除的门窗洞口及埋入墙体各种钢筋混凝土梁、柱等是否已扣除。

3）不同砂浆标号的墙和定额规定按立方米或按平方米计算的墙，有无混淆、错算或漏算。

（4）混凝土及钢筋混凝土工程。

1）现浇与预制构件是否分别计算，有无混淆。

2）现浇柱与梁，主梁与次梁及各种构件计算是否符合规定，有无重算或漏算。

3）有筋与无筋构件是否按设计规定分别计算，有无混淆。

4）钢筋混凝土的含钢量与预算定额的含钢量发生差异时，是否按规定予以增减调整。

（5）木结构工程。

1）门窗是否区分不同种类，按门、窗洞口面积计算。

2）木装修的工程量是否按规定分别以延长米或平方米计算。

（6）楼地面工程。

1）楼梯抹面是否按踏步和休息平台部分的水平投影面积计算。

2）细石混凝土地面找平层的设计厚度与定额厚度不同时，是否按其厚度进行换算。

（7）屋面工程。

卷材屋面工程是否与屋面找平层工程量相等；屋面保温层的工程量是否按屋面层的建筑面积乘以保温层平均厚度计算，不做保温层的挑檐部分是否按规定不作计算。

（8）构筑物工程。

当烟囱和水塔定额是以座编制时，地下部分已包括在定额内，按规定不能再另行计算。审查是否符合要求，有无重算。

（9）装饰工程。

内墙抹灰的工程量是否按墙面的净高和净宽计算，有无重算或漏算。

（10）金属构件制作工程。

金属构件制作工程量多数以吨为单位。在计算时，型钢按图示尺寸求出长度，再乘以每米的重量；钢板要求算出面积，再乘以每平方米的重量。审查是否符合规定。

（11）水暖工程。

室内外排水管道、暖气管道的划分是否符合规定；各种管道的长度、口径是否按设计规定和定额计算；室内给水管道不应扣除阀门、接头零件所占的长度，但应扣除卫生设备（浴盆、卫生盆、冲洗水箱、淋浴器等）本身所附带的管道长度，审查是否符合要求，有无重算；室内排水工程采用承插铸铁管，不应扣除异形管及检查口所占长度，室外排水管道是否已扣除了检查井与连接井所占的长度；暖气片的数量是否与设计一致。

（12）电气照明工程。

灯具的种类、型号、数量是否与设计图一致；线路的敷设方法、线材品种等，是否达到设计标准，工程量计算是否正确。

（13）设备及其安装工程。

设备的种类、规格、数量是否与设计相符，工程量计算是否正确，有无把不需安装的设备作为安装的设备计算安装工程费用。

（三）审查预算单价的套用

（1）预算中所列各分项工程预算单价是否与现行预算定额的预算单价相符，其名称、规格、计量单位和所包括的工程内容是否与单位估价表一致。

（2）审查换算的单价，是否是定额允许换算的，换算是否正确。

（3）审查补充定额和单位估价表的编制是否符合编制原则，单位估价表计算是否正确。

（四）审查设备、材料的预算价格

设备、材料的预算价格是施工图预算造价所占比例大、变化最大的内容，要重点审查。

（1）审查设备、材料的预算价格是否符合工程所在地的真实价格及价格水平。若是采用市场价格，要核实其真实性、可靠性；若是采用有关部门公布的信息价，要注意信息价的时间、地点是否符合要求，是否要按规定调整。

（2）设备、材料的原价确定方法是否正确。非标准设备原价的计价依据、方法是否正确、合理。

(3) 设备的运杂费率及其运杂费的计算是否正确，材料预算价格的各项费用计算是否符合规定、是否正确。

(五) 审查其他有关费用

其他直接费包括的内容，各地不一，具体计算时，应按当时的现行规定执行。审查时要注意是否符合规定和定额要求。同时，还要注意以下几个方面：

(1) 其他直接费和现场经费及间接费的计取基础是否符合现行规定，有无不能作为计费基础费用，列入计费的基础。

(2) 预算外调增的材料差价是否计取了间接费。直接费或人工费增减后，有关费用是否相应做了调整。

(3) 有无巧立名目，乱计费、乱摊费用现象。

二、审查施工图预算的方法

审查施工图预算方法较多，主要有全面审查法、标准预算审查法、分组计算审查法、筛选审查法、重点抽查法、对比审查法、利用手册审查法和分解对比审查法等。

(一) 全面审查法

全面审查法又称为逐项审查法，就是按预算定额顺序或施工的先后顺序，逐一地全部进行审查的方法。其具体计算方法和审查过程与编制施工图预算基本相同。此方法的优点是全面、细致，经审查的工程预算差错比较少，质量比较高。缺点是工作量大。对于一些工程量比较小、工艺比较简单的工程，编制工程预算的技术力量又比较薄弱，可采用全面审查法。

(二) 标准预算审查法

对于利用标准图纸或通用图纸施工的工程，先集中力量，编制标准预算，以此为标准审查预算的方法。按标准图纸设计或通用图纸施工的工程，一般上部结构和做法相同，可集中力量细审一份预算或编制一份预算，作为这种标准图纸的标准预算，或以这种标准图纸的工程量为标准，对照审查，而对局部不同部分作单独审查即可。这种方法的优点是时间短、效果好、好定案；缺点是只适用按标准图纸设计的工程，适用范围小。

(三) 分组计算审查法

分组计算审查法是一种加快审查工程量速度的方法，把预算中的项目划分为若干组，并把相邻且有一定内在联系的项目编为一组，审查或计算同一组中某个分项工程量，利用工程量间具有相同或相似计算基础的关系，判断同组中其他几个分项工程量计算准确程度的方法。

一般土建工程可以分为以下几个组：

(1) 地槽挖土、基础砌体、基础垫层、槽坑回填土、运土。

(2) 底层建筑面积、地面面层、地面垫层、楼面面层、楼面找平层、楼板体积、天棚抹灰、天棚、刷浆、屋面层。

(3) 内墙外抹灰、外墙内抹灰、外墙内面刷浆、外墙上的门窗和圈过梁、外墙砌体。

(四) 对比审查法

对比审查法是用已建成工程的预算或虽未建成但已审查修正的工程预算对比审查拟建的类似工程预算的一种方法。对比审查法，一般有以下几种情况，应根据工程的不同条件区别对待。

(1) 两个工程采用同一个施工图，但基础部分和现场条件不同。其新建工程基础以上部分可采用对比审查法；不同部分可分别采用相应的审查方法进行审查。

(2) 两个工程设计相同，但建筑面积不同。根据两个工程建筑面积之比与两个工程分部分项工程量之比基本一致的特点，可审查新建工程各分部分项工程的工程量。或用两个工程每平方米建筑面积造价以及每平方米建筑面积的各分部分项工程量，进行对比审查，如果基本相同，说明新建工程预算是正确的，反之，说明新建工程预算有问题，找出差错原因，加以更正。

(3) 两个工程的面积相同，但设计图纸不完全相同时，可把相同的部分，如厂房中的柱子、房架、屋面、砖墙等，进行工程量的对比审查，不能对比的分部分项工程按图纸计算。

(五) 筛选审查法

筛选法是统筹法的一种，也是一种对比方法。建筑工程虽然有建筑面积和高度的不同，但是它们的各个分部分项工程的工程量、造价、用工量在每个单位面积上的数值变化不大，把这些数据加以汇集，优选，归纳为工程量、造价、用工 3 个单方基本值表，并注明其适用的建筑标准。这些基本值犹如“筛子孔”，用来筛选各分部分项工程，筛下去的就不审查了，没有筛下去的就意味着此分部分项的单位建筑面积数值不在基本值范围之内，应对该分部分项工程详细审查。当所审查的预算的建筑面积标准与“基本值”所适用的标准不同，就要对其进行调整。

(六) 重点抽查法

重点抽查法是抓住工程预算中的重点进行审查的方法。审查的重点一般是：工程量大或造价较高、工程结构复杂的工程，补充单位估价表，计取的各项费用（计费基础、取费标准等)。重点抽查法的优点是重点突出，审查时间短，效果好。

(七) 利用手册审查法

利用手册审查法是把工程中常用的构件、配件，事先整理成预算手册，按手册对照审查的方法。如工程常用的预制构配件：洗池、大便台、检查井、化粪池、碗柜等，几乎每个工程都有，把这些按标准图集计算出工程量，套上单价，编制成预算手册使用，可大大简化预结算的编审工作。

(八) 分解对比审查法

一个单位工程，按直接费与间接费进行分解，然后再把直接费按工种和分部工程进行分解，分别与审定的标准预算进行对比分析的方法，称为分解对比审查法。

分解对比审查法一般有 3 个步骤：

(1) 全面审核某种建筑的定型标准施工图或一般施工图的工程预算，经审定后作为审核其他类似工程预算的对比基础。而且将审定预算按直接费与应取费用分解成两部分，再将直接费分解为各工种工程和分部工程预算，分别计算出它们的每平方米预算价格。

(2) 把拟审的工程预算与同类型预算单方造价进行对比，若出入在 1%～3%（根据本地区要求），再按分部分项工程进行分解，边分解边对比，对出入较大者，就进一步审核。

(3) 对比审核。其方法如下：

1) 经分析对比，如发现应取费用相差较大，应考虑建设项目的投资来源和工程类别及其取费项目和取费标准是否符合现行规定；材料调价相差较大，则应进一步审查《材料调价统计表》，将各种调价材料的用量、单位差价及其调增数量等进行对比。

2）经过分解对比，如发现土建工程预算价格出入较大，首先审核其土方和基础工程，因为±0.00以下的工程往往相差较大。再对比其余各个分部工程，发现某一分部工程预算价格相差较大时，再进一步对比各分项工程或工程细目。在对比时，先检查所列工程细目是否正确，预算价格是否一致。发现相差较大者，再进一步审查所套预算单价，最后审核该项工程细目的工程量。

三、施工图预算审查的步骤

（1）做好审查前的准备工作

1）熟悉施工图纸。施工图是编审预算分项数量的重要依据，必须全面熟悉了解，核对所有图纸，清点无误后，依次识读。

2）了解预算包括的范围。根据预算编制说明，了解预算包括的工程内容。例如：配套设施、室外管线、道路以及会审图纸后的设计变更等。

3）弄清预算采用的单位估价表。任何单位估价表或预算定额都有一定的适用范围，应根据工程性质，搜集熟悉相应的单价、定额资料。

（2）选择合适的审查方法，按相应内容审查。由于工程规模、繁简程度不同，施工方法和施工企业情况不一样，所编工程预算繁简和质量也不同，因此需选择适当的审查方法进行审查。

（3）综合整理审查资料，并与编制单位交换意见，定案后编制调整预算。审查后，需要进行增加或核减的，经与编制单位协商，统一意见后，进行相应的修正。

本 章 小 结

本章介绍了建设工程设计阶段投资控制的相关知识，重点介绍常用于设计阶段方案比选的价值工程理论原理及应用，方案比选是设计阶段重要的投资控制工作，因此做好方案的比选工作对于设计阶段的投资控制具有十分重要的意义。设计概算和施工图预算的编制与审查也是设计阶段的重要工作，对这部分内容本章也做了详细的介绍，通过本章的学习可以掌握设计阶段投资控制的内容与方法等。

习 题

一、单选题（每题的备选项中，只有1项为正确选项）

1. 价值工程是研究如何以（　　），可靠地实现产品或作业的必要功能。

A. 最低寿命周期成本　　B. 最低周期成本

C. 最低成本　　D. 控制成本

2. 价值工程的目标是（　　）。

A. 提高产品的价值　　B. 降低产品的成本

C. 提高产品的功能　　D. 降低产品成本，提高产品价值

3. 价值工程中“价值”的含义是（　　）。

A. 产品的使用价值

B. 产品的交换价值

C. 产品全寿命时间价值

D. 产品功能与其全部费用的比较价值

4. 价值工程中，价值、功能、成本之间的关系式为（　　）。

A. $V=F/C$　　B. $V=C/F$　　C. $F=V/C$　　D. $F=C/V$

5. 价值工程中寿命周期成本是指（　　）。

A. 设计成本　　B. 生产成本

C. 生产成本+使用及维护成本　　D. 购置、维修、使用产品所花费用

6. 价值工程中涉及的基本要素是（　　）。

A. 价值、功能　　B. 价值、寿命周期成本

C. 功能、寿命周期成本　　D. 价值、功能、寿命周期成本

7. 根据甲、乙、丙三个零件的已知数据：功能评价系数分别为 0.8、0.1、0.1；目前成本分别为 100 元、20 元、15 元，则应优先选择（　　）为价值工程的对象。

A. 甲　　B. 乙　　C. 丙　　D. 甲和丙

8. 在价值工程的价值分析中，应选择目标成本与现实成本的比值为（　　）作为价值工程的改进对象。

A. 小于 1　　B. 等于 1　　C. 大于 1　　D. 小于 2

9. 价值工程中，对创新方案进行评价时，概略评价和详细评价的顺序为（　　）。

A. 技术评价→经济评价→社会评价→综合评价

B. 经济评价→技术评价→社会评价→综合评价

C. 社会评价→技术评价→经济评价→综合评价

D. 综合评价→技术评价→经济评价→社会评价

10. 某评价对象的功能指数为 0.6245，成本指数为 0.3567，根据价值系数，该评价对象属于（　　）。

A. 功能的现实成本是比较客观的　　B. 成本偏高，对象的功能过剩

C. 功能偏低，现实成本偏低　　D. 功能偏高，现实成本偏低

11. 价值工程中，功能整理的主要任务为（　　）。

A. 选择价值工程的对象　　B. 进行功能分析

C. 建立功能系统图　　D. 选择创新方案

12. 价值工程的核心是（　　）。

A. 有组织的活动　　B. 功能分析

C. 尽可能降低研究对象成本　　D. 尽可能提高研究对象的价格

13. 某产品的零件甲，功能平均得分 3.8 分，成本为 30 元，该产品各零件功能总分为 10 分；产品成本为 150 元，零件甲的价值系数为（　　）。

A. 0.3　　B. 0.38　　C. 1.9　　D. 0.79

14. 某产品零部件功能重要程度采用 04 评分法，评分结果见表 5-27，在不修正各功能累计得分的前提下，零部件Ⅱ的功能重要性系数为（　　）。

表 5-27 评分结果

	Ⅰ	Ⅱ	Ⅲ	Ⅳ	Ⅴ
Ⅰ	×				
Ⅱ	1	×			
Ⅲ	2	3	×		
Ⅳ	0	1	0	×	
Ⅴ	4	4	4	4	×

A. 0.025 B. 0.125 C. 0.225 D. 0.04

15. 某产品运用价值工程进行方案创新，产生了甲乙丙丁四个方案，有关方案的部分数据见表 5-28，则优选方案为（ ）。

表 5-28 有关方案的部分数据

方案	甲	乙	丙	丁
功能指数		0.22	0.26	0.2
成本指数	0.28	0.24	0.26	

A. 甲方案 B. 乙方案 C. 丙方案 D. 丁方案

16. 某产品有四个零部件，可以实现五项功能。这五项功能重要程度之比为 $F_1:F_2:F_3:F_4:F_5=3:1:4:2:6$，该产品的目前成本为 24 元，成本在各功能之间的比例分摊见表 5-29。若该产品的目标成本为 20 元，则成本降低幅度最大的功能及成本降低幅度分别为（ ）。

表 5-29 成本在功能之间的比例分摊

零件＼功能	实际成本/元	F_1	F_2	F_3	F_4	F_5
甲	8	50%		50%		
乙	6				20%	80%
丙	4		50%			50%
丁	6	40%			60%	
合计	24					

A. F_1，2.65 元 B. F_5，6.8 元 C. F_2，2 元 D. F_1，3.75 元

17. 在价值工程的工作程序中，功能评价阶段的主要工作内容是（ ）。

A. 确定价值工程的研究对象 B. 整理和定义研究对象的功能

C. 确定研究对象的成本和价值 D. 分析实现研究对象功能的途径

18. 某产品划分为四个功能区，采用综合评分法得到的功能评分见表 5-30。则功能区 F_3 的重要性系数为（ ）。

表 5-30 采用综合评分法得到的功能评分

功能区	F_1	F_2	F_3	F_4
功能评分	2.0	1.5	2.5	1.0

A. 0.17　　B. 0.35　　C. 0.36　　D. 0.42

19. 某产品目标成本为 800 元，该产品分为四个功能区，各功能区的重要度系数和功能现实成本表 5－31。

表 5－31　　各功能区的重要度系数和功能现实成本

功能区	功能重要性系数	功能现实成本
F_1	0.35	302
F_2	0.24	230
F_3	0.22	210
F_4	0.19	178

则产品功能改进顺序为（　　）。

A. $F_1-F_2-F_3-F_4$　　B. $F_2-F_1-F_4-F_3$

C. $F_1-F_4-F_3-F_2$　　D. $F_2-F_3-F_4-F_1$

20. 某产品格零部件功能重要程度采用 01 评分法，评分结果见表 5－32，零部件Ⅲ的功能重要性系数为（　　）。

表 5－32　　评　分　结　果

	Ⅰ	Ⅱ	Ⅲ	Ⅳ	Ⅴ
Ⅰ	×	1	0	1	1
Ⅱ	0	×	1	0	0
Ⅲ	1	0	×	1	0
Ⅳ	0	1	0	×	1
Ⅴ	0	1	1	0	×

A. 0.13　　B. 0.20　　C. 0.25　　D. 0.33

21. 在存货的 ABC 分析法下，（　　）类存货种类最少但资金占用量比重最大。

A. A 类　　B. B 类　　C. C 类　　D. 不一定

22. 在存货的 ABC 分析法下，（　　）类存货占用资金最少，但种类繁多。

A. A 类　　B. B 类　　C. C 类　　D. 不一定

23. 在设计概算编制过程中，如果不编制总概算，工程建设其他费用概算应列入（　　）。

A. 单位工程概算　　B. 单项工程综合概算

C. 预备费概算　　D. 流动资金概算

24. 若初步设计有详细的设备清单，则可用于编制设备安装工程概算且精确性最高的方法是（　　）。

A. 预算单价法　　B. 扩大单价法　　C. 概算指标法　　D. 类似工程预算法

25. 审查施工图预算时，（　　）适合于一些工程量较小、工艺比较简单的工程。

A. 逐项审查法　　B. 查询核实法　　C. 对比审查法　　D. 重点审查法

26. 施工图预算审查的主要内容不包括（　　）。

A. 审查工程量　　B. 审查预算单价套用

C. 审查其他有关费用　　D. 审查材料代用是否合理

二、多选题（每题的备选项中，有 2 项或 2 项以上符合题意，至少有 1 项错项）

1. 下列关于存货管理的 ABC 分析法描述正确的是（　）。

A. A 类存货金额巨大，但品种数量较少

B. C 类存货金额巨大，但品种数量较少

C. 对 A 类存货应重点控制

D. 对 C 类存货应重点控制

E. 对存货进行分类的标准是金额标准

2. 当价值系数 $V<1$ 时，应该采取的措施有（　）。

A. 在功能水平不变的条件下，降低成本

B. 在成本不变的条件下，提高功能水平

C. 去掉成本比重较大的多余功能

D. 补充不足功能，但是成本上升幅度很小

E. 不惜一切代价来提高重要功能

3. 下列关于价值工程的说法正确的有（　）。

A. 价值工程是将产品的价值、功能和成本作为一个整体同时考虑

B. 价值工程的核心是对产品进行功能分析

C. 价值工程的目标是以最低生产成本实现产品的基本功能

D. 提高价值最为理想的途径是降低产品成本

E. 价值工程中的功能是指对象能够满足某种要求的一种属性

4. 利用功能指数法进行价值分析时，如果 $V>1$，出现这种情况的原因可能是（　）。

A. 目前成本偏低，不能满足评价对象应具有的功能要求

B. 功能过剩，已经超过了其应具有的功能水平

C. 功能成本比较好，正是价值分析所追求的目标

D. 功能很重要但成本较低，不必列为改进对象

E. 实现功能的条件和方法不佳，致使成本过高

5. 建设工程设计概算分为（　）。

A. 单位工程概算　　B. 工程建设其他费用概算

C. 单项工程综合概算　　D. 分部分项工程概算

E. 建设工程项目总概算

6. 建设工程单项工程的综合概算包括（　）。

A. 单位建筑工程概算　　B. 工程建设其他费用概算

C. 设备及安装工程概算　　D. 流动资金概算

E. 预备费概算

7. 单位工程概算中，单位建筑工程概算的编制方法包括（　）。

A. 概算定额法　　B. 预算单价法

C. 类似工程预算法　　D. 概算指标法

E. 扩大单价法

8. 设计概算审查的方法包括（　）。

A. 单价分析法　　B. 查询核实法　　C. 对比分析法　　D. 概算指标对比法

E. 联合会审法

9. 对施工单位而言，施工图预算是（　　）的依据。

A. 确定投标报价　B. 控制施工成本　C. 进行贷款　D. 编制工程概算

E. 进行施工准备

10. 审查施工图预算时，可以采取的方法有（　　）。

A. 逐项审查法　B. 查询核实法　C. 对比审查法　D. 重点审查法

E. “筛选”审查法

11. 施工图预算编制方法有（　　）。

A. 实物金额法　B. 实物量法　C. 费用单价法　D. 单价法

E. 基价法

12. 施工图预算编制依据有（　　）。

A. 会审过的施工图纸　B. 现行的建筑安装施工定额

C. 招标文件　D. 施工组织设计

E. 企业定额

13. 用筛选法审查施工图预算时，一般选用的筛选标准是（　　）等单方基本值。

A. 用工量　B. 材料用量　C. 机械台班用量　D. 工程量

E. 工程造价

14. 采用重点抽查法审查施工图预算，审查的重点有（　　）。

A. 编制依据　B. 工程量大或造价高的工程

C. 结构复杂的工程　D. 单位估价表

E. 计费基础和费率

三、简答题

1. 提高设计经济合理性的途径有哪些？

2. 价值工程有哪些特点？提高价值工程的途径有哪些？

3. 单位工程概算有哪些编制方法？

4. 施工图预算审查的方法有哪些，试述每种审查方法的适用范围。

四、案例分析

1. 表 5－33 中列出了某中型电机数量成本相关数据，请用 ABC 方法进行分析，并画出 ABC 曲线。

表 5－33　某中型电机数量成本相关数据

序号	零部件名称	项数	每项金额/元
1	定子线圈	1	556.00
2	转子冲片	1	548.87
3	定子冲片	1	521.78
4	端盖	1	196.94
5	机座	1	174.84
6	定子压圈	1	50.00
7	轴承内盖	1	20.00
合　计		7	2068.43

2. 已知设备保养需要 4 项作业，分别为调整、清洁、润滑和紧固，这 4 项作业的重要性比较结果为：调整与清洁比较较重要，调整与紧固同样重要，清洁与润滑同样重要，试运用 04 打分法评算设备保养 4 项作业的功能重要度。

3. 某市高新技术开发区有两幢科研楼和一幢综合楼，其设计方案对比项目如下。

A 楼方案：结构方案为大柱网框架轻墙体系，采用预应力大跨度叠合楼板，墙体材料采用多孔砖及移动式可拆装式分室隔墙，窗户采用单框双玻璃钢塑窗，面积利用系数为 93%，单方造价为 1438 元/m^2；

B 楼方案：结构方案同 A 方案，墙体采用内浇外砌，窗户采用单框双玻璃腹钢塑窗，面积利用系数为 87%，单方造价为 1108 元/m^2；

C 楼方案：结构方案采用砖混结构体系，采用多孔预应力板，墙体材料采用标准黏土砖，窗户采用单玻璃空腹钢塑窗，面积利用系数为 79%，单方造价为 1082 元/m^2。

方案各功能和权重及各方案的功能得分见表 5－34。

表 5－34　方案各功能和权重及各方案的功能得分

方案功能	功能权重	方案功能得分		
		A	B	C
结构体系	0.25	10	10	8
模板类型	0.05	10	10	9
墙体材料	0.25	8	9	7
面积系数	0.35	9	8	7
窗户类型	0.10	9	7	8

问题：

(1) 试应用价值工程方法选择最优设计方案。

(2) 为控制工程造价和进一步降低费用，拟针对所选的最优设计方案的土建工程部分，以工程材料费为对象开展价值工程分析。将土建工程划分为四个功能项目，各功能项目评分值及其目前成本见表 5－35。按限额设计要求，目标成本额应控制为 12 170 万元。

表 5－35　各功能项目评分值及其目前成本

功能项目	功能评分	目前成本/万元
桩基围护工程	10	1520
地下室工程	11	1482
主体结构工程	35	4705
装饰工程	38	5105
合　计	94	12 812

试分析各功能项目和目标成本及其可能降低的额度，并确定功能改进顺序。

第6章 建设工程招标阶段的投资控制

学习目标

熟悉招标控制价的概念并掌握其编制依据，了解招标控制价与标底的区别；掌握投标报价的内容，熟悉投标报价的依据与原则，掌握投标报价的策略；了解建设工程承包合同的三种计价方式，掌握三种合同价各自的特点、适用范围。

6.1 招标价格的编制

6.1.1 标底价格与招标控制价的概念

标底和招标控制价是由招标人自行编制或委托具有编制标底资格和能力的代理机构编制的，是工程造价在招投标阶段的两种表现形式。

一、标底价格的概念

标底是指招标人根据招标项目的具体情况编制的完成招标项目所需的全部费用，是依据国家规定的计价依据和计价办法计算出来的工程造价，是招标人对建设工程的期望价格，也是招标人对招标工程项目在方案、质量、期限、价金、方法、措施等方面的综合性理想控制指标或预期要求，简单地说就是“预期工程造价”。

《中华人民共和国招标投标法》没有明确规定招标工程是否必须设置标底价格，招标人可根据工程的实际情况自己决定是否需要编制标底价格。设标底招标是2000年1月《招标投标法》实施以后开始采用的，但在实践操作中，设标底招标存在以下弊端：

（1）设标底时易发生泄露标底及暗箱操作的问题。

（2）编制的标底价一般为预算价，科学合理性差，容易与市场造价水平脱节。

（3）将标底作为衡量投标人报价的基准，导致投标人尽力地去迎合标底，不能反映投标人实力。

2003年2月17日，2003版《建设工程工程量清单计价规范》发布后，取消了中标价不得低于标底多少的规定，出现了“无标底招标”。无标底招标容易出现围标、串标、抬标、高额索赔、偷工减料等现象，给招标人带来投资、质量的风险；同时招标人在评标时，对投标人的报价没有参考依据和评判标准。所以，2008年12月1日起，《建设工程工程量清单计价规范》（GB 50500—2008）正式实施，标底的使用逐渐减少，普遍采用招标控制价方式控制工程造价。

二、招标控制价的概念

由于实行工程量清单招标后，招标方式的改变，标底保密这一法律规定已不能起到有效遏制哄抬标价的作用，因此，为有利于客观、合理的评审投标报价和避免哄抬标价，造成国有资产流失，招标人应编制招标控制价。

招标控制价是招标人根据国家或省级、行业建设主管部门颁发的有关计价依据和办法，按设计施工图纸计算的，对招标工程限定的最高工程造价，也可称为拦标价、预算控制价或最高报价等。招标控制价超过批准的概算时，招标人应将其报原概算部门审核。

标底与招标控制价两者不同之处：

(1) 保密要求不同。标底要开标前保密，在开标时宣布。招标控制价应该在招标文件中公开，提高了透明度。

(2) 编制作用不同。在评标中，标底可以用来比较分析投标报价，具有参考作用，但不能作为中标或废标的唯一直接依据；招标控制价可以有效防止抬标，超过招标控制价的投标报价即成为废标。

【例 6-1】 标底和招标控制价的主要区别是（ ）。

A. 标底应当保密，而招标控制价应当在开标时公布

B. 招标控制价应当保密，而标底应当在开标时公布

C. 标底应当保密，而招标控制价应当在招标文件中公布

D. 招标控制价应当保密，而标底应当在招标文件中公布

答案：C

解析：编制工程标底的几个重要问题：注重工程现场调查研究；注重施工组织设计；标底应当保密，而招标控制价（投标最高限价）应当在招标文件中公布，这是两者的主要区别。

三、招标控制价应用中应注意的主要问题

对于招标控制价及其规定，注意从以下几方面理解：

(1) 国有资金投资的工程建设项目应实行工程量清单招标，并应编制招标控制价。

因为根据《招标投标法》的规定，国有资金投资的工程进行招标，招标人可以设置标底。当招标人不设标底时，为有利于客观、合理的评审投标报价和避免哄抬标价，造成国有资产流失，招标人应编制招标控制价，作为招标人能够接受的最高交易价格。

(2) 招标控制价超过批准的概算时，招标人应将其报原概算审批部门审核。

由于我国对国有资金投资项目的投资控制实行的是投资概算审批制度，国有资金投资的工程原则上不能超过批准的投资概算。

(3) 投标人的投标报价高于招标控制价的，其投标应予以拒绝。

国有资金投资的工程，招标人编制并公布的招标控制价相当于招标人的采购预算，同时要求其不能超过批准的概算，因此，招标控制价是招标人在工程招标时能接受投标人报价的最高限价。国有资金中的财政性资金投资的工程在招投标时还应符合《政府采购法》相关条款的规定。如该法第三十六条规定："在招标采购中，出现下列情形之一的，应予废标……(三) 投标人的报价均超过了采购预算，采购人不能支付的。"依据这一精神，规定了国有资金投资的工程，投标人的投标不能高于招标控制价，否则，其投标将被拒绝。

(4) 招标控制价应由具有编制能力的招标人或受其委托，由具有相应资质的工程造价咨询人编制。

应由招标人负责编制招标控制价，当招标人不具有编制招标控制价的能力时，根据《工程造价咨询企业管理办法》的规定，可委托具有工程造价咨询资质的工程造价咨询企业编制。工程造价咨询不得同时接受招标人和投标人对同一工程的招标控制价和投标报价的

编制。

(5) 招标控制价应在招标文件中公布，不应上调或下浮，招标人应将招标控制价及有关资料报送工程所在地工程造价管理机构备查。

招标控制价不同于标底，无需保密。为体现招标的公平、公正，防止招标人有意抬高或压低工程造价，招标人应在招标文件中如实公布招标控制价，不得对所编制的招标控制价进行上浮或下调。招标人在招标文件中公布招标控制价时，应公布招标控制价各组成部分的详细内容，不得只公布招标控制价总价。同时，招标人应将招标控制价报工程所在地的工程造价管理机构备查。

(6) 投标人经复核认为招标人公布的招标控制价未按照《计价规范》的规定进行编制的，应在开标前 5 日向招投标监督机构或工程造价管理机构投诉。

招投标监督机构应会同工程造价管理机构对投诉进行处理，发现确有错误的，应责成招标人修改。在这里，实际上赋予了投标人对招标人不按规范的规定编制招标控制价进行投诉的权利。同时要求招投标监督机构和工程造价管理机构担负并履行对未按规定编制招标控制价的行为进行监督处理的责任。

6.1.2　招标控制价的编制

一、招标控制价的编制依据

(1)《建设工程工程量清单计价规范》(GB 50500—2008)。

(2) 国家或省级、行业建设主管部门颁发的计价定额和计价办法。

(3) 建设工程设计文件及相关资料。

(4) 招标文件中的工程量清单及有关要求。

(5) 与建设项目相关的标准规范、技术资料。

(6) 工程造价管理机构发布的工程造价信息，如工程造价信息没有发布的参照市场价。

(7) 其他相关资料。

二、招标控制价编制的步骤及内容

(一) 分部分项工程费的确定

(1) 分部分项工程费应根据招标文件中的分部分项工程量清单及有关要求，按《计价规范》有关规定确定综合单价计价。所谓综合单价，是指完成一个规定计量单位的分部分项工程量清单项目（或措施清单项目）所需的人工费、材料费、施工机械使用费和企业管理费与利润，以及一定范围内的风险费用。

(2) 工程量依据招标文件中提供的分部分项工程量清单确定。

(3) 招标文件提供了暂估单价的材料，应按暂估的单价计入综合单价。

(4) 为使招标控制价与投标报价所包含的内容一致，综合单价中应包括招标文件中要求投标人承担的风险内容及其范围产生的风险费用。

(二) 措施项目的确定

(1) 措施项目费中的安全文明施工费应当按照国家或省级、行业建设主管部门的规定标准计价。

(2) 措施项目应按招标文件中提供的措施项目清单确定，措施项目采用分部分项工程综合单价形式进行计价的工程量，应按措施项目清单中的工程量，并按与分部分项工程工程量清单单价相同的方式确定综合单价；以“项”为单位的方式计价的，依有关规定按综合价格

计算，包括除规费、税金以外的全部费用。

（三）其他项目费的确定

（1）暂列金额。暂列金额可根据工程的复杂程度、设计深度、工程环境条件（包括地质、水文、气候条件等）进行估算，一般可按分部分项工程费的10％～15％为参考。

（2）暂估价。暂估价中的材料单价应按照工程造价管理机构发布的工程造价信息中的材料单价计算，工程造价信息未发布的材料单价，其单价参考市场价格估算；暂估价中的专业工程暂估价应分不同专业，按有关计价规定估算。

（3）计日工。在编制招标控制价时，对计日工中的人工单价和施工机械台班单价应按省级、行业建设主管部门或其授权的工程造价管理机构公布的单价计算；材料应按工程造价管理机构发布的工程造价信息中的材料单价计算，工程造价信息未发布单价的材料，其价格应按市场调查确定的单价计算。

（4）总承包服务费。总承包服务费应按照省级或行业建设主管部门的规定计算，在计算时可参考以下标准：

1）招标人仅要求对分包的专业工程进行总承包管理和协调时，按分包的专业工程估算造价的1.5％计算。

2）招标人要求对分包的专业工程进行总承包管理和协调，并同时要求提供配合服务时，根据招标文件中列出的配合服务内容和提出的要求，按分包的专业工程估算造价的3％～5％计算。

3）招标人自行供应材料的，按招标人供应材料价值的1％计算。

（四）规费和税金的编制要求

规费和税金必须按国家或省级、行业建设主管部门规定的标准计算。

【例6-2】 某建筑工程招标，招标控制价为5000万元。在开标时，甲、乙、丙、丁四个投标单位的投标报价分别为4500万元、5200万元、4800万元、4790万元，则（　　）投标单位的投标为废标。

A. 甲　　B. 乙　　C. 丙　　D. 丁

答案：B

解析：招标控制价是招标人根据国家或省级、行业建设主管部门颁发的有关计价依据和办法，按设计施工图纸计算的，对招标工程限定的最高工程造价，也可称为拦标价、预算控制价或最高报价等。投标人的投标报价高于招标控制价的，其投标应予以拒绝。题中乙的报价为5200万元，高于招标控制价5000万元，所以应为废标。

6.2 建设工程投标报价的编制

6.2.1 投标报价的编制原则及依据

投标报价的编制主要是投标人对承建工程所要发生的各种费用的计算。具体说，投标价是在工程招标发包过程中，由投标人按照招标文件的要求，根据工程特点，并结合自身的施工技术、装备和管理水平，依据有关计价规定自主确定的工程造价，是投标人希望达成工程承包交易的期望价格，它不能高于招标人设定的招标控制价。投标计算必须与采用的合同形式相协调，报价是投标的关键性工作，报价是否合理直接关系到投标的成败。

一、投标报价编制的原则

(1) 投标报价由投标人自主确定，但必须执行《计价规范》的强制性规定。投标报价应由投标人或受其委托，具有相应资质的工程造价咨询人员编制。

(2) 投标人的投标报价不得低于成本。《招标投标法》第四十一条规定："中标人的投标应当符合下列条件……（二）能够满足招标文件的实质性要求，并且经评审的投标价格最低；但是投标价格低于成本的除外。"《评标委员会和评标方法暂行规定》第二十一条规定："在评标过程中，评标委员会发现投标人的报价明显低于其他投标报价或者在设有标底时明显低于标底的，使得其投标报价可能低于其个别成本的，应当要求该投标人做出书面说明并提供相关证明材料。投标人不能合理说明或者不能提供相关证明材料的，由评标委员会认定该投标人以低于成本报价竞标，其投标应作为废标处理。"根据上述法律、规章的规定，特别要求投标人的投标报价不得低于成本。

(3) 投标报价要以招标文件中设定的承发包双方责任划分，作为考虑投标报价费用项目和费用计算的基础，承发包双方的责任划分不同，会导致合同风险不同的分摊，从而导致投标人选择不同的报价；根据工程承发包模式考虑投标报价的费用内容和计算深度。

(4) 以施工方案、技术措施等作为投标报价计算的基本条件；以反映企业技术和管理水平的企业定额作为计算人工、材料和机械台班消耗量的基本依据；充分利用现场考察、调研成果、市场价格信息和行情资料，编制基础标价。

(5) 报价计算方法要科学严谨，简明适用。

二、投标报价编制的依据

《计价规范》规定，投标报价应根据下列依据编制：

(1)《计价规范》。

(2) 国家或省级、行业建设主管部门颁发的计价办法。

(3) 企业定额，国家或省级、行业建设主管部门颁发的计价定额。

(4) 招标文件、工程量清单及其补充通知、答疑纪要。

(5) 建设工程设计文件及相关资料。

(6) 施工现场情况、工程特点及拟订的投标施工组织设计或施工方案。

(7) 与建设项目相关的标准、规范等技术资料。

(8) 市场价格信息或工程造价管理机构发布的工程造价信息。

(9) 其他的相关资料。

6.2.2　投标报价的编制内容

一、定额计价模式的投标报价

(一) 复核或计算工程量

工程招标文件中若提供有工程量清单，要对工程量进行校核。若招标文件中没有提供工程量清单，则需根据设计图纸计算全部工程量。

(二) 确定单价，计算合价

确定每一个分部分项工程的单价，并按招标文件中工程量表的格式填写报价。计算单价时，应将构成分部分项工程的所有费用项目都归入其中。人工、材料、机械费用应是根据分部分项工程的人工、材料、机械消耗量及其相应的市场价格计算而得。在投标价格编制的各个阶段，投标价格一般均以表格的形式进行计算。

（三）确定分包工程费

在编制投标价格时需有一个合适的价格来衡量分包人的报价，需熟悉分包工程的范围，对分包人的能力进行评估。

（四）确定利润

利润是指承包人的预期利润，确定利润取值的目标是考虑既可以获得最大的可能利润，又要保证投标价格具有一定的竞争性。投标报价时承包人应根据市场竞争情况确定在该工程上的利润率。

（五）确定风险费

风险费对承包人来说是不确定的，如果预计的风险没有全部发生，则可能有剩余，这部分剩余和计划利润加在一起就是盈余；如果风险费估计不足，则只有由利润来弥补，盈余就会减少，还有可能成为负值。投标时，根据该工程规模及工程所在地的实际情况，由有经验的专业人员对可能的风险因素进行逐项分析后确定一个比较合理的费用比率。

（六）确定投标价格

工程总价是由各分部分项工程的合价汇总后得出，但这样计算出的工程总价可能重复计算或漏算，也可能某些费用的预估有偏差，因此还不能作为投标价格。必须对计算出的工程总价做一定的调整。调整投标价格应当建立在对工程盈亏分析的基础上，分析可以通过采取哪些措施降低成本、增加盈利，确定最后的投标报价。

二、工程量清单计价模式的投标报价

(1) 投标人应按照招标人提供的工程量清单填报价格。填写的项目编码、项目名称、项目特征、计量单位、工程量必须与招标人提供的一致。

(2) 分部分项工程费应依据《计价规范》综合单价的组成内容，按招标文件中分部分项工程量清单项目的特征描述确定综合单价计算。综合单价中应考虑招标文件中要求投标人承担的风险费用。招标文件提供了暂估单价的材料，按暂估的单价计入综合单价。分部分项工程费由工程量清单提供的清单量与综合单价相乘而得。

(3) 措施项目费应根据招标文件中的措施项目清单及投标时拟定的施工组织设计或施工方案自主确定。但其中安全文明施工费应按国家或省级、行业建设主管部门的规定确定。

(4) 其他项目费中的暂列金额应按招标人在其他项目清单中列出的金额填写，不得变动。材料暂估价应按招标人在其他项目清单中列出的单价计入综合单价，专业工程暂估价应按招标人在其他项目清单中列出的金额填写。计日工应按照其他项目清单列出的项目和估算的数量，自主确定各项综合单价并计算费用。总承包服务费应依据招标人在招标文件中列出的分包专业工程内容和供应材料、设备情况，按照招标人提出的协调、配合与服务要求和施工现场管理需要自主确定。

(5) 规费和税金应按照国家或省级、行业建设主管部门的有关规定确定。

(6) 投标总价应当与分部分项工程费、措施项目费、其他项目费和规费、税金的合计金额一致。即投标人在进行工程量清单招标的投标报价时，不能进行投标总价优惠，投标人对投标报价的任何优惠均应反映在相应清单项目的综合单价中。

6.2.3 投标报价的策略

投标价格是按直接工程费和间接费、预计利润、风险费用等计算而成的，最终的投标报价通常是以此为基础，运用一定的策略，既使招标人可以接受报价，又能让承包人获得更多的利润。常用的投标策略主要有以下几种。

一、根据招标项目的不同特点采用不同报价

投标报价时，既要考虑自身的优势和劣势，也要分析招标项目的特点。按照工程项目的不同特点、类别、施工条件等来选择报价策略。

(1) 遇到以下情况报价可以高一些：施工条件差的工程；专业要求高的技术密集型工程，而投标人在这方面擅长，声望也高；总价低的小工程，以及不得不投标的工程；特殊的工程，如港口码头、地下开挖工程等；工期要求紧急的工程；投标对手少的工程；支付条件不理想的工程。

(2) 遇到以下情况报价可以低一些：施工条件好的工程；工作简单、工程量大而其他投标人都可以做的工程；投标人急于打入某一市场、某一地区，或在该地区面临工程结束，机械设备等无工地转移时；投标人在附近有工程，而本项目又可利用该工程的设备、劳务，或有条件短期内突击完成的工程；投标对手多，竞争激烈的工程；非急需工程；支付条件好的工程。

二、不平衡报价法

不平衡报价法是相对通常的平衡报价（正常报价）而言的，是在工程项目的投标总价确定后，根据招标文件的付款条件，合理地调整投标文件中子项目的报价，在不抬高总价以免影响中标（商务得分）的前提下，实施项目时能够尽早、更多地结算工程款，并能够赢得更多利润的一种投标报价方法。一般考虑在以下几个方面采用不平衡报价：

(1) 能够早日结算账款的项目可以报得较高，以利资金周转。如土方工程、基础工程等。后期工程项目可适当降低。如粉刷、油漆、电器设备安装工程等，使两者基本平衡，不致影响总报价的变动。

(2) 估计实际工程施工中工程量可能会增加的项目单价提高，这样在最终结算时可多盈利；而将来工程量可能会减少的项目单价降低，工程结算时损失不大。

(3) 设计图纸不明确或有错误的，估计修改后工程量要增加的可以提高报价，而工程内容说不清楚的，则可以降低一些单价，在工程实施阶段通过索赔再寻找提高单价的机会。

(4) 没有工程量，只填单价的项目（如土方工程中的挖淤泥、岩石等）其单价提高些，这样做既不影响投标总价，以后发生时还可以多获利。

(5) 对于暂列数额（或工程），预计会做的可能性较大，价格定高些，如果做了就可获较大利润，估计不一定发生的则单价定低些，风险不大。

(6) 零星用工（计日工）的报价高于一般分部分项工程中的工资单价，因为它不属于承包总价的范围，发生时实报实销，价高些会多获利。

运用不平衡报价应注意单价的不平衡要有适当的尺度，要在合理的范畴内进行调整，不能太畸高或畸低。评标委员会有可能要求投标人对那些被认为是明显偏高或明显偏低的项目单价提交单价分析。如果投标人能够对此做出令人信服的解释，比如说有闲置的设备、有现成的临时设施或可供利用的库存材料、拥有特别优惠的采购渠道、拟采用的施工工艺可使相关的单项工程的成本大幅度降低等，业主一般不会在此类问题上过分计较。但如果个别单项工程的成本在整个工程项目中所占比重较大，其投标价严重背离市场价格，而投标人又无法自圆其说时，不排除评标委员会判定投标书“未做出实质性响应”或“单价分析不合理”。

三、多方案报价法

如果发现招标文件、工程说明书或合同条款不够明确，或条款不很公正，技术规范要求过于苛刻时，要在充分估计风险的基础上，按多方案报价法处理，即按原招标文件报一个价，然后再提出如果基本条款做某些变动，提出报价可以降低的额度，这样可以降低总价，吸引业主。

四、突然降价法

这是一种迷惑对手的竞争手段。投标报价是一项秘密性很强的竞争工作，竞争对手之间可能会随时相互探听对方的报价情况，因此在报价时可以采用迷惑对手的手法。在整个报价过程中，投标人按一般情况进行报价，甚至可以表现出自己对该工程的兴趣不大，但等快到投标截止时，再突然降价，使竞争对手措手不及。

五、增加建议方案

当招标文件中规定，可以提一个建议方案，即可以修改原设计方案时，投标人应抓住机会，组织一批有经验的设计和施工工程师，对原招标文件的设计和施工方案仔细研究，提出更为合理的方案以吸引招标人，促使自己的方案增加中标概率。这种新建议方案可以降低总造价或是缩短工期，或使工程运用更为合理。但是对原招标方案也要报价。特别需要注意的是，建议方案不要写得太具体，要保留方案的技术关键，防止招标人将此方案交给其他投标人，同时建议方案一定要比较成熟，有很好的可操作性。

六、许诺优惠条件

投标报价附带优惠条件是一种很有效的手段。招标人评标时，除了主要考虑报价和技术方案外，还要分析各投标人别的条件，如工期、支付条件等。因此，在投标时主动提出提前竣工、低息贷款、赠与施工设备、免费转让新技术或某种技术专利、免费技术协作、代为培训人员等，都是吸引招标人、利于中标的辅助手段。

七、无利润报价法

市场上缺乏竞争优势的承包商，在不得已的情况下，在报价时根本不考虑利润而去夺标。这种方法一般在处于以下条件时采用：

(1) 有可能中标后，将大部分工程分包给索价较低的分包商。

(2) 对于分期建设的项目，先以低价获得首期工程，而后赢得机会创造第二期工程中的竞争优势，并在以后的实施中盈利。

(3) 长时期内，投标人没有在建的工程项目，如果再不中标获得项目，就难以维持企业生存。因此，就算没有利润，但只要能有一定的管理费维持公司的日常运转，就可以设法渡过一时的困难，为日后东山再起打下基础。

【例 6-3】 某项工程公开招标，在投标文件的编制与递交阶段，某投标单位认为该工程原设计结构方案采用框架剪力墙体系过于保守，该投标单位在投标报价书中建议，将框架剪力墙体系改为框架体系，经技术经济分析和比较，可降低造价约 3.5%。该投标单位将技术标和商务标分别封装，在投标截止日期前一天上午将投标文件报送业主。次日（即投标截止日当天）下午，在规定的开标时间前 1h，该投标单位又递交了一份补充资料，其中声明将原报价降低 4%。

问：招标单位的有关工作人员是否应拒绝该投标单位的投标？说明理由。该投标单位在投标中运用了哪几种报价技巧？其是否得当？并加以说明。

解析： 招标单位的有关工作人员不应拒收承包商的补充文件，因为承包商在投标截止时间之前所递交的任何正式书面文件，都是投标文件的有效组成部分，也就是说补充文件与原投标文件共同构成一份投标文件，而不是两份相互独立的投标文件。

投标单位（施工企业或承包商以下同）运用了两种投标报价技巧，即增加建议方案法和突然降价法。

（1）增加建议方案法运用得当，通过对两个结构体系的技术经济分析和比较（这意味着对两个方案均报了价），论证建议方案（框架体系）的技术可行性和经济合理性，对业主有很强的说服力。

（2）突然降价法运用得当，原投标文件的递交时间比规定的投标时间仅提前 1 天多，这既是符合常理的，又为竞争对手调整、确定最终报价留有一定时间，起到了迷惑竞争对手的作用。若提前时间太多，会引起对手的怀疑。而在开标前 1h 突然递交一份补充文件，这时竞争对手已不可能再调整报价了。

6.3　建设工程承包合同价格

《建筑工程施工发包与承包计价管理办法》规定，合同价可以采用三种方式：固定价、可调价和成本加酬金。建设工程承包合同的计价方式按国际通行做法，又可分为总价合同、单价合同和成本加酬金合同。

6.3.1　总价合同

总价合同是指根据合同规定的工程施工内容和有关条件，业主支付给承包商的工程款项在承包合同中是一个规定的金额，即明确的总价。总价合同也称总价包干合同，即根据施工招标时的要求和条件，当施工内容和有关条件不发生变化时，业主支付给承包商的价款总额就不发生变化。显然，总价合同对承包商的风险比较大，通常采用这种合同时，必须明确工程承包合同标的物的详细内容及其各种技术经济指标，工期不宜过长，承包商在投标报价时要仔细分析风险因素，需在报价中考虑一定的不可预见费来抵御风险事件的发生。

一、固定总价合同

指以详尽的工程项目设计图纸、承包工程内容的具体规定、技术规范等为依据计算并固定工程总价格的合同。合同履行过程中，如果业主不要求变更原内容，实施后，均应按合同价获得项目款的支付。

固定总价合同适用于招标时的设计深度达到施工图设计阶段，合同履行不会出现大的设计变更；工程规模小，最终产品的要求明确，技术不复杂的中小型工程或承包工作内容中较为简单的工程部位；合同工期较短，一般为 1 年之内的承包合同等。

二、可调总价合同

又称为变动总价合同。合同价格是以图纸及规定、规范为基础，按照时价进行计算，得到包括全部工程任务和内容的暂定合同价格。它是一种相对固定的价格，在合同执行过程中，由于通货膨胀等原因而使所使用的工、料成本增加时，可以按照合同约定对合同总价进行相应的调整。当然，一般由于设计变更、工程量变化和其他工程条件变化所引起的费用变化也可以进行调整。因此，通货膨胀等不可预见因素的风险由业主承担，对承包商而言，其风险相对较小，但对业主而言，不利于其进行投资控制，突破投资的风险就增大了。

在固定总价合同基础上，该合同有了调整因素，适用于工期较长（一年以上），技术比较简单的中小型建设工程项目。

三、工程量固定总价合同

由业主根据施工图纸、规定及规范，详细划分发包工程的分部分项工程项目及数量，投标人依据业主规定划分工程量，标出分项工程单价乘以相应分项工程的工程量计算的固定的工程总价。发包人明确规定发包工程的分部分项工程项目及数量，以工程量为基础相对固定合同总价。在工程实施期间，工程量变动，费用相应增加，允许对合同工程总价进行调整。承包人只需承担费用风险，工程量风险由发包人承担，因此，只要实际施工过程中工程量变动不大，工程总价就不必调整。所以采用这种合同形式能维护工程承发包双方的经济利益，该合同的使用普遍。使用前提是业主提供准确的工程量表，采用这种合同形式对招标准备要求高，时间也较长。

6.3.2 单价合同

单价合同是指承包商按业主提供的工程量清单内的分部分项工程内容填报单价，并据此签订承包合同，而实际总价则是按实际完成的工程量与合同单价计算确定，合同履行过程中无特殊情况，一般不得变更单价。单价合同也被称为“量变价不变合同”。工程承包人只承担工程单价、费用方面的风险，工程量方面的风险由发包人承担，工程风险合理分担，公正地维护了承发包双方的经济利益，国际工程承包市场普遍采用单价合同，目前国内工程也开始实行工程量清单计价。

单价合同大多用于工期长、技术复杂、实施过程中发生各种不可预见因素较多的大型复杂工程的施工，以及业主为了缩短项目建设周期，初步设计完成后就进行施工招标的工程。单价合同的工程量清单内所开列的工程量是估计工程量而非准确工程量。

一、估计工程量单价合同

估计工程量单价合同是以业主方面提供的工程量清单的工程量为基础，以投标人自行确定并填写在业主拟定的工程单价表中的各分部分项工程单价为依据，计算工程价格的合同。采用这种合同时，要求实际完成的工程量与原估计的工程量不能有实质性的变更。因为承包方给出的单价是以相应的工程量为基础的，如果工程量大幅度增减可能影响工程成本。

估计工程量单价合同大多用于工期长、技术复杂、实施过程中可能会发生各种不可预见因素较多的建设工程；或发包方为了缩短项目建设周期，如在初步设计完成后就拟进行施工招标的工程。在施工图不完整或当准备招标的工程项目内容、技术经济指标一时不能明确予以具体规定时，采用这种合同计价方式比较合理。这样在不能精确计算出工程量的条件下，可以避免使发包或承包的任何一方承担过大的风险。实施这种合同的工程在施工时要求建立施工日志，施工过程中及时计量并建立月份明细账目，以便确定实际工程量。

二、纯单价合同

纯单价合同是指承包人在业主拟定的工程单价表上填写的分部分项工程单价，按照项目实际完成的工程量确定工程总价的合同。业主方面在招标文件中只向投标人给出发包工程的各分部分项工程项目划分及其工程范围，而工程量不做任何规定，招投标时只按分部分项工程开列的单价表，无近似工程量。由于同一工程在不同的施工部位和外部环境条件下，承包商的实际成本投入不尽相同，因此，仅以工作内容填报单价不易准确。

在设计单位来不及提交施工详图，或虽有施工图但由于某些原因不能准确地计算工程量时采用这种合同。有时也可以由业主一方在招标文件中列出单价，而投标一方提出修正意见，双方协商后确定最后的承包单价。

6.3.3　成本加酬金合同

成本加酬金合同是将工程项目的实际投资划分成直接成本费和承包方完成工作后应得酬金两部分。工程实施过程中发生的直接成本费由发包方实报实销，再按合同约定的方式另外支付给承包方相应报酬。

这种合同计价方式主要适用于工程内容及技术经济指标尚未全面确定，投标报价的依据尚不充分的情况下，发包方因工期要求紧迫，必须发包的工程；或者发包方与承包方之间有着高度的信任，承包方在某些方面具有独特的技术、特长或经验。由于在签订合同时，发包方提供不出可供承包方准确报价所必需的资料，报价缺乏依据，因此，在合同内只能商定酬金的计算方法。成本加酬金合同广泛应用于工作范围很难确定的工程和在设计完成之前就开始施工的工程。

成本加酬金合同有明显的缺点：一是发包方对工程总价不能实施有效的控制；二是承包方对降低成本兴趣不大。因此，采用这种合同计价方式，条款约定必需严格。

按照酬金的计算方式不同，成本加酬金合同又分为以下几种形式。

一、成本加固定百分比酬金

采用这种合同计价方式，承包方的实际成本实报实销，同时按照实际成本的固定百分比付给承包方一笔酬金。工程的合同总价表达式为

$$C = C_d + C_d \times P$$

式中　C——合同价；

C_d——实际发生成本；

P——双方事先商定的酬金的固定百分比。

这种合同计价方式，工程总价及付给承包方的酬金随工程的成本的增加而涨高，不利于鼓励承包方降低成本。一般情况下，承包方为了获取更多报酬，盲目扩大成本，因此，这种合同计价方式很少被采用。

二、成本加固定金额酬金

这种合同计价方式与成本加固定百分比酬金合同相似。不同之处在于成本上所增加的费用是一笔固定金额的酬金。酬金一般是按估算工程成本的一定百分比确定，数额是固定不变的。计算表达式为

$$C = C_d + F$$

式中　F——双方约定的酬金具体数额。

这种计价方式的合同虽然也不能鼓励承包商关心和降低成本，但从尽快获得全部酬金减少管理投入出发，会有利于缩短工期。

采用上述两种合同计价方式时，为了避免承包方企图获得更多的酬金而对工程成本不加控制，一般在承包合同中规定一些补充条款，以鼓励承包方节约工程费用的开支，降低成本。

三、成本加奖罚合同

采用成本加奖罚合同，在签订合同时双方事先约定该工程的预期成本或称为目标成本和固定酬金，以及实际发生的成本与预期成本比较后的奖罚计算方法。在合同实施后，根据工程实际成本的发生情况，确定奖罚的额度：当实际成本低于预期成本时，承包方除可获得实际成本补偿和酬金外，还可根据成本降低额得到一笔奖金；当实际成本大于预期成本时，承包方仅可得到实际成本补偿和酬金，并根据实际成本高出预期成本的情况，被处以一笔罚

金。成本加奖罚合同的计算表达式为

$$C = C_d + F \quad (C_d = C_o)$$

$$C = C_d + F + \Delta F \quad (C_d < C_o)$$

$$C = C_d + F - \Delta F \quad (C_d > C_o)$$

式中 C_o——签订合同时双方约定的预期成本；

ΔF——奖罚金额（可以是百分数，也可以是绝对数，而且奖与罚可以是不同计算标准）。

这种合同计价方式可以促使承包方关心和降低成本，缩短工期，而且目标成本可以随着设计的进展而加以调整，所以发包和承包双方都不会承担太大的风险，因此，该合同计价方式应用较多。

四、最高限额成本加固定最大酬金

这种计价方式的合同中，首先要确定最高限额成本、报价成本和最低成本，当实际成本没有超过最低成本时，承包方花费的成本费用及应得酬金等都可以得到发包方的支付，并与发包方分享节约额；如果实际工程成本在最低成本和报价成本之间，承包方只有成本和酬金可以得到支付；如果实际工程成本在报价成本和最高限额成本之间，则只有全部成本可以得到支付；实际成本超过最高限额成本，则超过部分，发包方不予支付。

这种合同计价方式有利于控制工程投资，并能鼓励承包方最大限度地降低工程成本。

【例6-4】 某房地产开发公司投资建造一座高档写字楼，钢筋混凝土结构，设计项目已明确，功能布局及工程范围都已确定，业主为减少建设周期，尽快获得投资收益，施工图设计未完成时就进行了招标，确定了某建筑工程公司为总承包单位。

业主与承包方签订施工合同时，由于设计未完成，工程性质已明确但工程量还难以确定，双方通过多次协商，拟采用总价合同形式签订施工合同，以减少双方的风险。

(1) 在总承包合同中，业主与施工单位选择总价合同是否妥当？为什么？

(2) 你认为可以选择何种计价形式的合同？为什么？

解析：(1) 选用总价合同形式不妥当。因为施工图设计未完成，虽然工程性质已明确，但工程量还难以确定，工程价格随工程量的变化而变化，合同总价无法确定，双方风险都比较大。

(2) 可以采用（纯）单价合同。因为施工图未完成，不能准确计算工程量，而工程范围与工作内容已明确，可列出全部工程的各分项工程内容和工作项目一览表，暂不定工作量，双方按全部所列项目协商确定单价，按实际完成工程量进行结算。

本 章 小 结

本章介绍了建设工程招标阶段的投资控制。招标人在进行招标之前，为了更好地控制投资，通过招标控制价的公布，对投标人的报价有了相应的限制。投标人在编制投标报价时，严格按照相关原则和依据，并结合实际灵活运用不平衡报价、先亏后盈等多种报价技巧，提高中标概率。根据计价方式的不同，合同可分为总价合同、单价合同及成本加酬金合同，每种合同适用于不同的项目，结合项目实际特点灵活采用相应的合同形式，达到双方风险合理分担的结果。

习　题

一、单选题（每题的备选项中，只有 1 项为正确选项）

1. 下列合同形式中，承包商将承担较多风险的是（　　）。

A. 固定单价合同　B. 总价合同　C. 变动单价合同　D. 成本加酬金合同

2. 有关招标控制价的理解，下列阐述中不正确的是（　　）。

A. 招标控制价应由具有编制能力的招标人或受其委托，由具有相应资质的工程造价咨询人编制

B. 国有资金投资的工程建设项目应实行工程量清单招标，并应编制招标控制价

C. 招标控制价超过批准的概算时，招标人应将其报原概算审批部门审核

D. 招标控制价类似标底，需要保密

3. 采用成本加固定酬金合同时，其酬金一般是按（　　）的一定百分比确定。

A. 实际工程成本　B. 估计的工程成本

C. 报价成本　D. 限额成本

4. 下列各项不属于招标控制价编制内容的是（　　）。

A. 分部分项工程费　B. 措施项目费

C. 利润　D. 规费和税金

5. 因暴雨引发山体滑坡、公路交通紧急抢修的项目宜采用（　　）。

A. 总价合同　B. 固定单价合同　C. 可调单价合同　D. 成本加酬金合同

6. 对于某些招标文件，当发现该项目工程范围不很明确、条款不够清楚或技术规范要求过于苛刻时，投标人最宜用的投标策略是（　　）。

A. 根据招标项目的不同特点采取不同的报价

B. 增加建议方案

C. 提供可供选择项目的报价

D. 多方案报价

7. 在使用不平衡报价法作为投标报价策略时，下列内部项目中可适当调高报价的是（　　）。

A. 早日结账收款的项目　B. 工程量可能减少的项目

C. 工程内容解说不清楚的项目　D. 暂定项目不分标且不一定做的

8. 可调总价合同的风险分担方式是（　　）。

A. 发包人承担全部风险

B. 承包人承担通货膨胀风险，发包人承担其他风险

C. 承包人承担全部风险

D. 发包人承担通货膨胀主要风险，承包人承担其他风险

9. 工程项目合同以合同计价方式的不同划分为：①总价合同；②单价合同；③成本加酬金台同三种。以业主所承担的风险从小到大的顺序来排列，应该是（　　）。

A. ③②①　B. ①②③　C. ③①②　D. ①③②

10. 投标报价工作的内容中不包括（　　）。

A. 编制工程量清单　　　　　　　　B. 确定单价，计算合价
C. 确定利润和风险费　　　　　　　D. 确定投标价格

二、多选题（每题的备选项中，有2项或2项以上符合题意，至少有1项错项）

1. 工程施工承包合同按照计价方式可以分为以下几类（　　）。
A. 总价合同　　B. 固定总价合同　　C. 单价合同　　D. 变动单价合同
E. 成本加酬金合同

2. 在采用可调价格合同时，如果合同双方事先约定，则当（　　）发生较大变化时，可以对单价进行调整。
A. 施工质量　　B. 实际工程量　　C. 合同条件　　D. 通货膨胀
E. 施工效率

3. 投标报价的主要内容有（　　）。
A. 复核或计算工程量　　　　　　B. 编制企业定额
C. 编制投标价格　　　　　　　　D. 编制工程量清单
E. 确定单价，计算合价

4. 在不平衡报价中，说法正确的是（　　）。
A. 对后期的施工分项，单价适当提高
B. 估计施工中工程量可能增加的项目，单价提高
C. 工程内容说明不清的，单价提高
D. 没有工程量，只填单价的项目，单价提高
E. 图纸有误，估计修改后工程量可能增加的项目，单价提高

5. 对工程量不能准确计算，技术经济指标一时尚不能明确确定，但工期较紧的工程，可采用（　　）合同形式。
A. 估计工程量单价　　　　　　　B. 纯单价
C. 成本加酬金　　　　　　　　　D. 可调总价
E. 可调单价

6. 影响合同计价方式选择的因素主要有（　　）。
A. 项目的复杂程度　　　　　　　B. 业主的资金来源渠道
C. 工程施工的难易程度　　　　　D. 工程设计工作的深度
E. 工程进度要求的紧迫程度

三、简答题

1. 简述招标控制价的编制依据。
2. 简述定额计价模式的投标报价的内容。
3. 何为不平衡报价法？其适用范围是什么？
4. 简述总价合同、单价合同及成本加酬金合同各自的适用范围。

四、案例分析

某市曾因非典疫情严重，为了使非典病人能够进行及时隔离治疗，决定将该市郊区的一座疗养院改建为一所收治非典病人的医院。投资概算为1200万元。因疫情紧急，要求该医院尽快投入使用，建设单位邀请本市3家有医院施工经验的一级施工资质企业进行竞标，考虑到该项目的设计与施工必须马上同时进行，采用了成本加酬金的合同，通过商务谈判，选

定一家施工单位，签订了施工合同，按实际工程成本加 15%的酬金进行结算，合同工期 30 天。

该施工单位在签订合同后，因工期较紧立即组织大量施工人员进场施工。工程实施过程中，工程成本增加近 200 万元，建设单位要求施工单位承担相关经济责任。

问题：

(1) 该工程采用成本加酬金合同是否合适？说明理由。

(2) 该项目实际成本突破了投资计划，其成本增加的风险应由谁来承担？为什么？

(3) 采用成本加酬金合同有何不足之处？

第7章 建设工程施工阶段的投资控制

学习目标

了解施工阶段投资控制的原理及措施；熟悉资金使用计划的编制，掌握投资偏差分析；熟悉工程计量的依据，掌握工程计量的程序和方法；熟悉工程变更价款的确定方法及程序；熟悉常见的索赔内容，掌握索赔费用计算的方法；掌握工程预付款的扣回、进度款及结算款的计算方法，熟悉工程价款的动态结算。

7.1 施工阶段投资控制概述

通常一个工程项目的投资主要是由项目的决策阶段和设计阶段所决定，施工阶段对工程项目投资的影响相对较小。但是施工阶段是建筑产品形成的阶段，是投资支出最多的阶段，也是矛盾、问题频发的阶段。做好施工阶段的投资控制可以为建设单位节约资金，也可以使施工单位提高自身管理水平，是"双赢"的事情。所以有必要在工程施工阶段对工程投资进行有效的控制管理。

7.1.1 施工阶段投资控制的原理

施工阶段的投资控制运用动态控制的原理，其工作的原理如下。

一、施工投资目标的逐层分解

施工投资目标的分解指的是通过编制资金使用计划，分析和论证施工投资目标实现的可能性，并对施工投资目标进行分解，一般以招投标阶段确定的合同价作为施工阶段投资控制目标。

二、在施工过程中对施工投资目标进行动态跟踪和控制

(1) 按照投资控制的要求，收集施工投资的实际值。

(2) 定期对施工投资的计划值和实际值进行比较。

投资的控制周期应视项目的规模和特点而定，一般的项目控制周期为一个月。

(3) 通过施工投资计划值和实际值的比较，如发现投资的偏差，则必须采取相应的纠偏措施进行纠偏。

(4) 如有必要（即发现原定的施工投资目标不合理，或原定的施工投资目标无法实现等），则调整施工投资目标。

三、事前的主动控制

为避免项目投资目标偏离的发生，应重视事前的主动控制，即项目实施之前分析可能导致项目投资目标偏离的各种影响因素，并针对这些影响因素采取有效的预防措施。

7.1.2 施工阶段投资控制的措施

对施工阶段的投资控制应给予足够的重视，仅仅靠控制工程款的支付是不够的，应从组织、经济、技术、合同等多方面采取措施，控制投资。

一、组织措施

(1) 在项目管理班子中落实从投资控制角度进行施工跟踪的人员任务分工和职能分工。

(2) 编制本阶段投资控制工作计划和详细的工作流程图。

二、经济措施

(1) 编制资金使用计划，确定、分解投资控制目标。对工程项目造价目标进行风险分析，并制定防范性对策。

(2) 进行工程计量。

(3) 复核工程付款账单，签发付款证书。

(4) 在施工过程中进行投资跟踪控制，定期地进行投资实际支出值与计划目标值的比较；发现偏差，分析产生偏差的原因，采取纠偏措施。

(5) 协商确定工程变更的价款；审核竣工结算。

(6) 对工程施工过程中的投资支出作好分析与预测，经常或定期向建设单位提交项目投资控制及其存在问题的报告。

三、技术措施

(1) 对设计变更进行技术经济比较，严格控制设计变更。

(2) 继续寻找通过设计挖掘节约投资的可能性。

(3) 审核承包商编制的施工组织设计，对主要施工方案进行技术经济分析。

四、合同措施

(1) 做好工程施工记录，保存各种文件图纸；特别是注有实际施工变更情况的图纸，注意积累素材，为正确处理可能发生的索赔提供依据；参与处理索赔事宜。

(2) 参与合同修改、补充工作，着重考虑它对投资控制的影响。

7.2 资金使用计划的编制与投资偏差分析

7.2.1 资金使用计划的编制

投资控制的目的是为了确保投资目标的实现。因此，监理工程师必须编制资金使用计划，合理地确定投资控制目标值。如果没有明确的投资控制目标，就无法进行项目投资实际支出值与目标值的比较，不能进行比较也就不能找出偏差，不知道偏差程度，就会使控制措施缺乏针对性。在确定投资控制目标时，应有科学的依据。

一、投资目标的分解

投资目标的分解可以分为按投资构成、按子项目、按时间分解三种类型。

(一) 按投资构成分解的资金使用计划

工程项目的投资主要分为建筑安装工程投资、设备、工器具购置投资及工程建设其他投资。由于建筑工程和安装工程在性质上存在着较大差异，投资的计算方法和标准也不尽相同。因此，在实际操作中往往将建筑工程投资和安装工程投资分解开来。按投资构成分解的资金使用计划如图7-1所示。

(二) 按子项目分解的资金使用计划

要把项目总投资分解到单项工程和单位工程中，如图7-2所示。

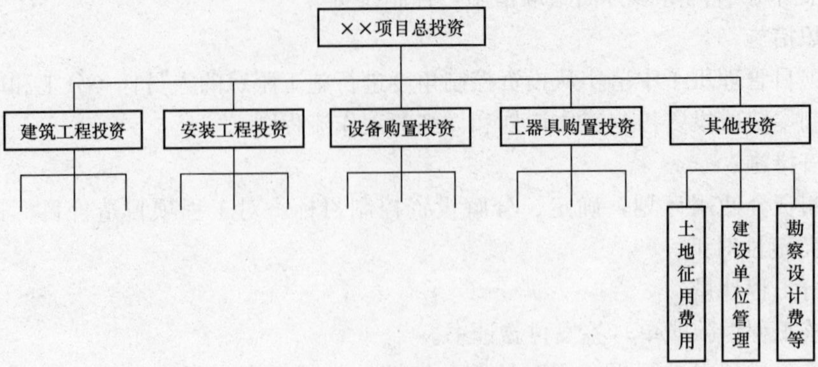

图 7-1 按投资构成分解目标

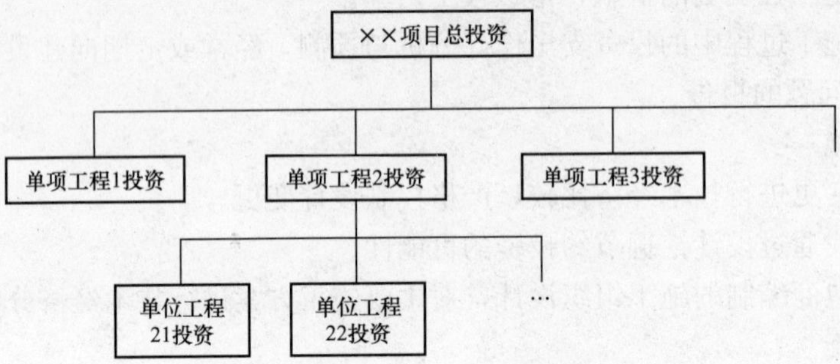

图 7-2 按子项目分解投资目标

另外，对各单位工程的建筑安装工程投资还需要进一步分解，在施工阶段一般可分解到分部分项工程。

（三）按时间进度分解的资金使用计划

为了编制项目资金使用计划，并据此筹措资金，尽可能减少资金占用和利息支出，有必要将项目总投资按其使用时间进行分解。

编制按时间进度的资金使用计划，通常可利用控制项目进度的网络图进一步扩充而得。即在建立网络图时，一方面确定完成各项工作所需花费的时间，另一方面同时确定完成这一工作的合适的投资支出预算。

在编制网络计划时应在充分考虑进度控制对项目划分要求的同时，还要考虑确定投资支出预算对项目划分的要求，做到二者兼顾。

以上三种编制资金使用计划的方法并不是相互独立的。在实践中，往往是将这几种方法结合起来使用，从而达到扬长避短的效果。

二、资金使用计划的形式

（一）按子项目分解得到的资金使用计划表

资金使用计划表的内容一般包括：

（1）工程分项编码。

（2）工程内容。

（3）计量单位。

(4) 工程数量。

(5) 计划综合单价。

(6) 本分项总计。

(二) 时间—投资累计曲线

时间—投资累计曲线的绘制步骤如下：

(1) 确定工程项目进度计划，编制进度计划的横道图。

(2) 根据每单位时间内完成的实物工程量或投入的人力、物力和财力，计算单位时间(月或旬) 的投资，在时标网络图上按时间编制投资支出计划，如图 7-3 所示。

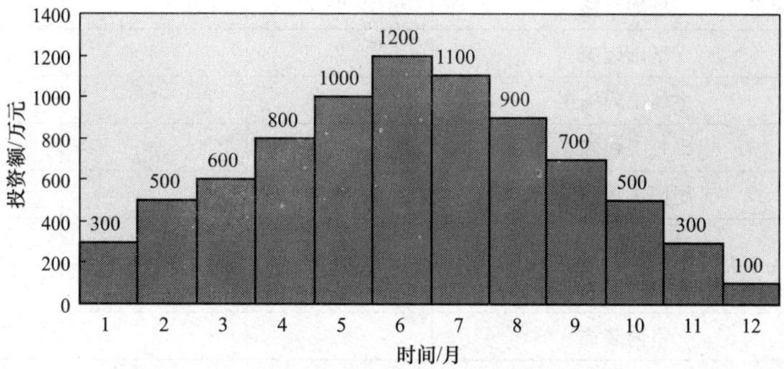

图 7-3　时标网络图上按月编制的资金使用计划

(3) 计算规定时间 t 计划累计完成的投资额，其计算方法为：各单位时间计划完成的投资额累加求和，可按下式计算

$$Q_t = \sum_{n=1}^{t} q_n \tag{7.1}$$

式中　Q_t——某时间 t 计划累计完成投资额；

q_n——单位时间 n 的计划完成投资额；

t——某规定计划时刻。

(4) 按各规定时间的 Q_t 值，绘制 S 形曲线，如图 7-4 所示。

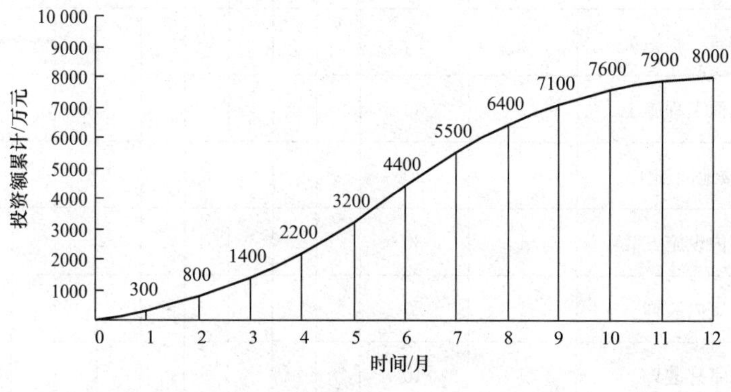

图 7-4　时间—投资累计曲线 (S形曲线)

每一条 S 形曲线都对应某一特定的工程进度计划。

一般而言，所有工作都按最迟开始时间开始，对节约建设单位的建设资金贷款利息是有利的，但同时，也降低了项目按期竣工的保证率。因此，监理工程师必须合理地确定投资支出计划，达到既节约投资支出，又能控制项目工期的目的。

（三）综合分解资金使用计划表

将投资目标的不同分解方法相结合；会得到比前者更为详尽、有效的综合分解资金使用计划表。

【例 7-1】 已知某施工项目的数据资料见表 7-1，绘制该项目的时间—成本累积曲线。

表 7-1　施工项目的数据资料

编码	项目名称	最早开始时间	工期	成本强度/(万元/月)
11	场地平整	1	1	20
12	基础施工	2	3	15
13	主体工程施工	4	5	30
14	砌筑工程施工	8	3	20
15	屋面工程施工	10	2	30
16	楼地面施工	11	2	20
17	室内设施安装	11	1	30
18	室内装饰	12	1	20
19	室外装饰	12	1	10
20	其他工程		1	10

解　(1) 确定施工项目进度计划，编制进度计划的横道图，如图 7-5 所示。

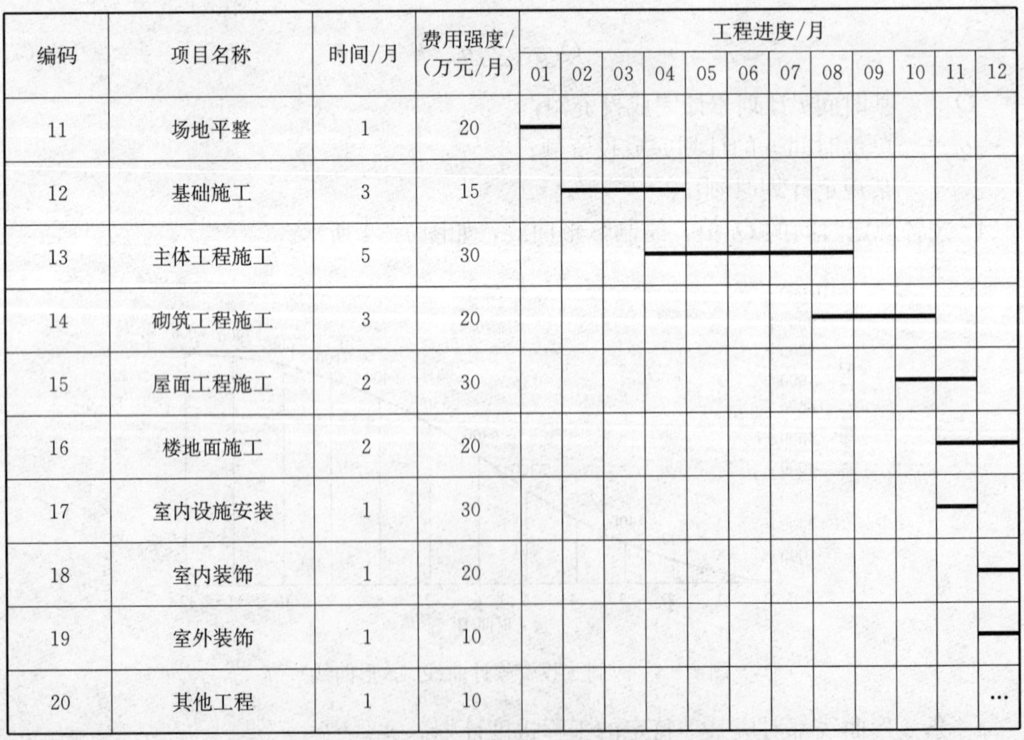

图 7-5　进度计划横道图

(2) 在横道图上按时间编制成本计划，如图7-6所示。

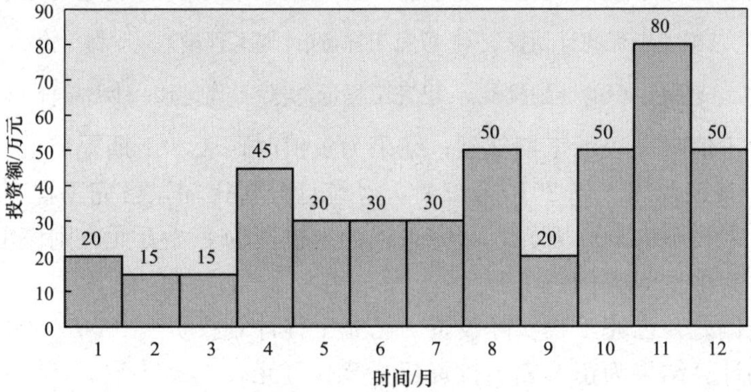

图7-6　按月编制的资金使用计划

(3) 计算规定时间 t 计划累计支出的成本额。

根据式 (7.1)，可得如下结果

$$Q_1=20,\ Q_2=35,\ Q_3=50,\ Q_4=95,\ Q_5=125,\ Q_6=155,\ Q_7=185,$$

$$Q_8=235,\ Q_9=255,\ Q_{10}=305,\ Q_{11}=385,\ Q_{12}=435$$

(4) 绘制S形曲线，如图7-7所示。

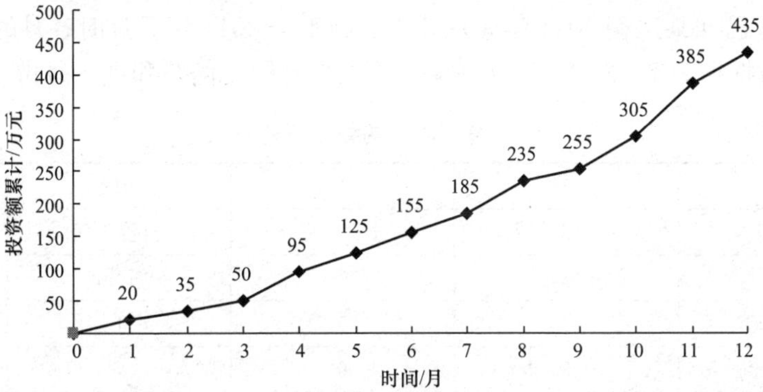

图7-7　时间—投资累计曲线（S形曲线）

7.2.2　投资偏差分析

一、投资偏差的概念

在投资控制中，把投资的实际值与计划值的差异称为投资偏差，即

$$投资偏差=已完工程实际投资-已完工程计划投资 \tag{7.2}$$

投资偏差的计算结果为正，表示投资超支；结果为负，表示投资节约。

与投资偏差密切相关的是进度偏差，可表示为

$$进度偏差1=已完工程实际时间-已完工程计划时间 \tag{7.3}$$

为了与投资偏差联系起来，进度偏差也可表示为

$$进度偏差2=拟完工程计划投资-已完工程计划投资 \tag{7.4}$$

所谓拟完工程计划投资是指根据进度计划安排在某一确定时间内所应完成的工程内容的计划投资；已完工程计划投资是指实际完成工程量按计划单价所确定的投资额。

$$拟完工程的计划投资 = 拟完工程量(计划工程量) \times 计划单价 \tag{7.5}$$

$$已完工程的计划投资 = 已完工程量(实际工程量) \times 计划单价 \tag{7.6}$$

进度偏差为正值时，表示工期拖延；结果为负值时，表示工期提前。

【例 7-2】 某工程施工到 2010 年 9 月，经统计分析得知，已完工程实际投资为 1000 万元，拟完工程计划投资为 900 万元，已完工程计划投资为 800 万元，则该工程此时的投资偏差与进度偏差各为多少万元?

解 投资偏差=已完工程实际投资－已完工程计划投资=1000－800=200 万元

投资偏差的计算结果为正，表示投资超支 200 万元。

进度偏差 = 拟完工程计划投资 － 已完工程计划投资 = 900 － 800 = 100 万元

进度偏差为正值，表示工期拖延 100 万元。

在投资偏差分析时，具体又分为以下几类。

(一) 局部偏差和累计偏差

所谓局部偏差，有两层含义：一是相对于总项目的投资而言，指各单项工程、单位工程和分部分项工程的偏差，二是相对于项目实施的时间而言，指每一控制周期所发生的投资偏差。累计偏差，则是在项目已经实施的时间内累计发生的偏差。在进行投资偏差分析时，对局部偏差和累计偏差都要进行分析。

【例 7-3】 已知某工程 2011 年 3 月开工，施工至 2011 年 5 月时各月的已完工程的实际工程量与投资数据见表 7-2，求各月每个分部工程的投资偏差和到 5 月份为止的累计偏差。

表 7-2　施工项目的数据资料

项目编码	(1)	011	012	013
项目名称	(2)	土方工程	打桩工程	基础工程
单位	(3)	$100m^3$	10m	$100m^3$
计划单价/万元	(4)	5	6	8
实际单价/万元	(5)	6	8	7
3 月拟完工程量	(6)	10	0	0
4 月拟完工程量	(7)	5	8	5
5 月拟完工程量	(8)	0	10	8
3 月已完工程量	(9)	8	0	0
4 月已完工程量	(10)	7	6	4
5 月已完工程量	(11)	0	10	6

解 每月各分部分项工程的已完工程计划投资=每月各分部分项工程的实际工程量×计划单价

每月各分部分项工程的已完工程实际投资=每月各分部分项工程的实际工程量×实际单价

投资偏差=已完工程实际投资－已完工程计划投资

计算结果见表 7-3。

表 7-3　**施工项目的投资偏差计算表**

项目编码	(1)	011	012	013
项目名称	(2)	土方工程	打桩工程	基础工程
3 月已完工程计划投资/万元	(3)	40	0	0
4 月已完工程计划投资/万元	(4)	35	36	32
5 月已完工程计划投资/万元	(5)	0	60	48
3 月已完工程实际投资/万元	(6)	48	0	0
4 月已完工程实际投资/万元	(7)	42	48	28
5 月已完工程实际投资/万元	(8)	0	80	42
3 月投资偏差/万元	(9)	8	0	0
4 月投资偏差/万元	(10)	7	12	−4
5 月投资偏差/万元	(11)	0	20	−6
3 月累计投资偏差/万元	(12)＝∑(9)＝8＋0＋0＝8			
4 月累计投资偏差/万元	(13)＝(12)＋∑(10)＝8＋7＋12−4＝23			
5 月累计投资偏差/万元	(14)＝(13)＋∑(11)＝23＋0＋20−6＝37			

（二）绝对偏差和相对偏差

所谓绝对偏差，是指投资计划值与实际值比较所得的差额。相对偏差，则是指投资偏差的相对数或比例数，通常是用绝对偏差与投资计划值的比值来表示。

$$相对偏差(\%)=绝对偏差/投资计划值$$
$$=\frac{已完工程实际投资-已完工程计划投资}{已完工程计划投资}\times 100\% \tag{7.7}$$

绝对偏差和相对偏差的数值均可正可负，且两者符号相同，正值表示投资增加，负值表示投资节约。在进行投资偏差分析时，对绝对偏差和相对偏差都要进行计算。绝对偏差有一定的局限性，而相对偏差就能较客观地反映投资偏差的严重程度或合理程度，从对投资控制工作的要求来看，相对偏差比绝对偏差更有意义，应当给予更高的重视。

（三）偏差程度

偏差程度是指投资实际值对计划值的偏离程度，可表示为

$$投资偏差程度=\frac{已完工程实际投资}{已完工程计划投资} \tag{7.8}$$

【例 7-4】 已知建筑工程 2011 年 3 月开工，施工至 2011 年 5 月时已完工程的实际投资为 120 万元，已完工程的计划投资为 115 万元，试计算其相对偏差和投资偏差程度。

解　(1) 根据相对偏差的计算公式得

$$相对偏差=\frac{已完工程实际投资-已完工程计划投资}{已完工程计划投资}\times 100\%$$
$$=\frac{120-115}{115}\times 100\%=4.35\%$$

(2) 根据偏差程度的计算公式得

$$投资偏差程度=\frac{已完工程实际投资}{已完工程计划投资}=\frac{120}{115}=1.04$$

二、偏差的分析方法

常用的偏差分析方法有横道图法、表格法和曲线法。

（一）横道图法

用横道图进行投资偏差分析，是用不同的横道标识已完工程计划投资和实际投资以及拟完工程计划投资，横道的长度与其数额成正比，如图 7－8 所示。

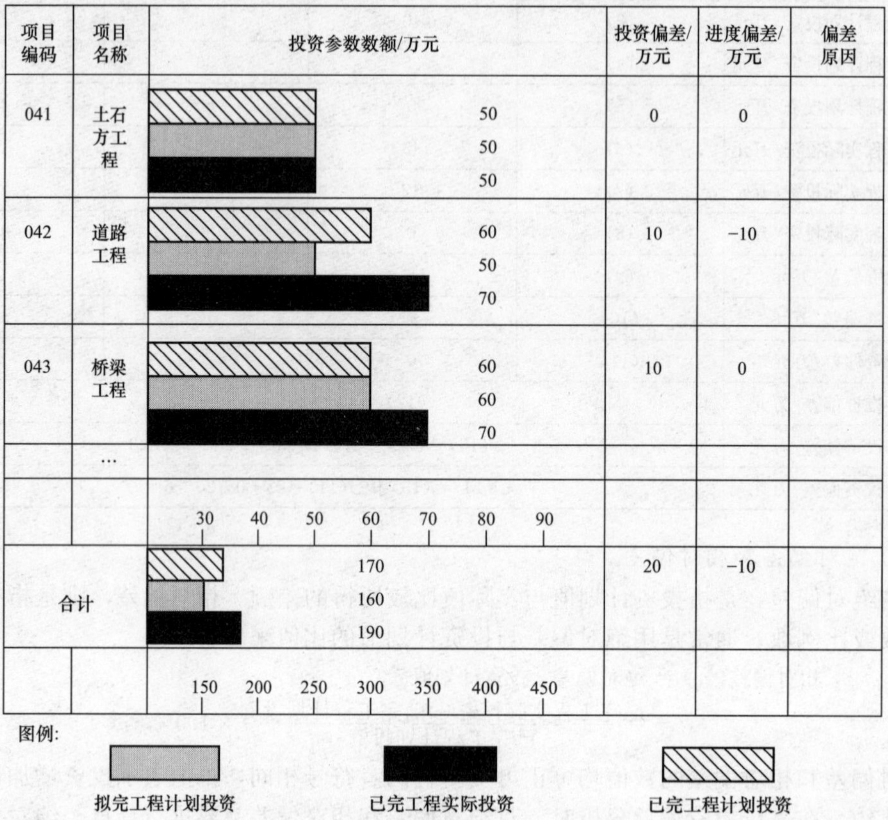

图 7－8　横道图法的投资偏差分析

横道图法具有形象、直观、一目了然等优点，它能够准确表达出投资的绝对偏差，而且能一眼感受到偏差的严重性。但是，这种方法反映的信息量少，一般在项目的较高管理层应用。

（二）表格法

表格法是进行偏差分析最常用的一种方法。它将项目编号、名称、各投资参数以及投资偏差数综合归纳入一张表格中，并且直接在表格中进行比较，见表 7－4，［例 7－3］也应用了表格法进行了投资偏差的分析。

表 7－4　　投资偏差分析表

项目编码	(1)	041	042	043
项目名称	(2)	土石方工程	道路工程	桥梁工程
单位	(3)			
计划单价	(4)			
拟完成工程量	(5)			
拟完工程计划投资	(6)＝(4)×(5)	30	30	40

续表

已完工程量	(7)			
已完工程计划投资	(8)=(4)×(7)	30	40	40
实际单价	(9)			
其他款项	(10)			
已完工程实际投资	(11)=(7)×(9)+(10)	30	50	50
投资局部偏差	(12)=(11)-(8)	0	10	10
投资局部偏差程度	(13)=(11)÷(8)	1	1.25	1.25
投资累计偏差	(14)=∑(12)			
投资累计偏差程度	(15)=∑(11)÷∑(8)			
进度局部偏差	(16)=(6)-(8)	0	-10	0
进度局部偏差程度	(17)=(6)÷(8)	1	0.75	1
进度累计偏差	(18)=∑(16)			
进度累计偏差程度	(19)=∑(6)÷∑(8)			

表格法根据项目的具体情况、数据来源、投资控制工作的要求等条件来设计表格，因而适用性较强；表格法的信息量大，可以反映各种偏差变量和指标，对全面深入地了解项目投资的实际情况非常有益；此外，表格处理可借助于计算机，从而节约大量数据处理所需的人力，并大大提高速度。

（三）曲线法

曲线法是用投资累计曲线（S 形曲线）来进行投资偏差分析的一种方法，如图 7-9 所示。其中 a 表示已完工程实际投资曲线，p 表示已完工程计划投资曲线，两条曲线之间的竖向距离表示投资偏差。

在用曲线法进行投资偏差分析时，首先要确定投资计划值曲线。投资计划值曲线是与确定的进度计划联系在一起的。

同时，也应考虑实际进度的影响，应当引入第三条投资参数曲线，即拟完工程计划投资曲线 b，如图 7-10 所示，图中曲线 a 与曲线 p 的竖向距离表示投资偏差，曲线 b 与曲线 p 的水平距离表示进度偏差。

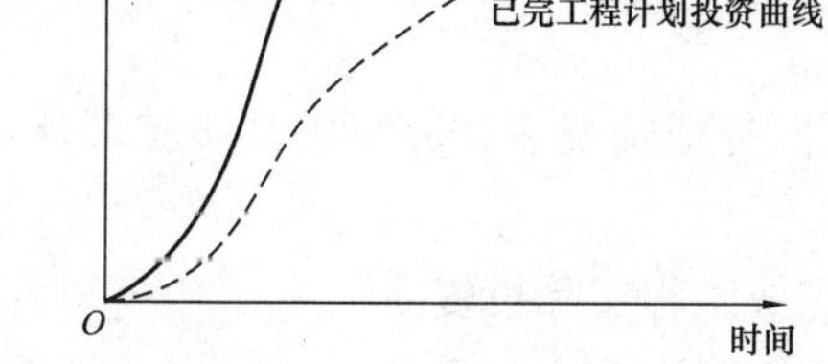

图 7-9　投资计划值与实际值曲线

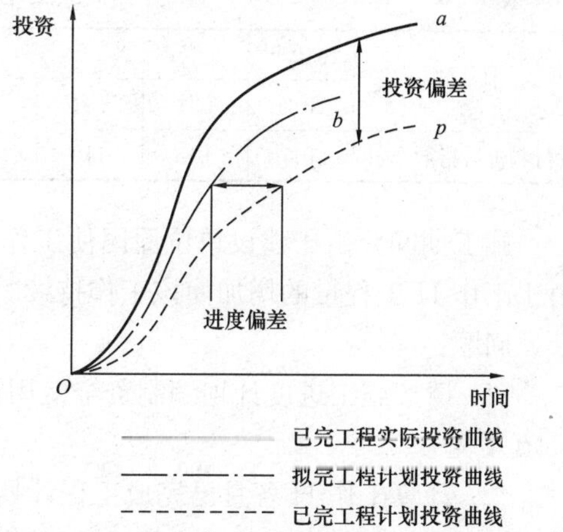

图 7-10　用投资累计曲线（S 形曲线）来进行投资偏差分析

用曲线法进行偏差分析同样具有形象、直观的特点，但这种方法很难直接用于定量分析，只能对定量分析起一定的指导作用。

【例7-5】 某道路工程项目施工合同于2010年签订，约定合同工期为9个月，2011年1月开始正式施工，施工单位按合同工期要求编制了工程施工进度时标网络计划（如图7-11所示）并经专业监理工程师审核批准。

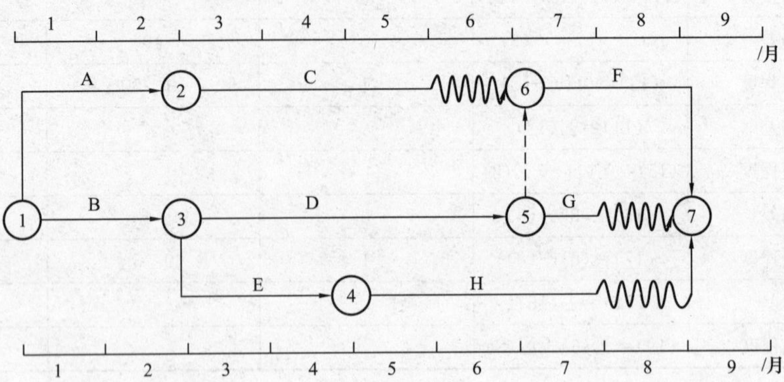

图7-11　时标网络计划

该项目的各项工作均按最早开始时间安排，且各工作每月所完成的工程量相等，各工作的计划工程量和实际工程量见表7-5。工作D、E、F的实际工作持续时间与计划工作持续时间相同。合同约定，工程综合单价为2000元/m，按月结算。结算价按项目所在地材料价格指数进行调整，项目实施期间各月的材料价格指数见表7-6。

表7-5　　计划工程量和实际工程量表

工　作	A	B	C	D	E	F	G	H
计划工程量	8000	9000	5100	4000	5600	3000	2200	4500
实际工程量	8600	9300	5100	3600	6000	3200	1800	4800

表7-6　　工程价格指数表

时　间	2010年	2011年								
	12月	1月	2月	3月	4月	5月	6月	7月	8月	9月
材料价格指数/%	100	105	110	110	115	120	120	125	125	130

施工期间，由于建设单位原因使工作H的开始时间比计划的开始时间推迟1个月，并由于工作H工程量的增加使该工作持续时间延长了1个月。

问题：

（1）请按施工进度计划编制资金使用计划表、实际完成情况表，并写出其步骤，计算结果填入表中。

（2）计算工作H各月已完成工程计划投资和已完成工程实际投资。

（3）计算工程已完工程实际投资，计算结果填入表中。

（4）列式计算8月末的投资偏差和进度偏差（用投资额表示）。

解　(1) 将各工作计划工程量与单价相乘后，除以该工作持续时间，得到各工作每月拟完工程计划投资额。再将时标网络计划中各工作分别按月纵向汇总得到每月拟完工程计划投资额。逐月累加得到各月累计拟完工程计划投资额；将各工作实际工程量与单价相乘后，除以该工作持续时间，得到各工作每月已完工程计划投资额。再将时标网络计划中各工作分别按月纵向汇总得到每月已完工程计划投资额。逐月累加得到各月累计已完工程计划投资额。

2011年各月拟完工程计划投资计算如下

1月：(8000×2000)/2+(9000×2000)/2=1700万元

2月：(8000×2000)/2+(9000×2000)/2=1700万元

3月：(5100×2000)/3+(4000×2000)/4+(5600×2000)/2=1100万元

4月：(5100×2000)/3+(4000×2000)/4+(5600×2000)/2=1100万元

5月：(5100×2000)/3+(4000×2000)/4+(4500×2000)/3=840万元

6月：(4000×2000)/4+(4500×2000)/3=500万元

7月：(3000×2000)/2+(2200×2000)/1+(4500×2000)/3=1040万元

8月：(3000×2000)/2=300万元

2011年各月已完工程计划投资计算如下（表7-7）

1月：(8600×2000)/2+(9300×2000)/2=1790万元

2月：(8600×2000)/2+(9300×2000)/2=1790万元

3月：(5100×2000)/3+(3600×2000)/4+(6000×2000)/2=1120万元

4月：(5100×2000)/3+(3600×2000)/4+(6000×2000)/2=1120万元

5月：(5100×2000)/3+(3600×2000)/4=520万元

6月：(3600×2000)/4+(4800×2000)/4=420万元

7月：(3200×2000)/2+(1800×2000)/1+(4800×2000)/4=920万元

8月：(3200×2000)/2+(4800×2000)/4=560万元

9月：(4800×2000)/4=240万元

表7-7　　资金使用计划及实际完成情况表

时　间	2011年								
	1月	2月	3月	4月	5月	6月	7月	8月	9月
拟完工程计划投资/万元	1700	1700	1100	1100	840	500	1040	300	—
已完工程计划投资/万元	1790	1790	1120	1120	520	420	920	560	240

(2) H工作6～9月各月已完成工作计划投资为：(4800×2000)/4=240万元，H工作6～9月已完成工作实际投资为

6月　240×120%=288万元

7月　240×125%=300万元

8月　240×125%=300万元

9月　240×130%=312万元

(3) 将每月已完工程计划投资乘以价格指数，得出每月已完工程实际投资，见表7-8。

表 7-8 各月已完工程实际投资计算表

时间	2011年								
	1月	2月	3月	4月	5月	6月	7月	8月	9月
已完工程计划投资/万元	1790	1790	1120	1120	520	420	920	560	240
材料价格指数/%	105	110	110	115	120	120	125	125	130
已完工程实际投资/万元	1880	1969	1232	1288	624	504	1150	700	312

(4) 将各月的拟完工程计划投资、已完工程计划投资及已完工程实际投资列表，逐月累加得到累计投资，见表 7-9。

表 7-9 各月投资计算表

项目	投资数据/万元								
	1月	2月	3月	4月	5月	6月	7月	8月	9月
每月拟完工程计划投资	1700	1700	1100	1100	840	500	1040	300	
累计拟完工程计划投资	1700	3400	4500	5600	6440	6940	7980	8280	
每月已完工程计划投资	1790	1790	1120	1120	520	420	920	560	240
累计已完工程计划投资	1790	3580	4700	5820	6340	6760	7680	8240	8480
每月已完工程实际投资	1880	1969	1232	1288	624	504	1150	700	312
累计已完工程实际投资	1880	3849	5081	6369	6993	7497	8647	9347	9659

8月末投资偏差 = 已完工程实际投资 − 已完工程计划投资 = 9347 − 8240 = 1107 万元

即到 8 月末投资额超支 1107 万元。

8月末进度偏差 = 拟完工程计划投资 − 已完工程计划投资 = 8280 − 8240 = 40 万元

即到 8 月末进度拖后 40 万元。

三、投资偏差的原因和类型

(一) 投资偏差的原因

偏差分析的一个重要目的就是要找出引起偏差的原因，从而有可能采取有针对性的措施，减少或避免相同原因的再次发生。

引起投资偏差的原因主要有客观原因、业主原因、设计原因和施工原因，具体如图 7-12所示。

(二) 偏差类型

为了便于分析，往往还需要对偏差类型做出划分。任何偏差都会表现出某种特点，其结果对投资控制的影响也各不相同。一般来说，偏差有以下四种情况，即Ⅰ，投资增加且工期拖延；Ⅱ投资增加但工期提前；Ⅲ，工期拖延但投资节约；Ⅳ，投资节约且工期提前。如图 7-13所示。这种划分综合性较强，便于表述和应用，在实际分析中经常用到。

四、投资偏差的纠正措施

对投资偏差原因进行分析后，就要采取强有力措施加以纠正，尤其注意主动控制和动态控制，尽可能实现投资控制目标。

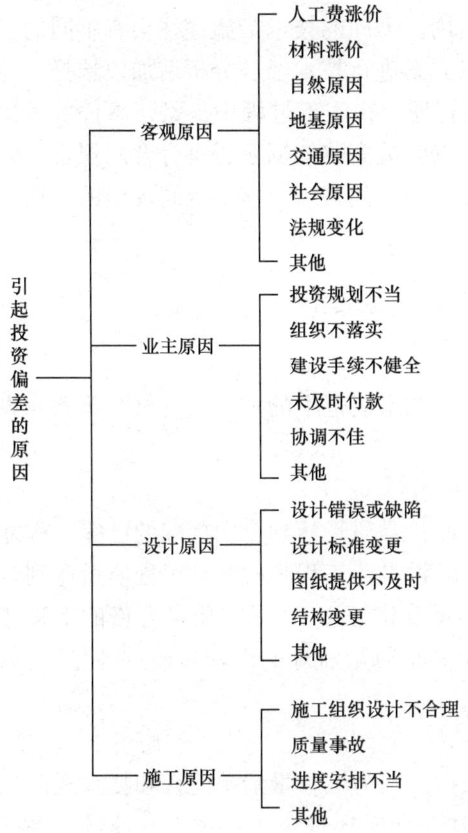

图 7-12　投资偏差原因分解图

（一）明确纠正的主要对象

（1）根据偏差类型明确纠偏主要对象。按照图 7-13 划分的偏差类型，纠偏的主要对象首先是偏差Ⅰ型，即投资增加且进度拖延。对这种类型的偏差必须高度重视，纠偏措施要坚决、果断、确有效果。其次是偏差Ⅱ型，在这种情况下，要适当考虑工期提前所能产生的收益。若这种收益与增加的投资大致相当甚至高于投资增加额，则未必需要采取纠偏措施。至于偏差Ⅲ型，从投资控制的角度来看，要考虑是否需要进度纠偏，以及如果必须采取进度纠偏措施需要增加多少投资。偏差Ⅳ型是投资控制工作非常理想的结果，但要特别注意排除假象。

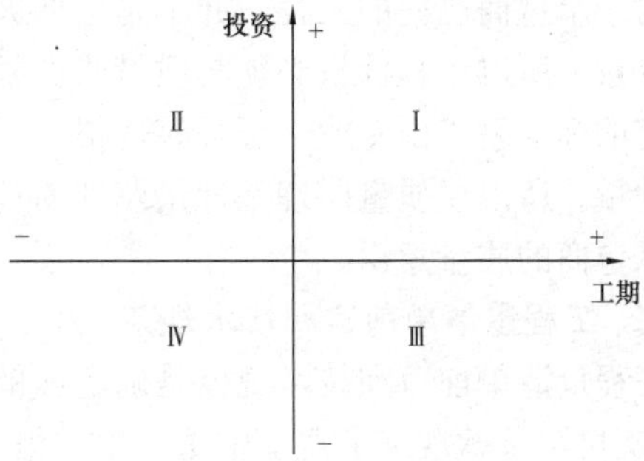

图 7-13　投资偏差类型

（2）根据偏差原因明确纠偏主要对象。在以上列举的四类投资偏差原因中，客观原因一般是无法避免和控制的。施工原因所导致的经济损失通常是由施工单位自己承担。这两类偏差原因都不是纠偏的主要对象。而由于业主原因和设计原因所造成的投资偏差则是纠偏的主要对象。

（二）采取有效的纠偏措施

纠偏就是对系统实际运行状态偏离标准状态的纠正，以使实际运行状态恢复或保持在标准状态。

通常纠偏措施可分为组织措施、经济措施、技术措施、合同措施四个方面。

（1）组织措施。指从投资控制的组织管理方面采取的措施。组织措施往往被人忽视，其实它是其他措施的前提和保障，而且一般无需增加什么费用，运用得当时可以收到良好的效果。

（2）经济措施。经济措施最易为人们接受，但运用中要特别注意不可把经济措施简单理解为审核工程量及相应的支付款。应从全局出发来考虑问题，如检查投资目标分解是否合理，资金使用计划有无保障，会不会与施工进度计划发生冲突，工程变更有无必要，是否超标等，解决这些问题往往是标本兼治，事半功倍的。另外，通过偏差分析和未完工程预测还可以发现潜在的问题，及时采取预防措施，从而取得投资控制的主动权。

(3) 技术措施。从投资控制的要求来看，技术措施并不都是因为发生了技术问题才加以考虑的，也可以因为出现了较大的投资偏差而加以运用。不同的技术措施往往会有不同的经济效果，因此运用技术措施纠偏时，要对不同的技术方案进行技术经济分析后加以选择。

(4) 合同措施，合同措施在纠偏方面主要指索赔管理。在施工过程中，索赔事件的发生是难免的，造价工程师在发生索赔事件后，要认真审查有关索赔依据是否符合合同规定，索赔计算是否合理等，从主动控制的角度出发，加强日常的合同管理，落实合同规定的责任。

7.3 工 程 计 量

7.3.1 工程计量的依据

计量依据一般有质量合格证书，工程量清单前言，技术规范中的“计量支付”条款和设计图纸。也就是说，计量时必须以这些资料为依据。

一、质量合格证书

对于承包商已完的工程，并不是全部进行计量，而只是质量达到合同标准的已完工程才予以计量。所以工程计量必须与质量监理紧密结合，经过专业工程师检验，工程质量达到合同规定的标准后，由专业工程师签署报验申请表（质量合格证书），只有质量合格的工程才予以计量。所以说质量监理是计量监理的基础，计量又是质量监理的保障，通过计量支付，强化承包商的质量意识。

二、工程量清单前言和技术规范

工程量清单前言和技术规范是确定计量方法的依据。因为工程量清单前言和技术规范的“计量支付”条款规定了清单中每一项工程的计量方法，同时还规定了按规定的计量方法确定的单价所包括的工作内容和范围。

【例 7-6】 某高速公路技术规范计量支付条款规定：所有道路工程、隧道工程和桥梁工程中的路面工程按各种结构类型及各层不同厚度分别汇总以图纸所示或工程师指示为依据，按经工程师验收的实际完成数量，以平方米为单位分别计量。计量方法是根据路面中心线的长度乘图纸所表明的平均宽度，再加单独测量的岔道、加宽路面、喇叭口和道路交叉处的面积，以平方米为单位计量。除工程师书面批准外，凡超过图纸所规定的任何宽度、长度、面积或体积均不予计量。已知设计图纸的高速公路总长为 5000m，道路设计宽度为 35m，岔道、加宽路面、喇叭口和道路交叉处的面积共计 200m^2，施工单位实际施工的道路面积为 190 000m^2，经工程师检验质量全部合格，则工程师应予以计量的工程量应为多少？

解 工程计量应按支付条款的规定进行计量，因此应按设计图纸的工程量进行计量，即

$$计量工程量 = 5000 \times 35 + 200 = 175\ 200\text{m}^2$$

超出设计图纸施工的工程量将不予计量，其费用由施工单位承担。

三、设计图纸

单价合同以实际完成的工程量进行结算，但被工程师计量的工程数量，并不一定是承包商实际施工的数量。计量的几何尺寸要以设计图纸为依据，工程师对承包商超出设计图纸要求而增加的工程量和自身原因造成返工的工程量，不予计量。

【例 7-7】 某工程基础底板的设计厚度为 1.5m，施工单位为了保证质量，实际做了 1.6m，多做的工程量在工程价款的计量支付时，应（　　）。

A. 不予计量　　B. 予以计量
C. 计量一半　　D. 由业主与施工单位协商处理

解　答案为 A。

7.3.2　工程计量的程序和方法

一、工程计量的程序

（一）施工合同（示范文本）约定的程序

按照施工合同（示范文本）规定，工程计量的一般程序是：承包人应按专用条款约定的时间，向工程师提交已完工程量的报告，工程师接到报告后 7 天内按设计图纸核实已完工程量，并在计量前 24h 通知承包人，承包人为计量提供便利条件并派人参加。承包人收到通知后不参加计量，计量结果有效，作为工程价款支付的依据。工程师收到承包人报告后 7 天内未进行计量，从第 8 天起，承包人报告中开列的工程量视为已被确认，作为工程价款支付的依据。工程师不按约定时间通知承包人，使承包人不能参加计量，计量结果无效。对承包人超出设计图纸范围和因承包人原因造成返工的工程量，工程师不予计量。

（二）建设工程监理规范规定的程序

(1) 承包单位统计经专业监理工程师质量验收合格的工程量，按施工合同的约定填报工程量清单和工程款支付申请表。

(2) 专业监理工程师进行现场计量，按施工合同的约定审核工程量清单和工程款支付申请表，并报总监理工程师审定。

(3) 总监理工程师签署工程款支付证书，并报建设单位。

二、工程计量的方法

工程师一般只对以下三方面的工程项目进行计量：

(1) 工程量清单中的全部项目。

(2) 合同文件中规定的项目。

(3) 工程变更项目。

(4) 根据《计价规范》，工程计量时，若发现工程量清单中出现漏项、工程量计算偏差，以及工程变更引起工程量的增减，应按承包人在履行合同义务过程中实际完成的工程量计算。

根据 FIDIC 合同条件的规定，一般可按照以下方法进行计量。

（一）均摊法

所谓均摊法，就是对清单中某些项目的合同价款，按合同工期平均计量。如为监理工程师提供宿舍，保养测量设备，保养气象记录设备，维护工地清洁和整洁等。这些项目都有一个共同的特点，即每月均有发生。所以可以采用均摊法进行计量支付。特别是适用于每月均有发生的费用。如本项合同款额为 4500 元，合同工期为 15 个月，则每月计量、支付的款额为：4500 元/15 月＝300 元/月。

（二）估价法

所谓估价法，就是按合同文件的规定，根据工程师估算的已完成的工程价值支付。如为工程师提供办公设施和生活设施，为工程师提供用车，为工程师提供测量设备、天气记录设备、通讯设备等项目。这类清单项目往往要购买几种仪器设备，当承包商对于某一项清单项目中规定购买的仪器设备不能一次购进时，则需采用估价法进行计量支付。其计量过程如下：

(1) 按照市场的物价情况，对清单中规定购置的仪器设备分别进行估价。

(2) 按下式计量支付金额

$$F = A \times \frac{B}{D}$$

式中 F——计算支付的金额；

A——清单所列该项的合同金额；

B——该项实际完成的金额（按估算价格计算）；

D——该项全部仪器设备的总估算价格。

从上式可知：

1）该项实际完成金额 B 必须按估算各种设备的价格计算，它与承包商购进的价格无关。

2）估算的总价与合同工程量清单的款额无关。

估价的款额与最终支付的款额无关，最终支付的款额总是合同清单中的款额。

【例 7-8】 清单中某项提供监理工程师使用的测量设备为：距测仪 2 台，单价为 50 000 元/台，水准仪 2 台，单价为 30 000 元/台；承包商已各购进 1 台，购货凭证显示共花费 90 000 元，对其计量应支付（　　）元。

A. 45 000　　B. 80 000　　C. 90 000　　D. 160 000

解 对清单这一项应采用估价法进行计量，根据 $F=A\times\frac{B}{D}$，则

$$A = 50\,000 + 30\,000 = 80\,000\text{元} \quad B = 90\,000\text{元}$$

$$D = 50\,000 \times 2 + 30\,000 \times 2 = 160\,000\text{元}$$

$$F = 80\,000 \times 90\,000/160\,000 = 45\,000\text{元}$$

所以选择 A。

(三) 凭据法

所谓凭据法，就是按照承包商提供的凭据进行计量支付。如建筑工程险保险费、第三方责任险保险费、履约保证金等项目，一般按凭据法进行计量支付。

(四) 断面法

断面法主要用于取土坑或填筑路堤土方的计量。对于填筑土方工程，一般规定计量的体积为原地面线与设计断面所构成的体积。采用这种方法计量，在开工前承包商需测绘出原地形的断面，并需经工程师检查，作为计量的依据。

(五) 图纸法

在工程量清单中，许多项目采取按照设计图纸所示的尺寸进行计量。如混凝土构筑物的体积，钻孔桩的桩长等。

(六) 分解计量法

所谓分解计量法，就是将一个项目，根据工序或部位分解为若干子项。对完成的各子项进行计量支付。这种计量方法主要是为了解决一些包干项目或较大的工程项目的支付时间过长，影响承包商的资金流动等问题。

7.4 工程变更价款的确定

由于建设工程项目的建设周期长，涉及的关系复杂，受自然条件和客观因素的影响较大，导致项目的实施情况与招投标时的情况相比通常会有一些变化，出现工程量变化、施工

进度变化，以及承发包双方在执行合同中的争执等诸多问题。产生这些问题一方面是因为勘察设计工作不细，导致在施工过程中发现许多招标文件中没有考虑或估算不准确的工程量，最终不得不改变施工项目或增减工程量；另一方面，是由于发生不可预见的自然或社会事件，引起停工或工期拖延等。由于工程变更所引起的工程量的变化、承包商的索赔等，都有可能使项目投资超出原来的预算投资，工程师必须严格予以控制，密切注意其对未完工程投资支出及对工期的影响。

7.4.1　工程变更价款的确定方法

一、《建设工程施工合同（示范文本）》约定的工程变更价款的确定方法

在工程变更确定后 14 天内，设计变更涉及工程价款调整的，由承包人向发包人提出，经发包人审核同意后调整合同价款。变更合同价款按照下列方法进行：

（1）合同中已有适用于变更工程的价格，按合同已有的价格变更合同价款。

（2）合同中只有类似于变更工程的价格，可以参照类似价格变更合同价款。

（3）合同中没有适用或类似于变更工程的价格，由承包人或发包人提出适当的变更价格，经对方确认后执行。

如双方不能达成一致意见，双方可提请工程所在地工程造价管理机构进行咨询或按合同约定的争议或纠纷解决程序办理。因此，在变更后合同价款的确定上，首先应当考虑使用合同中已有的、能够适用或者能够参照适用的，其原因在于在合同中已经订立的价格（一般是通过招标投标）是较为公平合理的，因此应当尽量采用。

采用合同中工程量清单的单价或价格有几种情况：一是直接套用，即从工程量清单上直接拿来使用；二是间接套用，即依据工程量清单，通过换算后采用；三是部分套用，即依据工程量清单，取其价格中的某些部分使用。

【例 7-9】 某合同路堤土方工程完成后，发现原设计在排水方面考虑不周，为此发包人同意在适当位置增设排水管涵，应如何确定工程变更价款？

解析：在工程量清单上有 80 多道类似管涵，但承包人不同意直接从中选择适合的作为参考依据。理由是变更设计提出时间较晚，其土方已经完成并准备开始路面施工，新增工程不但打乱了其进度计划，而且二次开挖土方难度较大，特别是重新开挖用石灰土处理过的路堤，与开挖天然表土不能等同。工程师认为承包人的意见可以接受，不宜直接套用清单中的管涵价格。经与承包人协商，决定采用工程量清单上的几何尺寸、地理位置等条件相近的管涵价格作为新增工程的基本单价，但对其中的“土方开挖”一项在原报价基础上按某个系数予以适当提高，提高的费用叠加在基本单价上，构成新增工程价格。

二、FIDIC 施工合同条件下工程变更价款的确定方法

（一）工程变更价款确定的一般原则

承包人按照工程师的变更指令实施变更工作后，往往会涉及对变更工程价款的确定问题。变更工程的费率或价格，往往是双方协商时的焦点。计算变更工程应采用的费率或价格，可分为三种情况：

（1）变更工作在工程量表中有同种工作内容的单价，应以该费率计算变更工程费用。

（2）工程量表中虽然列有同类工作的单价或价格，但对具体变更工作而言已不适用，则应在原单价和价格的基础上制定合理的新单价或价格。

（3）变更工作的内容在工程量表中没有同类工作的费率和价格，应按照与合同单价水平

相一致的原则，确定新的费率或价格。

（二）工程变更采用新费率或价格的情况

FIDIC施工合同条件（1999年第一版）约定：在以下情况下宜对有关工作内容采用新的费率或价格。

(1) 第一种情况。

1) 如果此项工作实际测量的工程量比工程量表或其他报表中规定的工程量的变动大于10%。

2) 工程量的变化与该项工作规定的费率的乘积超过了中标的合同金额的0.01%。

3) 此工程量的变化直接造成该项工作单位成本的变动超过1%。

4) 此项工作不是合同中规定的“固定费率项目”。

(2) 第二种情况。

1) 此工作是根据变更与调整的指示进行的。

2) 合同没有规定此项工作的费率或价格。

3) 由于该项工作与合同中的任何工作没有类似的性质或不在类似的条件下进行，故没有一个规定的费率或价格适用。

每种新的费率或价格应考虑以上描述的有关事项对合同中相关费率或价格加以合理调整后得出。如果没有相关的费率或价格可供推算新的费率或价格，应根据实施该工作的合理成本和合理利润，并考虑其他相关事项后得出。

三、《建设工程工程量清单计价规范》(GB 50500—2008) 规定的工程变更价款的确定方法

《建设工程工程量清单计价规范》(GB 50500—2008) 规定：合同中综合单价因工程量变更需调整时，除合同另有约定外，应按照下列办法确定。

(1) 工程量清单漏项或设计变更引起的新的工程量清单项目，其相应综合单价由承包人提出，经发包人确认后作为结算的依据。

(2) 由于工程量清单的工程数量有误或设计变更引起工程量增减，属合同约定幅度以内的，应执行原有的综合单价；属合同约定幅度以外的，其增加部分的工程量或减少后剩余部分的工程量的综合单价由承包人提出，经发包人确认后作为结算的依据。

【例7-10】 某独立土方工程，招标文件中估计工程量为140万m^3，合同中规定：土方工程单价为6元/m^3，当实际工程量超过估计工程量15%时，调整单价，单价调整为5元/m^3。工程结束时实际完成土方工程量为200万m^3，则土方工程款为多少万元？

解 合同约定范围内（15%以内）的工程款为

$$140\times(1+15\%)\times 6=161\times 6=966\text{万元}$$

超过15%之后部分工程量的工程款为

$$(200-161)\times 5=195\text{万元}$$

土方工程款合计为

$$966+195=1161\text{万元}$$

7.4.2 工程价款变更的程序

一、《建设工程施工合同（示范文本）》条件下的工程变更

（一）工程变更的程序

(1) 工程设计变更的程序。

1）发包人对原设计进行变更。施工中发包人如果需要对原工程设计进行变更，应提前 14 天以书面形式向承包人发出变更通知。承包人对于发包人的变更通知没有拒绝的权利，这是合同赋予发包人的一项权利。因为发包人是工程的出资人、所有人和管理者，对将来工程的运行承担主要的责任，只有赋予发包人这样的权利才能减少更大的损失。但是，变更超过原设计标准或批准的建设规模时，发包人应报规划管理部门和其他有关部门重新审查批准，并由原设计单位提供变更的相应图纸和说明。承包人按照工程师发出的变更通知及有关要求变更。

2）承包人原因对原设计进行变更。施工中承包人不得为了施工方便而要求对原工程设计进行变更，承包人应当严格按照图纸施工，不得随意变更设计。施工中承包人提出的合理化建议涉及对设计图纸或者施工组织设计的更改及对原材料、设备的更换，须经工程师同意。工程师同意变更后，也须经原规划管理部门和其他有关部门审查批准，并由原设计单位提供变更的相应图纸和说明。

未经工程师同意承包人擅自更改或换用，承包人应承担由此发生的费用，并赔偿发包人的有关损失，延误的工期不予顺延。工程师同意采用承包人的合理化建议，所发生费用和获得收益的分担或分享，由发包人和承包人另行约定。

(2) 其他变更的程序。

从合同角度看，除设计变更外，其他能够导致合同内容变更的都属于其他变更。如双方对工程质量要求的变化（如涉及强制性标准的变化）、双方对工期要求的变化、施工条件和环境的变化导致施工机械和材料的变化等。这些变更的程序，首先应当由一方提出，与对方协商一致后，方可进行变更。

(二) 工程变更价款的确定程序

(1) 承包人在工程变更确定后 14 天内，可提出变更涉及的追加合同价款要求的报告，经工程师确认后相应调整合同价款，如果承包人在双方确定变更后的 14 天内，未向工程师提出变更工程价款的报告，视为该项变更不涉及合同价款的调整。

(2) 工程师应在收到承包人的变更合同价款报告后 14 天内，对承包人的要求予以确认或作出其他答复。工程师无正当理由不确认或答复时，自承包人的报告送达之日起 14 天后，视为变更价款报告已被确认。

(3) 工程师确认增加的工程变更价款作为追加合同价款，与工程进度款同期支付。工程师不同意承包人提出的变更价款，按合同约定的争议条款处理。

因承包人自身原因导致的工程变更，承包人无权要求追加合同价款，如由于承包人原因实际施工进度滞后于计划进度，某工程部位的施工与其他承包人的施工发生干扰，工程师发布指示改变了他的施工时间和顺序导致施工成本的增加或效率降低，承包人无权要求补偿。

二、FIDIC 施工合同条件下的工程变更

(一) 工程变更权

根据 FIDIC 施工合同条件（1999 年第一版）的约定，在颁发工程接收证书前的任何时间，工程师可通过发布指示或要求承包人提交建议书的方式，提出变更。承包人应遵守并执行每项变更，除非承包人立即向工程师发出通知，说明（附详细根据）承包人难以取得变更所需的货物。工程师接到此类通知后，应取消、确认或改变原指示。每项变更可包括：

(1) 合同中包括的任何工作内容的数量的改变（但此类改变不一定构成变更)。

(2) 任何工作内容的质量或其他特性的改变。

(3) 任何部分工程的标高、位置和（或）尺寸的改变。

(4) 任何工作的删减，但要交他人实施的工作除外。

(5) 永久工程所需的任何附加工作、生产设备、材料或服务，包括任何有关的竣工试验、钻孔和其他试验和勘探工作。

(6) 实施工程的顺序或时间安排的改变。

除非工程师指示或批准了变更，承包人不得对永久工程作任何改变和修改。

(二) 工程变更程序

如果工程师在发出变更指示前要求承包人提出一份建议书，承包人应尽快做出书面回应，或提出他不能照办的理由（如果情况如此)，或提交：

(1) 对建议要完成的工作的说明，以及实施的进度计划。

(2) 根据进度计划和竣工时间的要求，承包人对进度计划做出必要修改的建议书。

(3) 承包人对变更估价的建议书。

工程师收到此类建议书后，应尽快给予批准、不批准或提出意见的回复。在等待答复期间，承包人不应延误任何工作。应由工程师向承包人发出执行每项变更并附做好各项费用记录的任何要求的指示，承包人应确认收到该指示。

三、建设工程监理规范规定的工程变更程序

建设工程监理规范规定：项目监理机构应按下列程序处理工程变更。

(1) 设计单位对原设计存在的缺陷提出的工程变更，应编制设计变更文件；建设单位或承包单位提出的变更，应提交总监理工程师，由总监理工程师组织专业监理工程师审查。审查同意后，应由建设单位转交原设计单位编制设计变更文件。当工程变更涉及安全、环保等内容时，应按规定经有关部门审定。

(2) 项目监理机构应了解实际情况和收集与工程变更有关的资料。

(3) 总监理工程师必须根据实际情况、设计变更文件和其他有关资料，按照施工合同的有关款项，在指定专业监理工程师完成下列工作后，对工程变更的费用和工期做出评估：

1) 确定工程变更项目与原工程项目之间的类似程度和难易程度。

2) 确定工程变更项目的工程量。

3) 确定工程变更的单价或总价。

(4) 总监理工程师应就工程变更费用及工期的评估情况与承包人和发包人进行协调。

(5) 总监理工程师签发工程变更单。

工程变更单应包括工程变更要求、工程变更说明、工程变更费用和工期、必要的附件等内容，有设计变更文件的工程变更应附设计变更文件。

(6) 项目监理机构根据项目变更单监督承包人实施。

在发包人和承包人未能就工程变更的费用等方面达成协议时，项目监理机构应提出一个暂定的价格，作为临时支付工程款的依据。该工程款最终结算时，应以发包人和承包人达成的协议为依据。在总监理工程师签发工程变更单之前，承包人不得实施工程变更。未经总监理工程师审查同意而实施的工程变更，项目监理机构不得予以计量。

7.5 工　程　索　赔

工程索赔是在工程合同履行过程中，承包商根据合同和法律的规定，对并非由于自身的过错（因对方不履行或未能正确履行合同）所造成的经济损失或权利损害，或承担了合同规定之外的工作所承担的额外支付，通过一定的合法程序向业主提出经济或时间补偿的要求。由于施工现场条件、气候条件的变化，施工进度的变化，及合同条款、标准文件和图纸的变更等因素的影响，使得索赔不可避免地出现在工程承包中，尤其在施工阶段索赔发生较多。因而，对索赔进行控制是建设工程施工阶段投资控制的重要手段。

7.5.1 常见的索赔内容

一、承包商向业主的索赔

（一）合同文件缺陷引起的索赔

工程开工前，业主都要与承包商签署一份合同文件，包括协议、中标通知书、投标书及其附件、专用条款、通用条款、投标者须知、技术规范、设计图纸、工程量清单等一系列文件组成，规定业主与承包商之间责任和权利及风险匹配。然而由于受到时间和费用的限制，要做到很完备，没有瑕疵是不可能的。合同文件的缺陷主要包括：疏忽、模糊、矛盾、不一致以及错误等，这些往往引起索赔。我国目前还没有专门的机构对索赔事件进行系统调查统计，美国某机构曾对政府管理的各项工程进行了调查，在被调查的22项工程项目中，共发生索赔427次，其中由于合同文件缺陷引起的索赔达196次，占索赔发生次数的46%，索赔额占赔偿总额的40%。

【例7-11】 某道路建造工程，采用英国土木工程师学会和土木工程联合会编辑的标准合同格式ICE合同文件。在施工的过程中，承包商就开挖工程中的岩石提出索赔。工程量清单中是这样描述的："开挖工程中挖去各类材料"。

承包商认为："在一般情况下，'各类材料'的意义已十分明确，但是我们认为，这应该在工程量清单中单独列项，根据条款的第57款：'应根据CESMM规定的程序进行编制'，而CESMM要求岩石应单独计算。在第57款中包括了一项可不遵守本程序的内容，但是它有规定，'除非有任何一种陈述，或一般的，或详细的说明指出矛盾存在'，我们认为，使用'各类材料'一词在此并不明确……"

工程师在接到承包商的索赔报告后，征求估算师的意见。

估算师在致工程师的信中写到："我同意，在一般情况下'各类材料'完全可以包括岩石，但是应当承认'各类材料'一词在合同中不能从字义上理解。进而我认为，对'各类材料'一词应依据全文来理解。工程量清单应依据CESMM进行编制，这是一般的原则，应该遵守。本人看来，这就意味着在特定案例中需要某些解释。但是要注意这是针对其背景，针对一般要求，在这种背景下要表达清楚。在这种情况下，如本人指出的，它不能在字面上理解，可能存在多义性。应该使用'各类材料，包括岩石'这样很简单的表达方式，以排除其他各种疑问。本人认为承包商的索赔原则上可以接受……"

业主最终接受了这项索赔。

解析： 对由于合同文件的缺陷引起的索赔，处理的一个基本原则是：合同文件的缺陷责任将归咎于引起和最有能力控制缺陷的一方。业主有暗含的合同责任来保证其合同文件的正确性和充分性；建筑师或工程师在起草合同文件时，应该运用适当的设计标准，以尽量避免疏忽和错误；处于确认和修改这些缺陷最佳位置的承包商，在投标前有义务进行工地检查和合同审阅，在施工前对设计文件仔细检查，应对合同文件中明显的缺陷负责。

（二）不利的自然条件与人为障碍引起的索赔

不利的自然条件是指承包商施工中遭遇到的实际自然条件比招标文件中所描述的更为困难和恶劣，是一个有经验的承包商无法预测的不利自然条件与人为障碍，导致了承包商必须花费更多的时间和费用，在这种情况下，承包商可以向业主提出索赔要求。

(1) 地质条件变化引起的索赔。

一般来说，在招标文件中规定，由业主提供有关该项工程的勘察所取得的水文及地表以下的资料。但在合同中往往写明“承包商在提交投标书之前，已对现场和周围环境及与之有关的可用资料进行了考察和检查，包括地表以下条件及水文和气候条件。承包商应对他自己对上述资料的解释负责”。针对此项条款，客观公正地说，是有损施工单位的合法权利的，因为在非设计、勘探、施工总包合同中，特别是对地质条件，承包商虽有责任全面了解地质资料，但在合同范围内，并没有进行独立地勘的合同义务，其对地质条件的理解，更多的是依赖于工程建设第三方合同——地勘单位所提供地质资料，而对于地质资料的真实性与完备性，地勘单位应当负责，而不应由施工承包商来承担其责任。通常合同条款中还有一条“在工程施工过程中，承包商如果遇到了现场气候条件以外的外界障碍或条件，在他看来这些障碍和条件是一个有经验的承包商也无法预见到的，则承包商应就此向监理工程师提交有关通知，并将一份副本交业主。收到此通知后，如果监理工程师认为这类障碍或条件是一个有经验的承包商无法合理预见到的，在与业主和承包商适当协商以后，应给予承包商延长工期和费用补偿的权利，但不包括利润”。基于此款与前款所述“承包商应对上述资料的解释负责”的两条并存的合同条款，往往会成为合同当事人双方各执一词争议的缘由所在，这一点，在投标过程中应予以必要的重视，投标方在招标文件澄清资料中应予以提出，以便合同当事人的合同权利的保障及合同索赔。

【例 7-12】 某承包商投标一个中型水电站，合同中要求施工方根据已有的资料自行对围堰进行设计和施工，费用总包。从业主发出招标通知到投标截止日不足一个月，承包方根据初设文件资料对围堰进行了设计，围堰总报价 77 万元。在施工过程中，承包商施工的防渗墙渗水量较大，承包方在已成型的防渗墙上进行补孔补漏，基坑开挖才得以继续进行，但围堰施工成本达到 150 万元以上。在基坑开挖完成后承包方发现除河床面存在许多大于 $2m^3$ 的大孤石外，实际河床基岩面高程也比大坝初设图纸标示的基岩高程降低 2m，承包商以地表以下地质资料存在错误为由要求索赔，补偿围堰施工增加的防渗墙费用和围堰初期渗水严重造成的抽水费用增加共计 78 万元。业主以招标文件规定“现场资料中所列出的水文、气象、水文地质、水力学数据，不应认为是十分完备的，承包人在使用这些数据时应进行论证复合，不能因资料中数据造成损失减轻承包人的责任”为由不予审核。

解析： 若在投标时承包方提出合同条款有矛盾之处，地表以下的资料不是本合同的范围，即不影响投标，也给后期因地表以下资料错误造成影响的索赔提供了保障。合同当事人在合同中应明确约定，合理的风险预见，即“一个有经验的承包商能够预见的风险”和针对这种风险所采取的措施，如最大的免赔雨量，最大的洪水流量等，即对风险因素给予量化，在这种量化的基础上，实施合同索赔的管理，可以最大限度地避免争议。

(2) 工程中人为障碍引起的索赔。

在施工过程中，往往会因为遇到地下构筑物、文物或地下电缆、管道和各种装置，而导致工程费用增加，如原投标是机械挖土，而现场不得不改为人工挖土，只要给定的施工合同、施工图纸未标明，合同的当事人均可提出索赔，当然地下电缆、管道和各种原安装或所有单位的设施应例外，即对这些地下情况当知且应知的例外。

(三) 工程变更引起的索赔

在工地施工过程中，经常会发现许多招标文件中没有考虑或估算不准确的工程量，因而不得不改变施工项目或增减工程量，或者是由于一些客观原因导致工程变更。总之，当工程师发现设计、质量标准或施工顺序等方面的问题时，通常会进行工程变更，指示增加新工作，暂停施工或加速施工，改变材料或工程质量等，这些变更指令往往导致工程费用增加或工期拖延，使承包商蒙受损失。因此，承包商会提出索赔要求以弥补自己不该承担的损失。

【例7-13】 某大坝工程，招标图纸注明大坝混凝土为90天龄期C20混凝土，施工图纸注明大坝混凝土为90天龄期C20混凝土，强度保证率为90%。经查施工规范，大体积混凝土强度保证率达到80%即可，据此，承包商认为设计对工程进行了变更，提高了施工标准，要求对混凝土单价进行补偿。

问：监理工程师能批准承包商的索赔要求吗？为什么？

解析：能批准。因为图纸中的要求与施工规范不同，实质上是进行了工程变更，承包商有权对该项变更所带来的费用增加提出索赔要求。

(四) 工期延期的索赔

工期延期的索赔通常包括两个方面，一是承包商要求延长工期；二是要求偿付由于非承包商原因导致工程延期而造成的损失。一般这两方面的索赔报告要求分别编制，因为工期和费用索赔并不一定同时成立。例如由于特殊恶劣气候等原因承包商可以要求延长工期，但不能要求费用补偿；也有些延误时间并不影响关键路线的施工，承包商可能不能得到工期的补偿。但是，如果承包商能提出证据说明其延误给自己造成了损失，就可能有权获得这些损失的补偿，有时两种索赔可能混在一起，既可以要求延长工期，又可以获得对其损失的补偿。提出工期索赔，通常是基于下述原因：

(1) 合同文件的内容出错或者相矛盾。

(2) 有关放线的资料不准。

(3) 不利的自然条件。

(4) 在现场发现古树、古墓、有价值的物品或文物。

(5) 监理工程师在合理的时间内未曾发出承包商要求的图纸和指示。

(6) 额外的样本与试验。

(7) 业主和监理工程师命令暂停工程。

(8) 业主未能按时提供现场、业主违约及业主风险。

(9) 不可抗力。

以上这些原因要求延长工期，必须提出合理的证据，才可能获得同意，同时有些情况还能获得相应的费用损失的赔付。

上述提出的工期索赔中，凡属于客观原因造成的延期、属于业主也无法预见到的情况，如特殊反常天气，达到合同中特殊反常天气的约定条件，承包商可能得到延长工期，但得不到费用补偿。凡属于业主方面的原因造成拖延工期，不仅应给承包商延长工期，还应给予费用补偿。

（五）加速施工费用的索赔

当工程项目的施工计划进度受到干扰，致使工程不能按时建成，而工期延误的责任不是由于承包商的原因，这时业主要面临两种选择，如果加速施工引起的成本增加大于工程延期投入所产生的效益，业主就会允许承包商拖后竣工的时间，使工程项目较晚些产生经济效益；另外一种选择就是要求承包商采取加速施工措施，即使增加工程成本也要按计划工期建成投产。

如果业主决定采取加速施工，应该向承包商发出书面的加速施工指令，审核承包商提出的加速施工措施，明确加速施工费用的支付问题。而作为承包商，需要就加速施工所增加的成本开支提出书面的索赔报告。

采取加速施工时，承包商要相应加大资源投入量，使原计划工程成本相应增加，增加的成本主要有：

（1）采购或租赁新增加的施工机械和有关设备的费用。

（2）加班施工或增加施工人员数量导致人工费的增加。

（3）增加建筑材料、生活物资供应导致相应投资费用的增加。

（4）工地管理费的增加。

（5）为提高劳动生产率增加的相应奖励费用等。

（六）物价变化引起的索赔

在工程施工过程中，由于工程所在地物价变化，对于工期在一年以上的工程项目，就应该在合同条件中考虑物价变化的价格调整问题。FIDIC 合同通用条件专门规定了物价调整问题。我国的《建设工程施工合同（示范文本）》第 23 条也对合同价款的调整有明确的规定。

工程建设项目中合同周期较长的项目，经常受到物价浮动等多种因素的影响，如人工费、材料费、施工机械费等都会发生变化，从而引起工程成本的增加。为了避免承包商或业主在价格波动中遭受损失，维护合同双方的正当权益，应该对价格的变化进行必要的调整。常用的调整方法有以下三种：

（1）对固定总价合同不予调整。这种方法适用于工期短、规模小的工程。

（2）按价差调整合同价。在工程结算时，对人工费及材料费的价差，即现行价格与基础价格的差值，由业主向承包商补偿，即

$$\text{材料价调整数} = (\text{现行价} - \text{基础价}) \times \text{材料数量}$$

$$\text{人工费用调整数} = (\text{现时工资} - \text{基础工资}) \times (\text{实际工作小时数} + \text{加班工作小时数} \times \text{加班工资增加率})$$

对管理费及利润不进行调整。

（3）调值公式法。

该方法是在业主和承包商签订工程承包合同时就明确列出调值公式，作为价差调整的依据。调值公式一般为

$$p = p_0\left(a_0 + a_1\frac{A}{A_0} + a_2\frac{B}{B_0} + a_3\frac{C}{C_0} + a_4\frac{D}{D_0} + a_5\frac{E}{E_0} + \cdots\right) \tag{7.9}$$

式中 p——调值后合同价款或工程实际结算款；

p_0——合同价款中工程进度款；

a_0——固定要素，代表合同支付中不允许调整的部分；

a_1，a_2，a_3，a_4，a_5…——代表有关各项费用（如人工费用、钢材费用、水泥费用、运输费用等）在合同总价中所占的比重，$a_0+a_1+a_2+a_3+a_4+a_5+\cdots=1$；

A_0，B_0，C_0，D_0，E_0…——投标截止日期前 28 天与 a_1，a_2，a_3，a_4，a_5…相对应的各项费用的基期价格指数或价格；

A，B，C，D，E…——在工程结算月份与 a_1，a_2，a_3，a_4，a_5…相对应的各项费用的报告期价格指数或价格。

在使用该调值公式时应该注意：

1）固定要素和各项有关费用的百分比要在合同中加以确定。一般固定部分取值 0.1～0.2，其他部分一般只选择用量大、价格高而且具有代表性的典型人工费和材料费。各部分系数之和应该等于 1。

2）调整有关各项费用要与合同条款的规定相一致，并注意调整的地点和时点的一致。

【例 7-14】 某承包商承包某工程项目施工，合同价 2500 万元。与业主签订可调价合同，合同中规定的调价公式如下

$$p=p_0\times\left(0.15+0.35\frac{A}{A_0}+0.23\frac{B}{B_0}+0.12\frac{C}{C_0}+0.08\frac{D}{D_0}+0.07\frac{E}{E_0}\right)$$

式中　A，B，C，D，E——报价时价格指数；

A_0，B_0，C_0，D_0，E_0——调价时价格指数。

在施工过程中，工程所在地物价上涨，承包商要求进行价格调整，弥补物价上涨导致的成本增加。报价时和调价时的价格指数见表 7-10。

表 7-10　工资、材料物价指数表

报价时价格指数	A_0	B_0	C_0	D_0	E_0
	100	153.4	154.4	160.3	144.4
调价时价格指数	A	B	C	D	E
	110	156.2	154.4	162.2	160.2

解　根据上述公式计算调整后的合同价为

$$p=2500\times\left(0.15+0.35\times\frac{110}{100}+0.23\times\frac{156.2}{153.4}+0.12\times\frac{154.4}{154.4}+0.08\times\frac{162.2}{160.3}+0.07\times\frac{160.2}{144.4}\right)$$

$$=2620\text{ 万元}$$

通过合同价调整，合同额应增加 120 万元，这就是由于物价上涨的索赔款额。

（七）法律、货币及汇率变化引起的索赔

(1) 法律改变引起的索赔。

如果在基准日期（投标截止日期前的 28 天）以后，由于业主国家或地方的任何法规、法令、政令或其他法律或规章发生了变更，导致了承包商成本增加，对承包商由此增加的开支，业主应予以补偿。

【例 7-15】 某工程投标日期为 2008 年 12 月，在 2009 年 10 月施工期间，某省发布了一个规定“大中型水电站不得使用立窑水泥”，投标时承包商选定的水泥是当地一家水泥厂生产的立窑水泥，水泥价格较低，后改用另一厂家生产的旋窑水泥，则承包商应以何种理由

要求索赔?

解析: 承包商认为施工期由于地方法规变化造成了施工方成本增加，业主应补偿前期已做的混凝土配合比试验费和水泥价差。

(2) 货币及汇率变化引起的索赔。

如果在基准日期以后，工程施工所在国政府或授权机构支付合同价格的一种或几种货币实行限制或货币汇总限制，则业主应补偿承包商因此而受到的损失。如果合同规定将全部或部分款额以一种或几种外货支付给承包商，则这项支付不应受上述指定的一种或几种外币与工程施工所在国货币之间的汇率变化的影响。

(八) 不可抗力与业主风险的索赔

(1) 不可抗力的索赔。

不可抗力是指施工过程中发生的某种异常事件或情况，而这些事件或情况是一方无法控制的，在签订合同之前也不能对之进行合理的准备，发生后又不能合理避免或克服，而且这些事件或情况也不是由对方的原因造成的。一般不可抗力造成的影响是属于业主承担的风险。

不可抗力可包括（但不限于）下列特殊事件或情况：

1）战争、敌对行动（不论宣战与否）、入侵、外敌行动。

2）叛乱、恐怖活动、革命、暴动、军事政变或篡夺政权，或内战。

3）暴乱、骚乱、混乱、罢工或停业，完全局限于承包商的人员以及承包商和分包商的其他雇员中间的事件除外。

4）军火、炸药、离子辐射或放射性污染，由于承包商使用此类军火、炸药、辐射或放射性的情况除外。

5）自然灾害，如地震、飓风、台风或火山爆发。

(2) 业主风险的索赔。

1）拖延提供施工场地。因自然灾害影响或业主方面的原因导致没能如期向承包商移交合格的、可以直接进行施工的现场，承包商可以提出将工期顺延的“工期索赔”或由于窝工而直接提出经济索赔。

2）拖延支付应付款。此时承包商不仅要求支付应得款项，而且还有权索赔利息，因为业主对应支付款的拖延将影响到承包商的资金周转。

3）指定分包商违约。指定分包商违约常常表现为未能按分包合同规定完成应承担的工作而影响了总承包商的工作。从理论上讲，总承包商应该对包括指定分包商在内的所有分包商行为向业主负责。但是实际情况往往不那么简单，因为指定分包商不是由总承包商选择，而是按照合同规定归他统一协调管理的分包商，特别是业主把总承包商接受某一指定分包商作为授予合同的前提条件之一时，业主不可能对指定分包商的不当行为不负任何责任。因此总承包商除了根据与指定分包商签订的合同索赔窝工损失外，还有权向业主提出延长工期的索赔要求。

4）业主提前占用部分永久工程引起的损失。工程实践中经常会出现业主从经济效益方面考虑将部分单项工程提前使用，或从其他方面考虑提前占用部分分项工程。如果不是按合同中规定的时间，提前占用部分工程，而又对提前占用会产生的不良后果考虑不周，将会引起承包商提出索赔。

承包商可引用的索赔条款见表 7－11、表 7－12。

表 7-11　FIDIC《施工合同条件》1999 年第一版中承包商可引用的索赔条款

序号	合同条款	条款的主要内容	索赔内容
1	1.3	通信交流	T+C+P
2	1.5	文件的优先次序	T+C+P
3	1.8	文件有缺陷或技术性错误	T+C+P
4	1.9	延误的图纸或指示	T+C+P
5	1.13	遵守法律	T+C+P
6	2.1	业主未能提供现场	T+C+P
7	2.3	业主人员引起的延误、妨碍	T+C
8	3.3	工程师的错误指示	T+C+P
9	4.7	因工程师数据差错，放线错误	T+C+P
10	4.10	业主应提供现场数据	T+C+P
11	4.12	不可预见的外界条件	T+C
12	4.20	业主设备和免费供应的材料	T+C
13	4.24	发现化石、硬币或有价值的文物	T+C
14	5.2	指定分包商	T+C+P
15	7.4	工程师改变规定试验细节或附加试验	T+C+P
16	8.3	进度计划	T+C+P
17	8.4	竣工时间的延长	T(+C+P)
18	8.5	当局造成的延长	T
19	8.9	暂停施工	T+C
20	10.2	业主接受或使用部分工程	C+P
21	10.3	工程师对竣工试验干扰	T+C+P
22	11.8	工程师指令承包商调查	C+P
23	12.3	工作测出的数量超过工程量表的 10%	T+C+P
24	12.4	删减	C
25	13	工程变更	T+C+P
26	13.7	法规改变	T+C
27	13.8	成本的增减	C
28	14.8	延误的付款	T+C+P
29	15.5	业主终止合同	C+P
30	16.1	承包商暂停工作的权利	T+C+P
31	16.4	终止时的付款	T+C+P
32	17.4	业主的风险	T+C(+P)
33	18.1	当业主为应投保方面未投保时	C
34	19.4	不可抗力	T+C
35	20.1	承包商的索赔	T+C+P

注　T 为工期，C 为成本，P 为利润。

表 7-12 我国《建设工程施工合同（示范文本）》下承包商可引用的索赔条款

序号	条款号	条款的主要内容	索赔内容
1	3.3	适用标准、规范	C
2	4.1	发包人要求承包人需要特殊保密的措施费	C
3	6.2	工程师指令错误	$T+C$
4	6.3	工程师未按合同约定履行义务	$T+C$
5	7.3	因发包人原因，承包人在施工中采取紧急措施	$T+C$
6	8.3	发包人未能完成8.1款的各项义务	$T+C$
7	11.2	因发包人原因不能按约定日期开工	$T+C$
8	12	因发包人原因暂停施工	$T+C$
9	13	工期延误条款（7种情况）	$T+C$
10	15	工程质量因发包人原因达不到约定条件	$T+C$
11	16.3	工程师检查影响施工正常进行，检查为合格	C
12	16.4	因工程师不正确纠正或其他承包人原因造成返工或修改	C
13	18	工程师要求重新检验，结果为合格	$T+C$
14	19.5	因设计原因试车达不到验收要求，发包人负责修改设计 因设备制造原因试车达不到验收要求，设备为发包人采购	$T+C$
15	20.2	因发包人原因导致安全事故	$T+C$
16	23.3	合同价款调整条款（4种情况）	C
17	24	发包人不按约定支付预付款	利息
18	26.3	发包人不按约定支付工程款	利息
19	27.4	发包人供应材料、设备延误或不合格	T
20	39.3	不可抗力	T
21	43.2	工程施工发现地下障碍和文物而采取保护措施	$T+C$

注 T为工期，C为成本。

二、业主向承包商的索赔

施工合同是业主与承包商所签订的一种法律契约关系。虽然在工程实际中，承包商提出索赔的情况更多。但是，如果由于承包商不履行或不完全履行合同中约定的义务，或者由于承包商的行为使得业主利益受到损失时，业主可向承包商提出补偿要求。

（一）拖延工期索赔

在工程施工过程中，由于多方面原因，经常发生实际进度落后于计划进度，最终导致工程竣工日期拖后，影响业主对工程项目的使用，带来相应的经济损失。因此，业主有权向承包商提出索赔，由承包商支付延期竣工的损害赔偿费。承包商支付此项延期损害赔偿费的前提是：工期延误的责任属于承包商。施工合同中的延期损害赔偿费，通常是业主在招标文件中确定的。

延期损害赔偿费数额的确定，通常考虑以下几方面的因素：

（1）由于拟建工程项目拖期竣工而不能使用，租用其他建筑物的租赁费。

（2）继续使用原建筑物或租用其他建筑物的维修费用。

(3) 业主预期盈利的损失。

(4) 由于工程拖期而引起的贷款利息增加。

(5) 由于工期延长带来的附加监理费。

延期损害赔偿费的计算方法通常按每延误一天赔偿一定的款额计算。按国际工程惯例，一般在合同附录中规定延期损害赔偿费的累计扣款总额限制，一般不超过合同总额的 10%。

【例 7-16】 某工程业主与承包商签订了承建一高层宾馆项目，包括 18 层框架剪力墙结构的主楼，3 层框架结构裙楼和地下一层车库，合同总额 8236 万元。

合同文件中关于工期延误赔偿的条款内容包括：

1) 承包商从工程师发布书面开工令之日起，在下表中规定的天数内完成相应各项单位工程的施工。

2) 如果承包商不能在上述时间内完成，则应承担工程延误损害赔偿费，费率见表 7-13。

表 7-13　　工程延误损害赔偿率

序号	项目名称	施工天数/天	延误损害赔偿/(元/天)
1	主楼	750	200 000
2	裙楼	220	200 000
3	车库	170	200 000

3) 延期赔偿费的累计金额，以合同价的 10%为限。

解　最终实际施工期是主楼项目延期 8 天。

$$业主索赔误期损害赔偿费 = 8 \times 200\ 000 = 1\ 600\ 000 元$$

(二) 工程质量缺陷索赔

在施工合同中一般均约定，如果承包商的施工质量不符合施工技术规程的要求，或者使用的材料和设备不符合合同规定，或在缺陷责任期未满以前未完成应该修补的工程缺陷时，业主有权向承包商要求补偿其所受到的损失。

工程质量缺陷通常包括以下几种情形：

(1) 承包商施工完成的某部分工程不符合合同规定的质量标准，例如，由于施工质量差，而出现各种开裂、破损等。

(2) 承包商使用的建筑材料或设备不符合合同条款中指定的规格或质量标准，从而危及建筑物的牢固性。

(3) 承包商负责设计的部分永久工程出现质量问题。

通常业主对工程质量缺陷向承包商提出的索赔要求，款额较高，不仅包括修补工程缺陷所产生的直接损失，也包括由该缺陷所带来的间接经济损失，及承包商没有完成合同规定应进行的各种与质量问题有关的工作等。

(三) 对超额利润的索赔

由于工程量增加很多（超过有效合同价的 15%），使承包商预期的收入增大，而承包商并不会增加任何固定成本，收入大幅度增加；或由于法规的变化导致承包商在工程实施中降低成本，产生超额利润，在这种情况下，应由双方讨论，重新调整合同价格，业主收回部分超额利润。

（四）承包商不履行的保险费用索赔

如果承包商未能按合同条款制定的项目投保，并保证保险有效，业主可以投保并保证保险有效，业主所支付的必要保险费可在应付给承包商的款项中扣回。

（五）对指定分包商的付款索赔

在工程承包商未能提供已向指定分包商付款的合理证明时，业主可以直接按照工程师的证明书，将承包商未付给指定分包商的所有款项（扣除保留金）付给该分包商，并从应付承包商的任何款项中如数扣回。

（六）业主合理终止合同或承包商不正当地放弃工程的索赔

如果业主合理地终止承包商的承包，或者承包商不合理的放弃工程，则业主有权从承包商手中收回新的承包商完成工程所需的工程款与原合同未付部分的差额。

（七）其他索赔

由于工伤事故给业主方人员和第三方人员造成的人身或财产损失的索赔，以及承包商运送建筑材料及施工机械设备时损坏公路、桥梁或隧洞，道桥管理部门提出的索赔等。

7.5.2 索赔费用的计算

一、索赔费用的组成

索赔费用的组成和施工项目中标时的合同价的组成是一致的，索赔的款项必须是施工合同价格中已经包括了的内容，而索赔款是超出原来报价的增加部分。我国关于施工承包合同价的组成规定与国际工程合同价的组成不完全一致，所以在索赔费用的组成上也有所不同。

索赔费用的组成，同施工合同价格所包括的内容一致。原则上说，只要是承包商有索赔权的事项，导致了工程成本的增加，承包商都可以提出费用索赔，因为这些费用是承包商完成超出合同范围的工作而实际增加的开支。一般索赔费用中主要包括以下内容：

（1）人工费。

人工费是构成工程成本中直接费的主要项目之一，主要包括生产工人的基本工资、工资性质的津贴、辅助工资、劳保福利费、加班费、奖金等。索赔费用中的人工费，需要考虑以下几个方面：

1）完成合同计划以外的工作所花费的人工费用。

2）由于非承包商责任的施工效率降低所增加的人工费用。

3）超过法定工作时间的加班劳动费用。

4）法定人工费的增长。

5）由于非承包商的原因造成工期延误致使人员窝工增加的人工费等。

（2）材料费。

材料费在直接费中占有很大比重。由于索赔事项的影响，在某些情况下，会使材料费的支出超过原计划材料费支出。索赔的材料费主要包括以下内容：

1）由于索赔事项材料实际用量超过计划用量而增加的材料费。

2）对于可调价格合同，由于客观原因材料价格大幅度上涨。

3）由于非承包商责任使工期延长导致价格上涨。

4）由于非承包商原因致使材料运杂费、材料采购与保管费用的上涨等。

索赔的材料费中应包括材料原价、材料运输费、采保费、包装费、材料的运输损耗等。但由于承包商自身管理不善等原因造成材料损坏、失效等费用损失不能计入材料费索赔。如果不涉及材料价格的上涨，可以直接按照投标报价中的材料价格进行计算。如果涉及材料价格的上涨，则要按照材料价格的构成，按照正式的订货单、采购单，或者官方公布的材料价格调整指数，重新计算材料的市场价格。

$$材料单价 = (供应价 + 包装费 + 运输费 + 运输损耗费) \times (1 + 采购保管费率) - 包装品回收值 \tag{7.10}$$

$$材料费 = 工程量 \times 每单位工程量材料消耗量标准 \times 材料单价 \tag{7.11}$$

（3）施工机械使用费。

由于索赔事项的影响，使施工机械使用费的增加主要体现在以下几个方面：

1）由于完成工程师指示的，超出合同范围的工作所增加的施工机械使用费。

2）由于非承包商的责任导致的施工效率降低增加的施工机械使用费。

3）由于业主或者工程师原因导致的机械停工的窝工费等。

窝工费的计算，如果是租赁设备，一般按实际租金和调进调出费的分摊计算；如果是承包商自有设备，一般按台班折旧费计算，而不能按台班费计算，因台班费中包括了设备使用费。

对于施工降效确定其导致的施工费的增加，可以考虑按以下公式计算增加的机械台班数量

$$实际台班数量 = 计划台班数量 \times \left(1 + \frac{原定效率 - 实际效率}{原定效率}\right) \tag{7.12}$$

其中的原定效率是合同报价中所报的施工效率，实际效率是受到干扰后现场的实际施工效率。知道了实际所需的机械台班数量，可以按照下面的公式计算出施工机械降效导致增加的机械台班数量

$$增加的机械台班数量 = 实际台班数量 - 计划台班数量 \tag{7.13}$$

则机械降效增加的机械费为

$$机械降效增加的机械费 = 实际台班数量 \times 增加的机械台班数量 \tag{7.14}$$

【例 7-17】 某分包商承包了某工程土方工程，合同工期为 35 天，每日用工为 9 人，日工资为 30 元/人，合计用工 315 工日。分包商报价单中报每台挖掘机每天挖土 580m^3，台班单价为 900 元/台班。

在施工过程中，由于总包商施工干扰，使分包商的施工效率大为降低，每天只能开挖 400m^3，而每天出勤的设备和工人并未减少。因此土方施工分包商向总包商提出索赔要求。

解　分包商施工效率降低，导致实际台班数量增加，因此

$$实际台班数量 = 35 \times \left(1 + \frac{580 - 400}{580}\right) = 45.8\ 台班$$

增加的机械台班数量	(45.8−35)＝10.8 台班，取 11 台班
增加的机械费	11×900＝9900 元
增加的人工费	9×11×30＝2970 元
直接费合计	9900＋2970＝12 870 元
管理费（9.5%）	12 870×0.095−1223 元
利润（5%）	(12 870＋1223)×0.05＝705 元
施工降效索赔款合计	12 870＋1223＋705＝14 798 元

（4）管理费。

1）工地管理费。

工地管理费的索赔是指承包商为完成索赔事项工作，业主指示的额外工作及合理的工期延长期间所发生的工地管理费用，包括工地管理人员的工资、办公费、通信费、交通费等。

工地管理费是按照人工费、材料费、施工机械使用费之和的一定百分比计算确定的。所以当承包商完成额外工程或附加工程时，索赔的工地管理费也是按照同样的比例计取。但是如果是其他非承包商原因导致现场施工工期延长，由此增加的工地管理费，可以按照原报价中的工地管理费平均计取，如下式

$$\text{索赔的工地管理费总额} = \text{合同价中工地管理费总额} / \text{合同总工期} \times \text{工程延期的天数}$$

2）总部管理费。

索赔款中的总部管理费是指索赔事项引起的工程延误期间所增加的管理费用，一般包括总部管理人员工资、办公费用、财务管理费用、通信费用等。

总部管理费的计算，一般可以有以下几种计算方法：

① 按照投标书中总部管理费的比例（3%～8%）计算，即

$$\text{总部管理费} = \text{合同中总部管理费率}(\%) \times (\text{直接费索赔款} + \text{工地管理费索赔款等}) \tag{7.15}$$

② 按照原合同价中的总部管理费平均计取，即

$$\text{总部管理费} = \text{合同价中总部管理费总额} / \text{合同总工期} \times \text{工程延期的天数} \tag{7.16}$$

（5）利润。

承包商的利润是其正常合同报价的一部分，也是承包商进行施工的根本目的。所以当一个索赔事项发生的时候，承包商会相应地提出利润索赔。但对不同性质的索赔，承包商可能得到的利润补偿是不一样的。一般由于业主方工作失误造成承包商的损失，可以索赔利润，而业主方也难以预见的事项造成的损失，承包商一般不能索赔利润。对于工程延误的索赔，由于利润通常是包括在每项实施的工程内容的价格之内，而单纯的延误工期并未影响或者减少某些项目的实施从而导致利润的减少，所以通常工程师很难同意在延误的费用索赔中加进利润损失。

索赔利润款额的计算通常是与原中标合同价中的利润率保持一致，即

$$\text{利润索赔额} = (\text{直接费索赔额} + \text{工地管理费索赔额} + \text{总部管理费索赔额}) \times \text{合同价中的利润率} \tag{7.17}$$

（6）利息。

在实际施工过程中，由于工程变更和工期延误，会引起承包商投资增加。业主拖期支付工程款，也会给承包商造成一定的经济损失，因此承包商会提出利息索赔。利息的索赔一般包括以下几个方面：

1）业主拖期支付工程进度款或索赔款的利息。

2）由于工程变更和工期延长所增加投资的利息。

3）业主错误扣款的利息。

无论是什么原因致使业主错误扣款，由于承包商提出反驳并被证明是合理的情况下，业主一方错误扣除的任何款项都应该归还，并应支付扣款期间的利息。如果工程部分进行分包，分包商的索赔款同样也包括上述各项费用。当分包商提出索赔时，其索赔要求如数列入总包商的索赔要求中一起向工程师提交。

承包商对利息索赔额可以采用以下方法计算：

1）按当时的银行贷款利率计算。

2）按当时的银行透支利率计算。

3）按合同双方协议的利率计算。

无论具体采用哪一种利率计算，都应在合同文件的专用条款中或者投标书附录中加以明确。

一般在施工索赔中以下几项费用是不允许索赔的：

1）承包商对索赔事项的发生原因负有全部责任的有关费用。

2）承包商对索赔事项未采取减轻措施因而扩大的费用。

3）承包商进行索赔工作的准备费用。

4）索赔款在索赔处理期间的费用。

5）工程有关的保险费用。

二、索赔费用的计算方法

（一）分项计算法

分项计算法也称实际费用法，是以每个索赔事件为对象，按照承包商为某项索赔工作所支付的实际开支为根据，向业主提出经济补偿。而每一项索赔费用应计算由于该事项的影响，导致承包商发生的超过原计划的费用，即该项工程施工中所发生的额外的人工费、材料费、机械费，以及相应的管理费，有些索赔事项还可以列入应得的利润。

分项计算法一般可以分三步进行：

(1) 分析每个或每类索赔事件所影响的费用项目。这些费用项目一般与合同价中的费用项目一致，如直接费、管理费、利润等。

(2) 用适当方法确定各项费用，计算每个费用项目受索赔事件影响后的实际成本或费用，与合同价中的费用相对比，求出各项费用超出原计划的部分。

(3) 将各项费用汇总，即得到总费用索赔值。

也就是说在直接费超出合同中原有部分的额外费用部分基础上，再加上应得的管理费和利润，即是承包商应得的索赔款额。这部分实际发生的额外费用客观地反映了承包商的额外开支或者实际损失，是承包商经济索赔的证据资料。

（二）总费用法

总费用法基本上是在总索赔的情况下才采用的计算索赔款的方法。也就是说当发生多次索赔事项以后，这些索赔事项的影响相互纠缠，无法区分，则重新计算出该工程项目的实际总费用，再从这个实际的总费用中减去中标合同价中的估算总费用，即得到了要求补偿的索赔总款额，即

$$\text{索赔款总额} = \text{实际总费用} - \text{合同价中估算的总费用} \tag{7.18}$$

值得注意的是，只有当无法采用分项计算法时，才使用总费用法。一般采用总费用法，需要具备以下几个条件：

(1) 在合同实施过程中所发生的总费用是准确的，工程成本核算符合普遍认可的会计原则，实际总成本与合同价中的总成本的内容项目是一致的。

(2) 承包商对工程项目的报价是合理的，能反映实际情况。如果报价计算不合理，索赔款额是不能用这种方法计算的，因为这里可能包含有承包商为了中标压低报价的成分，而承包商在报价时压低报价是应该由承包商承担的风险。

(3) 费用损失的责任或者索赔事件的责任是属于非承包商的责任，也不是应该由承包商承担的风险。

(4) 由于该项索赔事件或者是几项索赔事件在施工时的特殊性质，不可能逐项精确计算出承包商损失的款额。

在采用总费用法时要注意，管理费的计算一般要考虑实际损失，所以理论上应该按照实际的管理费率进行计算与核实。但是鉴于具体计算的困难，通常都采用合同价中的管理费率或者双方商定的费率。由于实际工程成本的增加导致承包商支出的增加，必然增加承包商的融资成本，所以承包商可以在索赔中计算利息支出。

(三) 修正的总费用法

修正的总费用法是对总费用法的改进，即在总费用计算的原则上，去掉一些不合理的因素，使其更合理。

修正的内容如下：

(1) 将计算索赔款的时段局限于受到外界影响的时间，而不是整个施工期。

(2) 只计算索赔款时段内的某项工作所受影响的时间，而不是整个施工期。

(3) 与该项工作无关的费用不列入总费用中。

(4) 对投标报价费用重新进行核算：按受影响时段内该项工作的实际单价进行核算，乘以实际完成的该项工作的实际单价进行核算，乘以实际完成的该项工作的工程量，得出调整后的报价费用。

按修正后的总费用计算索赔金额的公式如下

$$索赔金额 = 某项工作调整后的实际总费用 - 该项工作调整后的报价费用 \tag{7.19}$$

修正的总费用法，与总费用法相比，有了实质性的改进，它的准确程度已接近于实际费用法。

【例 7-18】 某房屋建筑工程项目，建设单位与施工单位按照《建设工程施工合同（示范文本）》签订了施工承包合同。施工合同中规定：

(1) 设备由建设单位采购，施工单位安装。

(2) 建设单位原因导致的施工单位人员窝工，按 18 元/工日补偿，建设单位原因导致的施工单位设备闲置，按表 7-14 中所列标准补偿。

表 7-14　设备闲置补偿标准表

机械名称	台班单价/(元/台班)	补偿标准
大型起重机	1060	台班单价的 60%
自卸汽车（5t）	318	台班单价的 40%
自卸汽车（8t）	458	台班单价的 50%

(3) 施工过程中发生的设计变更，其价款按建标［2003］206 号文件的规定以工料单价法计价程序计价（以直接费为计算基础），间接费费率为 10%，利润率为 5%，税率为 3.14%。

该工程在施工过程中发生以下事件：

事件 1：施工单位在土方工程填筑时，发现取土区的土壤含水量过大，必须经过晾晒后才能填筑，增加费用 30 000 元，工期延误 10 天。

事件 2：基坑开挖深度为 3m，施工组织设计中考虑的放坡系数为 0.3（已经监理工程师批准）。施工单位为避免坑壁塌方，开挖时加大了放坡系数，使土方开挖量增加，导致费用超支 10 000 元，工期延误 3 天。

事件 3：施工单位在主体钢结构吊装安装阶段发现钢筋混凝土结构上缺少相应的预埋件，经查实是由于土建施工图纸遗漏该预埋件的错误所致。返工处理后，增加费用 20 000 元，工期延误 8 天。

事件 4：建设单位采购的设备没有按计划时间到场，施工受到影响，施工单位 1 台大型起重机、两台自卸汽车（载重 5t、8t 各 1 台）闲置 5 天，工人窝工 86 工日，工期延误 5 天。

事件 5：某分项工程由于建设单位提出工程使用功能的调整，须进行设计变更。设计变更后，经确认直接工程费增加 18 000 元，措施费增加 2000 元。

上述事件发生后，施工单位及时向建设单位造价工程师提出索赔要求。

问题：(1) 分析以上各事件中造价工程师是否应该批准施工单位的索赔要求？为什么？

(2) 造价工程师应批准的索赔金额是多少元？工程延期是多少天？

解　(1) 事件 1 不应该批准。这是施工单位应该预料到的（属施工单位的责任）。

事件 2 不应该批准。施工单位为确定安全，自行调整施工方案（属施工单位的责任）。

事件 3 应该批准。这是由于土建施工图纸中错误造成的（属建设单位的责任）。

事件 4 应该批准。是由建设单位采购的设备没按计划时间到场造成的（属建设单位的责任）。

事件 5 应该批准。由于建设单位设计变更造成的（属建设单位的责任）。

(2) 1) 造价工程师应批准的索赔金额为：

事件 3：返工费用　20 000 元

事件 4：机械台班费　(1060×60%＋318×40%＋458×50%)×5＝4961 元

人工费　86×18＝1548 元

事件 5：应给施工单位补偿：

直接费　18 000＋2000＝30 000 元

间接费　20 000×10%＝2000 元

利润　(20 000＋2000)×5%＝1100 元

税金　(20 000＋2000＋1100)×3.41%＝787.71 元

应补偿　20 000＋2000＋1100＋787.71＝23 887.71 元

合计　20 000＋4961＋1548＋23 887.71＝50 396.71 元

2) 造价工程师应批准的工程延期为：

事件 3　8 天

事件 4　5 天

合计　13 天

7.6 工 程 结 算

7.6.1 工程预付款及其扣回

施工企业承包工程中，一般都实行包工包料，这就需要有一定数量的备料周转金。在工程承包合同条款中，一般要明文规定发包人在开工前拨付给承包人一定限额的工程预付款。预付款是发包人为解决承包人在施工准备阶段资金周转问题提供的协助。预付款构成施工企业为该承包工程项目储备主要材料、结构件所需的流动资金。

一、工程预付款的支付时间

按照《建设工程价款结算暂行办法》的规定，在具备施工条件的前提下，发包人应在双方签订合同后一个月内或不迟于约定的开工日期前7天内预付工程款，发包人不按约定预付，承包人应在预付时间到期后10天内向发包人发出要求预付的通知，发包人在收到通知后仍不按要求预付，承包人可在发出通知14天后停工，发包人应从约定预付之日起向承包人支付应付款的利息（利率按同期银行贷款利率计）并承担违约责任。

工程预付款仅用于承包人支付施工开始时与本工程有关的动员费用。如承包人滥用该项费用，发包人有权立即收回。除专用合同条款另有约定外，承包人应在收到预付款的同时向发包人提交预付款保函，预付款保函的担保金额与预付款金额相同，在发包人全部扣回预付款之前，该银行保函将一直有效。当预付款被发包人扣回时，银行保函金额相应递减。凡是没有签订合同或不具备施工条件的工程，发包人不得预付工程款，不得以预付款为名转移资金。

二、工程预付款的数额

包工包料工程的预付款按合同约定拨付，原则上预付比例不低于合同金额的10%，不高于合同金额的30%，对重大工程项目，按年度工程计划逐年预付。计价执行《计价规范》的工程，实体性消耗和非实体性消耗部分应在合同中分别约定预付款比例。

在实际工作中，工程预付款的数额，要根据各工程类型、合同工期、承包方式和供应体制等不同条件而定。例如，工业项目中钢结构和管道安装占比重较大的工程，其主要材料所占比重比一般安装工程要高，因而工程预付款数额也要相应提高；工期短的工程比工期长的要高，材料由承包人自购的比由发包人提供材料的要高。对于只包工不包料的工程项目，则可以不预付备料款。

三、工程预付款的扣回

发包人支付给承包人的工程备料款的性质是“预支”。随着工程进度的推进，拨付的工程进度款数额不断增加，工程所需主要材料，构件的用量逐渐减少，原已支付的预付款应以抵扣的方式予以陆续扣回。扣款的方法有以下几种：

(1) 是从未施工工程尚需的主要材料及构件的价值相当于预付备料款数额时扣起，从每次中间结算工程价款中，按材料及构件比重扣抵工程价款，至竣工之前全部扣清。因此确定起扣点是工程预付款起扣的关键。

确定工程预付款起扣点的依据是：未完施工工程所需主要材料和构件的费用，等于工程预付款的数额。

工程预付款起扣点可按下式计算

$$T = P - \frac{M}{N} \tag{7.20}$$

式中 T——起扣点，即预付备料款开始扣回时的累计完成工作量金额；

M——工程预付款数额；

N——主要材料、构件所占比重；

P——承包工程价款总额（或建安工作量价值）。

【例 7－19】 某项工程合同价 100 万，工程预付款数额为 24 万，主要材料、构件所占比重 60%，问起扣点为多少万元？

解　按起扣点计算公式得

$$T = P - M/N = 100 - 24/60\% = 60 \text{ 万元}$$

则当工程量完成 60 万元时，本项工程预付款开始起扣。

（2）承发包双方也可在专用条款中约定不同的扣回方法，例如建设部《招标文件范本》中规定，在承包人完成金额累计达到合同总价的 10%后，由承包人开始向发包人还款，发包人从每次应付给承包人的金额中扣回工程预付款，发包人至少在合同规定的完工期前三个月将工程预付款的总金额按逐次分摊的办法扣回。

在实际工作中，工程备料款的扣回方法，也可由发包人和承包人通过洽商用合同的形式予以确定，还可针对工程实际情况具体处理。如有些工程工期较短、造价较低，就无需分期扣回；有些工期较长，如跨年度工程，其备料款的占用时间很长，根据需要可以少扣或不扣。在国际工程承包中 FIDIC 施工合同也对工程预付款扣回作了规定，其方法比较简单，一般当工程进度款累计金额超过合同价格的 10%～20%时开始起扣，每月从支付给承包人的工程款内按预付款占合同总价的同一百分比扣回。

7.6.2　工程进度款结算

《建设工程施工合同（示范文本）》关于工程款的支付做了相应的规定："在确认计量结果后 14 天内，发包人应向承包人支付工程款（进度款）"。"发包人超过约定的支付时间不支付工程款（进度款），承包人可向发包人发出要求支付的书面通知，发包人接到承包人通知后仍不能按要求付款，可与承包人协商签订延期付款的协议，经承包人同意后可延期支付。协议应明确延期支付的时间和从计量结果确认后第 15 天起计算应付款的贷款利息。""发包人不按合同约定支付工程款（进度款），双方又未达成延期付款协议，导致施工无法进行，承包人可停止施工，由发包人承担违约责任"。

一、工程进度款的计算

工程进度款的计算主要涉及工程量的计算和对应的单价确定方法。

工程量应按承包人在履行合同义务过程中实际完成的工程量计量。若发现工程量清单中出现漏项、工程量计算偏差，以及工程变更引起工程量的增减变化应按实际调整，正确计量。

承包人应按照合同约定，向发包人递交已完工程量报告。发包人应在接到报告后按合同约定进行核对。

《计价规范》中规定：承包人应在每个付款周期末，向发包人递交进度款支付申请，并附相应的证明文件。除合同另有约定外，进度款支付申请应包括下列内容：

（1）本周期已完成工程的价款。

（2）累计已完成的工程价款。

（3）累计已支付的工程价款。

（4）本周期已完成计日工金额。

（5）应增加和扣减的变更金额。

（6）应增加和扣减的索赔金额。

(7) 应抵扣的工程预付款。

(8) 应扣减的质量保证金。

(9) 根据合同应增加和扣减的其他金额。

(10) 本付款周期实际应支付的工程价款。

二、工程进度款的支付

发包人在收到承包人递交的工程进度款支付申请及相应的证明文件后，发包人应在合同约定时间内核对和支付工程进度款。发包人应扣回的工程预付款，与工程进度款同期结算抵扣。

发包人未在合同约定时间内支付工程进度款，承包人应及时向发包人发出要求付款的通知，发包人收到承包人通知后仍不按要求付款，可与承包人协商签订延期付款协议，经承包人同意后延期支付。协议应明确延期支付的时间和从付款申请生效后按同期银行贷款利率计算应付款的利息。

【例 7-20】 某建安工程施工，合同总价 600 万元，其中 58 万元的主材由业主直接供应，合同工期为 7 个月，主要材料及构件金额占合同总额 62.5%。

(1) 合同规定：①业主向承包人支付合同价的 25%的预付工程款；②预付工程款应从未施工工程尚需的主要材料及构配件价值相当于预付工程款时起扣，每月按材料及构件的比重抵扣工程款陆续扣回；③业主每月从给承包人的工程进度款金额中按 2.5%扣留工程保修金，通过竣工验收后结算给承包人；④由业主直接供应的主材款应在发生当月的工程款中扣回其费用；⑤每月付款凭证签发的最低限额为 50 万元。

(2) 第一个月主要是完成土方工程的施工，由于施工条件复杂，土方工程量发生了较大的变化时（按招标文件中规定的工程量为 $6250m^3$，承包人填报的综合单价为 80 元/m^3）单价应作出调整，实际工程量超过或少于工程量 15%以上时，单价乘以系数 0.9 或 1.05。

(3) 经工程师签证确认：①承包人第一个月完成的土方量为 $7300m^3$；②其他各月实际完成的建安工作量及业主直接提供的主材价值见表 7-15。

表 7-15　各月实际完成的建安工作量及业主直接提供的主材价值

月份	1	2	3	4	5	6	7
工程量进度款	—	90	110	100	100	80	70
业主供应主材价值	—	18	20	—	—	20	—

问题：

(1) 第 1 个月土方工程实际工程进度款为多少万元？

(2) 该工程预付款是多少万元？预付工程款在第几个月份开始起扣？

(3) 1～7 月工程师应签发的工程款各是多少万元？应签发的付款证书金额是多少？并指出该月是否签发付款证书？

(4) 竣工结算时，工程师应签发的付款证书金额是多少万元？

解 (1) 第 1 个月土方工程实际工程进度款：

超过 15%以内的工程进度款　$6250\times(1+15\%)\times80=7187.8\times80=57.50$ 万元

超过 15%的剩余部分的工程进度款　$(7300-7187.8)\times80\times0.9=0.81$ 万元

土方工程进度款　$57.50+0.81=58.31$ 万元

(2) 预付工程款金额　600×25%=150 万元

预付工程款起扣点　600−150/62.5%=360 万元

开始起扣工程款的时间为第 5 个月，因第 5 个月累计实际完成的工程量超过起扣点。

$$58.31+90+110+100+100=458.31>360 \text{ 万元}$$

(3) 1 月应签发的工程款　58.31×(1−2.5%)=56.84 万元，本月应签发付款证书。

应签发的付款证书金额　56.84 万元。

2 月应签发的工程款　90×(1−2.5%)=87.75 万元

应签发的付款证书金额　87.75−18=69.75 万元，本月应签发付款证书。

3 月应签发的工程款　110×(1−2.5%)=107.25 万元

应签发的付款证书金额　107.25−20=87.25 万元，本月应签发付款证书。

4 月应签发的工程款　100×(1−2.5%)=97.5 万元

应签发的付款证书金额　97.5 万元　本月应签发付款证书。

5 月应签发的工程款　100×(1−2.5%)=97.5 万元

本月应扣除预付款　(458.31−360)×62.5%=61.44 万元

应签发的付款证书金额 97.5−61.44=36.06 万元，本月应签发付款证书。

6 月应签发的工程款　80×(1−2.5%)=78 万元

本月应扣除预付款　80×62.5%=50 万元

应签发的付款证书金额　78−50−20=8 万元，本月不签发付款证书。

7 月应签发的工程款　70×(1−2.5%)=68.25 万元

本月应扣除预付款　150−61.44−50=38.56 万元

应签发的付款证书金额　68.25−38.56+8=37.69 万元，本月不签发付款证书。

(4) 竣工结算时，工程师应签发付款证书金额为 37.69 万元。

7.6.3　竣工结算

工程竣工结算是指施工企业按照合同规定的内容全部完成所承包的工程，经验收质量合格，并符合合同要求之后，向发包单位进行的最终工程价款结算。竣工结算书是一种动态的计算，是按照工程实际发生的量与定额来计算的。经审查的工程竣工结算是核定建设工程造价的依据，也是建设项目竣工验收后编制竣工决算和核定新增固定资产价值的依据。

《计价规范》第 16.5.1 条规定：“‘工程竣工验收报告’完成后，承包人应立即在规定的时间内向发包人递交工程竣工结算报告及完整的结算资料。”工程竣工验收合格，并签署了“工程竣工验收报告”，承发包双方应按国家有关规定进行工程价款的最终结算。建设部和国家工商行政管理局制定的《建设工程施工合同（示范文本）》通用条款中对竣工结算做了详细规定。

(1) 工程竣工验收报告经发包人认可后的 28 天内，承包人向发包人递交竣工结算报告及完整的结算资料，双方按照协议书约定的合同价款及专用条款约定的合同价款调整内容，进行工程竣工结算。

(2) 发包人收到承包人递交的竣工结算报告及结算资料后 28 天内进行核实，给予确认或者提出修改意见。发包人确认竣工结算报告后通知经办银行向承包人支付工程竣工结算价款。承包人收到竣工结算价款后 14 天内将竣工工程交付发包人。

(3) 发包人收到竣工结算报告及结算资料后 28 天内无正当理由不支付工程竣工结算价

款，从29天起按承包人同期向银行贷款利率支付拖欠工程价款的利息，并承担违约责任。

(4) 发包人收到竣工结算报告及结算资料后28天内不支付工程竣工结算价款，承包人可以催告发包人支付结算价款。发包人在收到竣工结算报告及结算资料后56天内仍不支付的，承包人可以与发包人协议将该工程折价，也可以由承包人申请人民法院将该工程依法拍卖，承包人就该工程折价或者拍卖的价款优先受偿。

(5) 工程竣工验收报告经发包人认可后28天内，承包人未能向发包人递交竣工结算报告及完整的结算资料，造成工程竣工结算不能正常进行或工程竣工结算价款不能及时支付，发包人要求交付工程的，承包人应当交付；发包人不要求交付工程的，承包人承担保管责任。

(6) 发包人承包人对工程竣工结算价款发生争议时，按关于争议的约定处理。

在办理工程竣工结算的实际工作中，当年开工，当年竣工的项目，一般实行全部工程竣工后一次结算。跨年施工项目，应按合同约定，根据工程进度实行分段结算。工程实行总承包的，总包人将工程部分或专业分包给其他分包人，其工程价款的结算由总包人统一向发包人按规定办理。工程竣工结算审查时限见表7-16。

表7-16　　工程竣工结算审查时限

序号	工程竣工结算报告金额	审查时间
1	500万元以下	从接到竣工结算报告和完整的竣工结算资料之日起20天
2	500万～2000万元	从接到竣工结算报告和完整的竣工结算资料之日起30天
3	2000万～5000万元	从接到竣工结算报告和完整的竣工结算资料之日起45天
4	5000万元以上	从接到竣工结算报告和完整的竣工结算资料之日起60天

【例7-21】 某建设项目，其建筑工程承包合同价为1000万元。合同规定，预付备料款额度为20%，竣工时应留8%尾款做保证金。该工程主要材料及结构构件金额占工程价款的80%，各月完成工作量情况见表7-17。

表7-17　　各月完成工作量　　万元

月份	1	2	3	4	5	合同调整金额
完成工作量金额	150	150	200	300	200	80

问题：

(1) 计算该工程的预付备料款和起扣点。

(2) 计算按月结算该工程进度款。

(3) 该工程竣工结算总造价为多少？5月份应付尾款为多少？

解 (1) 预付备料款＝工程价款总额×预付备料款额度

＝1000×20%＝200万元

起扣点＝工程价款总额－预付备料款/主材所占比重

＝1000－200/80%＝750万元

(2) 1月份：工程款为150万元；

2月份：工程款为150万元，累计完成300万元；

3月份：工程款为200万元，累计完成500万元；

4月份：已达到起扣点情况下的应收工程款为

应收工程款 = 当月已完成工作量 −（当月累计已完成工作量 − 起扣点）× 主材所占比重

= 300 −（300 + 500 − 750）× 80% = 260 万元

累计完成 = 500 + 260 = 760 万元

5 月份：工程款 = 当月已完成工作量 ×（1 − 主材所占比重）

= 200 ×（1 − 80%）= 40 万元

(3) 竣工结算总造价 = 预付款 + 按月结算工程款累计 + 合同调整增加额

= 200 +（150 + 150 + 200 + 260 + 40）+ 80

= 1080 万元

5 月份应付尾款 = 竣工结算总造价 −（1 ～ 4 月份已支付工程款累计金额）− 保留金

= 1080 − 760 − 1080 × 8% = 233.60 万元

7.6.4　工程价款的动态结算

我国现行的工程价款结算办法，基本上是以合同价或预算定额单价为基础的静态结算。对时间因素考虑不足，不能如实反映价格变化等因素的影响。为克服此弊端，需要对工程价款的结算采取动态结算方法。

所谓工程价款的动态结算，是指在进行工程价款的结算时要充分考虑货币的时间价值，充分考虑时间因素对价值量的影响，把价格随时间的浮动量渗透到结算中，从而使工程价款的结算能真实地反映施工消耗。这不仅有利于建设单位安排好项目投资计划，也有利于承包单位进行科学合理的材料采购。

进行工程价款的动态结算，常用的方法有以下几种。

一、实际价格结算法

随着我国建筑业的不断发展，建筑材料需市场采购的比重、范围越来越大，而且其价格随时间的上涨幅度也较大。为比较真实地反映工程施工的实际消耗费用，可以实行工程承包人凭三材（钢材、木材、水泥）购货发票实报实销，即按三材的实际采购价格进行工程价款的结算。此种方法虽然方便，但是不利于促使承包单位设法降低施工成本，为了避免这个弊端，造价部门要定期公布最高结算限价，同时可在合同文件中规定建设单位或监理工程师有权审批材料采购的价格。

二、调价文件结算法（又称定期抽料补差结算法）

这种结算工程价款的具体做法是，承发包双方商定：承包方先按承包当时的预算价格承包，然后在合同期内再按地方造价管理部门定期公布的主要材料供应价格或管理价格，对相应时期的工程施工消耗进行抽料补差，即根据同一价格水平期内施工单位所消耗的材料数量乘以材料价差得到补偿。

三、按主材计算价差

发包人在招标文件中列出需要调整价差的主要材料表及其基期价格（一般采用当时当地工程价格管理机构公布的信息价或结算价），工程竣工结算时按竣工当时当地工程价格管理机构公布的材料信息价或结算价，与招标文件中列出的基期价比较计算材料差价。

四、竣工调价系数法

按工程价格管理机构公布的竣工调价系数及调价计算方法计算差价。

五、调值公式法（又称动态结算公式法）

这是国际上常用的一种工程价款结算方法。根据国际惯例，对建设工程已完成投资费用的结算，一般采用此法。绝大多数情况是发包方和承包方在签订的合同中就明确规定了调值公式。

（一）利用调值公式进行价格调整的工作程序及监理工程师应做的工作

价格调整的计算工作比较复杂，其程序是：

（1）确定计算物价指数的品种，一般地说，品种不宜太多，只确立那些对项目投资影响较大的因素，如设备、水泥、钢材、木材和工资等。这样便于计算。

（2）要明确以下两个问题：一是合同价格条款中，应写明经双方商定的调整因素，在签订合同时要写明考核几种物价波动到何种程度才进行调整。二是考核的地点和时点：地点一般在工程所在地，或指定的某地市场价格；时点指的是某月某日的市场价格。这里要确定两个时点价格，即基准日期的市场价格（基础价格）和与特定付款证书有关的期限最后一天的前42天的时点价格。这两个时点就是计算调值的依据。

（3）确定各成本要素的系数和固定系数，各成本要素的系数要根据各成本要素对总造价的影响程度而定。各成本要素系数之和加上固定系数应该等于1。

在实行国际招标的大型合同中，监理工程师应负责按下述步骤编制价格调值公式：

1）分析施工中必需的投入，并决定选用一个公式，还是选用几个公式；

2）估计各项投入占工程总成本的相对比重，以及国内投入和国外投入的分配，并决定对国内成本与国外成本是否分别采用单独的公式；

3）选择能代表主要投入的物价指数；

4）确定合同价中固定部分和不同投入因素的物价指数的变化范围；

5）规定公式的应用范围和用法；

6）如有必要，规定外汇汇率的调整。

（二）建筑安装工程费用的价格调值公式

建筑安装工程费用价格调值公式包括固定部分、材料部分和人工部分等，调值公式见7.5.1中式（7.9）。

本 章 小 结

本章介绍了建设工程施工阶段的投资控制，施工阶段是投资支出最多的阶段，首先要了解施工阶段投资控制的基本原理及措施；能够编制资金使用计划，在实施中发现偏差能够进行分析，运用方法进行调整；熟悉工程计量的程序及方法；在实际施工中如遇到工程变更，把握变更价款的确定；熟悉引起工程索赔的常见情形，掌握索赔的计算方法；熟练掌握进度款、预付款及结算款的计算，由于物价会有波动，要掌握工程价款的动态结算调值公式，并与索赔中物价上涨进行比较。

习 题

一、单选题（每题的备选项中，只有1项为正确选项）

1. 按子项目分解的资金使用计划，对各单位工程的建筑安装工程投资还需要进一步分解，在施工阶段一般可分解到（　　）。

A. 分部工程　B. 分部分项工程　C. 安装工程　D. 建筑工程

2. 一般而言，所有工作都按（　　）开始，对节约建设单位的建设资金贷款利息是有利的，但同时，也降低了项目按期竣工的保证率。

A. 进场开工时间　B. 最迟开始时间　C. 最初开始时间　D. 奠基时间

3. 投资偏差结果为正，表示（　　），结果为负，表示（　　）。

A. 投资节约，投资超支　B. 物价上涨，物价下降

C. 投资超支，投资节约　D. 进度加快，进度放慢

4. 在投资偏差分析时，需对偏差产生的原因进行分析，其中地基变化属于（　　）。

A. 客观原因　B. 业主原因　C. 设计原因　D. 施工原因

5. 用表格法进行投资偏差分析时，已完工程量乘以计划单价得到的是（　　）。

A. 拟完工程计划投资　B. 已完工程计划投资

C. 拟完工程实际投资　D. 已完工程实际投资

6. 在偏差分析的方法中，具有适用性强、信息量大、可以反映各种偏差变量和指标且有助于用计算机辅助管理的方法是（　　）。

A. 横道图法　B. 表格法　C. 曲线法　D. 时标网络图法

7. 某挖土方工程，拟完工程量为 2000m^3，计划单价为 19 元/m^3，已完工程量为 1500m^3，实际单价为 21 元/m^3，则该工程的投资偏差和进度偏差分别为（　　）。

A. 3000 元、9500 元　B. 4500 元、−9000 元

C. 4500 元、9500 元　D. −9500 元、4500 元

8. 以下不是工程计量依据的是（　　）。

A. 工程量清单前言　B. 招标文件

C. 技术规范　D. 设计图纸

9. 按我国《建设工程施工合同（示范文本）》的规定，工程施工过程中发生工程变更，合同中有类似变更工程价格，则（　　）确定变更价款。

A. 按合同已有价格　B. 参照合同价格

C. 由承包人提出价格，发包人确认后　D. 由承包人提出价格，工程师确认后

10. 2004 年 4 月完成的某工程，按 2003 年 4 月签约的价格计算工程款为 200 万元，合同规定：调值公式中的固定系数为 0.2，人工费占调值部分的 50%。调值公式中的各项费用除了人工费上涨 15%外均未发生变化，则按调值公式计算的该工程应结算的工程款为（　　）万元。

A. 212　B. 215　C. 220　D. 226

11. 某埋管沟槽开挖分项工程，计日工每工日工资标准 30 元。在开挖过程中，由于业主原因造成承包商 8 人窝工 5 天，承包商原因造成 5 人窝工 10 天，由此承包商提出的人工费索赔为（　　）元。

A. 0　B. 1200　C. 1500　D. 2700

12. 以承包商为某项索赔工作所支付的实际开支为根据，向业主提出费用补偿要求的索赔计算方法是指（　　）。

A. 实际费用法　B. 总费用法　C. 修正的总费用法　D. 修正的实际费用法

13. 某工程包含两个子项工程，估计工程量甲项为 $4000m^3$，乙项为 $2000m^3$；合同单价甲项为 220 元/m^3，乙项为 560 元/m^3；工程预付款额度为合同价的 12%，主要材料和构配件所占比重为 60%，则预付款的起扣点为（　　）万元。

A. 160　　B. 165　　C. 170　　D. 175

14. 采用动态结算的调值公式法，各成本要素的比重系数之和加上固定系数应（　　）。

A. <1　　B. ≤1　　C. =1　　D. >1

15. 在进行工程价款动态结算时，价格调整所要考核的地点一般是（　　）。

A. 工程所在地　　B. 政府指定地点

C. 发包方总部所在地　　D. 承包方总部所在地

16. 合同规定承包方在开工后三个月内为监理工程师提供总额 42 000 元的三台天气记录设备，而第一个月承包方只提供一台发票标价 20 000 元的设备，则监理工程师应按（　　）方法进行计量。

A. 均摊法　　B. 凭据法　　C. 估价法　　D. 分解计量法

17. 确定工程变更价款时，最重要的基础资料是（　　）。

A. 施工合同　　B. 工程量清单　　C. 工程计量结果　　D. 设计图纸

18. 某土方工程，业主估计的工程量为 $1500m^3$，合同规定土方工程单价为 16 元/m^3，实际工程量超过估计工程量 10%时可调整单价，单价调为 15 元/m^3。承包商实际完成土方量 $1800m^3$，则土方工程款为（　　）元。

A. 28 650　　B. 27 000　　C. 28 800　　D. 28 500

二、多选题（每题的备选项中，有 2 项或 2 项以上符合题意，至少有 1 项错项）

1. 对施工阶段的投资控制应给予足够的重视，仅仅靠控制工程款的支付是不够的，应从（　　）等多方面采取措施，控制投资。

A. 组织　　B. 经济　　C. 技术　　D. 合同

E. 法律

2. 合同规定计量的项目包括（　　）。

A. 清单中的工程项目　　B. 承包人自己进行试验的施工项目

C. 合同文件中规定的项目　　D. 工程变更项目

E. 合同中规定的包干项目

3. 以下关于变更后合同价款的确定的说法正确的是（　　）。

A. 合同中已有适用于变更工程的价格，按合同已有的价格变更合同价款

B. 合同中只有类似于变更工程的价格，可以参照类似价格变更合同价款

C. 合同中没有适用或类似于变更工程的价格，由承包人提出适当的变更价格，经对方确认后执行

D. 关于变更工程价格如果无法协调一致，可以由工程造价部门调解

E. 关于变更工程价格如果无法协调一致，则以工程师认为合同的价格执行

4. 发生索赔事项，索赔费用的计算方法有（　　）等。

A. 综合费用法　　B. 实际费用法　　C. 总费用法　　D. 修正综合费用法

E. 实物费用法

5. 下列有关工程预付款的表述，正确的是（　　）。

A. 工程预付款是建设工程施工合同订立后由发包人按照合同约定，在正式开工前预支给承包人的工程款

B. 工程预付款是施工准备和所需材料、结构件等流动资金的主要来源

C. 工程预付款又被称作预付备料款

D. 工程预付款预付时间不得迟于约定开工前7天

E. 工程预付款扣款方式由发包人决定

6. 下列关于施工合同（示范文本）约定的工程计量程序的说法中错误的是（　　）。

A. 承包人应按专用条款约定的时间向工程师提交已完工程量报告

B. 工程师接到承包人报告后一个星期内核定工程量，并在计量前48小时通知承包人

C. 工程师计量时一定要有承包人代表参加，否则计量无效

D. 对于承包人超出设计图纸范围和因承包人原因造成返工的工程量，工程师不予计量

E. 工程师收到承包人报告后7天内未计量的，从第8天起，承包人报告中开列的工程量视为已被工程师确认

7. 索赔费用中的人工费是指（　　）。

A. 完成合同之外的额外工作所花费的人工费用

B. 由于承包商责任的工效降低所增加的人工费用

C. 超过法定工作时间加班劳动

D. 法定人工费增长

E. 非承包商责任工程延误导致的人员窝工费和工资上涨费

8. 建筑安装工程费用常用的动态结算办法包括（　　）。

A. 按预算价格结算法　　B. 按实际价格结算法

C. 按主材计算价差　　D. 竣工调价系数法

E. 调值公式法

三、简答题

1. 简述施工阶段投资控制的措施。

2. 简述投资偏差的纠正措施。

3. 简述施工合同（示范文本）约定的工程计量程序。

4. 工程计量的方法包括哪些？

四、案例分析

1. 某分项工程工作计划在第1、2、3周施工，每周计划完成工程量1000m^3，计划单价为20元/m^3；实际该分项工程于第1、2、3、4周完成，每周完成工程量750m^3，第1、2周的实际单价为22元，第3、4周的实际单价为25元。则第3周末该分项工程的进度偏差和投资偏差分别为多少？

2. 某工程计划进度与实际进度见表7-18。表中实线表示计划进度（进度线上方的数据为每周计划投资），虚线表示实际进度（进度线上方的数据为每周实际投资），假定各分项工程每周计划进度与实际进度均为匀速进度，而且各分项工程实际完成总工程量与计划完成总工程量相等。

问题：(1) 计算每周投资数据，并将结果填入表内。

(2) 绘制该工程三种投资曲线。即：1）拟完工程计划投资曲线；2）已完成工程实际投

资曲线；3）已完工程计划投资曲线。

（3）分析第6周末和第10周末的投资偏差和进度偏差。

表7-18　某工程计划进度与实际进度表　万元

分项工程	进度计划（周）											
	1	2	3	4	5	6	7	8	9	10	11	12
A	5	5	5									
	5	5	5									
B		4	4	4	4	4						
			4	4	4	3	5					
C				8	8	8	8					
						9	8	9	9			
D						6	6	6	6			
							7	6	5	7		
E								3	3	3		
										4	4	4

3. 某施工单位承包某建设工程项目，甲、乙双方签订关于工程价款的合同内容如下：

（1）建筑安装工程造价660万元，主要材料费占施工产值的比重为60%；

（2）预付备料款为建筑安装工程造价的20%；从未施工工程尚需的主要材料及构件的价格相当于预付款时起扣，按材料比重扣抵工程款，竣工前全部扣完；

（3）工程进度款逐月计算并支付；

（4）工程保修金为建筑安装工程造价的5%，结算时一次扣，保修期半年；

（5）材料价差调整按规定进行（按规定在上半年材料价差上调10%，在6月份一次调增）。

工程各月实际完成产值见表7-19。

表7-19　某工程各月实际完成产值　万元

月份	2	3	4	5	6
完成产值	55	110	165	220	110

问题：

（1）该工程的预付备料款、起扣点为多少？

（2）该工程2～5月，每月拨付工程款为多少？累计工程款为多少？

（3）6月份办理工程竣工结算，该工程结算总造价为多少？甲方应付工程尾款为多少？

第 8 章　建设工程竣工决算阶段的投资控制

学习目标

通过本章的学习使学生了解建设项目在竣工决算阶段投资控制所涉及的相关基础知识，要求学生了解建设项目竣工决算及工程保修的基本知识点，在此基础上熟悉并掌握新增固定资产价值的计算和房屋最低保修期限及保修费用的处理等知识。并通过对这些理论知识的学习，通过理论知识的学习和案例的解析来了解实践中对于相关内容的运用，使学生具备将理论知识运用于实际工程的操作技能。

8.1　竣　工　决　算

8.1.1　竣工决算的概念及作用

一、竣工决算的概念

竣工决算是建设工程经济效益的全面反映，是以实物量和货币指标为计量单位，综合反映竣工项目从筹建开始到项目竣工交付使用为止的全部建设费用、建设成果和财务情况的总结性文件，是竣工验收报告的重要组成部分。

二、竣工决算的作用

工程项目竣工后，及时编制竣工决算，其作用主要表现在以下几个方面：

(1) 综合、全面反映竣工项目建设成果及财务情况的总结性文件。

(2) 核定各类新增资产价值、办理其交付使用的依据。

(3) 能正确反映建设工程的实际造价和投资结果。

(4) 有利于进行设计概算、施工图预算和竣工决算的对比，考核实际投资效果。

8.1.2　竣工决算的内容

竣工决算是建设项目从筹建到竣工交付使用为止所发生的全部建设费用。为了全面反映建设工程经济效益，竣工决算由竣工财务决算说明书、竣工财务决算报表、竣工工程平面示意图、工程造价比较分析四部分组成。前两个部分又称为工程项目竣工财务决算，是竣工决算的核心部分。

一、竣工决算说明书

有时也称为竣工决算报告情况说明书。在说明书中主要反映竣工工程建设成果，是竣工财务决算的组成部分，主要包括以下内容：

(1) 建设项目概况。对工程总的评价，一般从进度、质量、安全和造价、施工方面进行分析说明。

(2) 资金来源及运用的财务分析。包括工程价款结算、会计账务处理、财产物资情况及债权债务的清偿情况。

(3) 建设收入、资金结余及结余资金的分配处理情况。

(4) 主要技术经济指标的分析、计算情况。包括概算执行情况分析，根据实际投资完成额与概算进行对比分析；新增生产能力的效益分析，说明支付使用财产占总投资额的比例、占支付使用财产的比例、不增加固定资产的造价占总投资的比例，分析有机构成和成果。

(5) 工程项目管理及决算中存在的问题，并提出建议。

(6) 需要说明的其他事项。

二、竣工财务决算报表

根据财政部印发的有关规定和通知，工程项目竣工财务决算报表应按大、中型工程项目和小型项目分别制定。

(1) 大、中型项目需填报：

1) 工程项目竣工财务决算审批表：该表作为决算上报有关部门审批之用。有关部门应对决算进行认真审查后将签署的审核意见填列表中，见表 8-1。

表 8-1　　工程项目竣工财务决算审批表

<table>
<tr><td>项目法人（建设单位）</td><td></td><td>建设性质</td><td></td></tr>
<tr><td>工程项目名称</td><td></td><td></td><td></td></tr>
<tr><td colspan="4">开户银行意见：

盖章
年　月　日</td></tr>
<tr><td colspan="4">专员办（审批）审核意见：

盖章
年　月　日</td></tr>
<tr><td colspan="4">主管部门或地方财政部门审批意见：

盖章
年　月　日</td></tr>
</table>

2) 大、中型项目概况表：该表综合反映建成的大中型工程项目基本概况，见表 8-2。

表 8-2　　大、中型工程项目概况表

<table>
<tr><td>建设项目名称</td><td colspan="2"></td><td>建设地址</td><td colspan="2"></td><td colspan="2">项目</td><td>概算/元</td><td>报审数/元</td></tr>
<tr><td>主要设计单位</td><td colspan="2"></td><td>主要施工企业</td><td colspan="2"></td><td rowspan="6">基建支出</td><td>建筑安装工程</td><td></td><td></td></tr>
<tr><td rowspan="3">占地面积/m²</td><td>计划</td><td>实际</td><td rowspan="3">总投资
/万元</td><td>设计</td><td>实际</td><td>设备、工具、器具</td><td></td><td></td></tr>
<tr><td rowspan="2"></td><td rowspan="2"></td><td rowspan="2"></td><td rowspan="2"></td><td>待摊投资</td><td></td><td></td></tr>
<tr><td>其中：建设单位管理费</td><td></td><td></td></tr>
<tr><td rowspan="2">新增生产能力</td><td colspan="3">能力（效益）名称</td><td>设计</td><td>实际</td><td>其他投资</td><td></td><td></td></tr>
<tr><td colspan="3"></td><td></td><td></td><td colspan="2">待核销基建支出</td><td></td><td></td></tr>
<tr><td rowspan="2">建设起止时间</td><td>设计</td><td colspan="4">从　年　月　日开工
至　年　月　日竣工</td><td colspan="2">非经营项目转出投资</td><td></td><td></td></tr>
<tr><td>实际</td><td colspan="4">从　年　月　日开工
至　年　月　日竣工</td><td colspan="2">合计</td><td></td><td></td></tr>
</table>

续表

<table>
<tr><td>设计概算（立项）批准文号</td><td colspan="4"></td></tr>
<tr><td rowspan="3">完成主要工程量</td><td colspan="2">建设规模</td><td colspan="2">设备（台、套、吨）</td></tr>
<tr><td>设计</td><td>实际</td><td>设计</td><td>实际</td></tr>
<tr><td></td><td></td><td></td><td></td></tr>
<tr><td rowspan="3">收尾工程</td><td>工程项目、内容</td><td>已完成投资额</td><td>尚需投资额</td><td>完成时间</td></tr>
<tr><td></td><td></td><td></td><td></td></tr>
<tr><td>小计</td><td></td><td></td><td></td></tr>
</table>

3）大、中型项目竣工财务决算表：该表是反映竣工的大、中型项目竣工财务决算表，它反映竣工的大中型项目全部资金的来源和资金的占用情况。对于跨年度的项目，在编制该表前，一般应先编制项目竣工年度财务决算。根据编制出的竣工年度财务决算和历年财务决算编制出该项目的竣工财务决算，见表 8-3。

表 8-3　　大、中型工程项目竣工财务决算表

资金来源	金额	资金占用	金额
一、基建拨款		一、基本建设支出	
1. 预算拨款		1. 交付使用资产	
2. 基建基金拨款		2. 在建工程	
3. 进口设备转账拨款		3. 待核销基建支出	
4. 器材转账拨款		4. 非经营项目转出投资	
5. 煤代油专用基金拨款		二、应收生产单位投资借款	
6. 自筹资金拨款		三、拨付所属投资借款	
7. 其他拨款		四、器材	
二、项目资本		其中：待处理器材损失	
1. 国家资本		五、货币资金	
2. 法人资本		六、预付及应收款	
3. 个人资本		七、有价证券	
三、项目资本公积		八、固定资产	
四、基建借款		固定资产原价	
五、上级拨入投资借款		减：累计折旧	
六、企业债务资金		固定资产净值	
七、待冲基建支出		固定资产清理	
八、应付款		待处理固定资产损失	
九、未交款			
1. 未交税金			
2. 未交基建收入			
3. 未交基建包干节余			
4. 其他未交款			
十、上级拨入资金			
十一、留成收入			
合计		合计	

4）大、中型项目交付使用资产总表：该表反映工程项目建成后新增固定资产、流动资产、无形资产和其他资产价值，作为财产交接的依据，见表8－4。

表8－4　大、中型项目交付使用资产总表

工程项目名称	总计	固定资产				流动资产	无形资产	其他资产
		建安工程	设备	其他	合计			
1	2	3	4	5	6	7	8	9

5）工程项目交付使用资产明细表：该表反映交付使用资产及其价值的更详细的情况，适用于大、中、小型工程项目。该表既是交付单位办理资产交接的依据，也是接收单位登记资产账目的依据，见表8－5。

表8－5　工程项目交付使用资产明细表

工程项目名称	建筑工程			设备　工具　器具　家具						流动资产		无形资产		其他资产	
	结构	面积	价值	名称	规格型号	单位	数量	价值	设备安装费	名称	价值	名称	价值	名称	价值

(2) 小型项目需填报：工程项目竣工财务决算审批表（同大、中型项目）；小型项目竣工财务决算总表；工程项目交付使用资产明细表。

小型项目竣工财务决算总表：该表主要反映小型工程项目的全部工程和财务情况。该表比照大、中型工程项目概况指标和大、中型工程项目竣工财务决算表指标口径填列。

三、竣工工程平面示意图

工程项目竣工图是真实地反映各种地上地下建筑物、构筑物等情况的技术文件，是工程进行交工验收、维护改建和扩建的依据。国家规定对于各项新建、扩建、改建的基本建设工程，特别是基础、地下建筑、管线、结构、港口、水坝、桥梁、井巷以及设备安装等隐蔽部位，都应该绘制详细的竣工平面示意图。为了提供真实可靠的资料在施工过程中应做好这些隐蔽工程检查记录，整理好设计变更文件。具体要求有：

(1) 凡按图竣工未发生变动的，由施工单位在原施工图上加盖“竣工图”标志后，即作为竣工图；

(2) 凡在施工过程中，有一般性设计变更，但能将原施工图加以修改补充作为竣工图的，由施工单位负责在原施工图上注明修改的部分，并附以设计变更通知和施工说明，加盖“竣工图”标志后，作为竣工图。

(3) 凡结构形式发生改变、施工工艺发生改变、平面布置发生改变、项目发生改变等重大变化，不宜在原施工图上修改、补充时，应按不同责任分别由不同责任单位组织重新绘制竣工图，施工单位负责在新图上加盖“竣工图”标志，并附以有关记录和说明，作为竣工图。

四、工程造价比较分析

工程造价比较应侧重主要实物工程量、主要材料消耗量，以及建设单位管理费、建筑安装工程其他直接费、现场经费和间接费等方面的分析。

工程造价比较分析，先对比整个项目的总概算，然后将建筑安装工程费，设备、工器具购置费和其他工程费用逐一与竣工决算表中所提供的实际数据和相关资料及批准的概算、预算指标、实际的工程造价进行对比分析，以确定工程项目总造价是节约还是超支。

8.1.3　竣工决算的编制依据及编制步骤

一、竣工决算的编制依据

建设工程竣工决算编制的主要依据有：

(1) 经批准的可行性研究报告及其投资估算书。

(2) 经批准的初步设计或扩大初步设计及其概算或修正概算书。

(3) 经批准的施工图设计及其施工图预算书。

(4) 设计交底或图纸会审会议纪要。

(5) 招投标的标底、承包合同、工程结算资料。

(6) 施工记录或施工签证单及其他施工过程中发生的费用记录，如索赔报告与记录、停工报告等。

(7) 竣工图及各种竣工验收记录。

(8) 历年基建资料、历年财务决算与文件。

(9) 设备、材料调价文件调价记录。

(10) 有关财务核算制度、办法及其他相关资料、文件等。

二、竣工决算的编制步骤

(1) 收集、分析、整理有关依据资料。

从建设工程开始就按照编制依据的要求，收集、整理、清点有关建设项目的资料，包括所有的技术资料、工料结算的经济文件、施工图纸、施工纪录和各种变更与签证资料、财产物资的盘点核实、债权的收回及债务的清偿。

(2) 清理各项财务、债务和结余物资。

(3) 核实工程变动情况。

(4) 编制建设工程竣工决算说明。

(5) 填写竣工决算报表。

(6) 做好造价对比分析。

(7) 整理、装订好竣工工程平面示意图。

(8) 上报主管部门审查、批准、存档。

8.2　新增固定资产价值的确定

8.2.1　新增资产价值的分类

按照新的财务制度和企业会计准则，新增资产按资产性质可分为固定资产、流动资产、无形资产、递延资产和其他资产等五大类。资产性质不同，其核算方法也不同。

一、固定资产

固定资产是指企业使用期限超过 1 年的房屋、建筑物、机器、机械、运输工具以及其他与生产、经营有关的设备、器具、工具等。不属于生产经营主要设备的物品，单位价值在 2000 元以上，并且使用年限超过 2 年的，也应当作为固定资产。固定资产是企业的劳动手段，也是企业赖以生产经营的主要资产。从会计的角度划分，固定资产一般被分为生产用固定资产、非生产用固定资产、租出固定资产、未使用固定资产、不需用固定资产、融资租赁固定资产、接受捐赠固定资产等。

二、流动资产

流动资产是指可以在一年或者超过一年的营业周期内变现或者耗用的资产。流动资产按资产的占用形态可分为现金、存货、银行存款、短期投资、应收账款及预付账款。

三、无形资产

无形资产是指特定主体所控制的，不具有实物形态，对生产经营长期发挥作用且能带来经济利益的资源。主要有专利权、非专利技术、商标权、商誉。

新增无形资产的计价原则如下：

(1) 投资者将无形资产作为资本金或者合作条件投入的，按照评估确认或合同协议约定的金额计价。

(2) 购入无形资产，按照实际支付的价款计价。

(3) 企业自创并依法确认的无形资产，按开发过程中的实际支出计价。

(4) 企业接受捐赠的无形资产，按照发票凭证所载金额或者同类无形资产市场价确定。

无形资产计价入账后，其价值从受益之日起，在有效使用期内分期摊销。

四、递延资产

递延资产是指不能全部计入当年损益，应当在以后年度分期摊销的各种费用，包括开办费、租入固定资产改良支出等。

五、其他资产

其他资产是指具有专门用途，但不参加生产经营的经国家批准的特种物资，银行冻结存款和冻结物资、涉及诉讼的财产等。

8.2.2 新增固定资产

新增固定资产是指通过投资活动所形成的新的固定资产价值，包括已经建成投入生产或交付使用的工程价值和达到固定资产标准的设备、工具、器具的价值及有关应摊入的费用。它是以价值形式表示的固定资产投资成果的综合性指标，可以综合反映不同时期、不同部门、不同地区的固定资产投资成果。

一、新增固定资产价值的构成

(1) 已经投入生产或者交付使用的建筑安装工程价值，主要包括建筑工程费、安装工程费。

(2) 达到固定资产使用标准的设备、工具及器具的购置费用。

(3) 预备费，主要包括基本预备费和涨价预备费。

(4) 增加固定资产价值的其他费用，主要包括建设单位管理费、研究试验费、设计勘察费、工程监理费、联合试运转费、引进技术和进口设备的其他费用等。

(5) 新增固定资产建设期间的融资费用，主要包括建设期利息和其他相关融资费。

二、新增固定资产价值的计算

(1) 新增固定资产价值的计算是以独立发挥生产能力的单项工程为对象，单项工程竣工验收合格，正式移交生产或使用，即应计算新增固定资产价值。一次交付生产或使用的工程，应一次计算新增固定资产价值；分期分批交付生产或使用的工程，应分期分批计算新增固定资产价值。在计算时应注意以下几种情况：

1）对于为了提高产品质量、改善劳动条件、节约材料消耗、保护环境而建设的附属辅助工程，只要全部建成，正式验收交付使用后就要计入新增固定资产价值。

2）对于单项工程中不构成生产系统，但能独立发挥效益的非生产性项目，如住宅、食堂、医务所、托儿所、生活服务网点等，在建成交付使用后，也要计算新增固定资产价值。

3）凡购置达到固定资产标准不需安装的设备、工器具，应在交付使用后计入新增固定资产价值。

4）属于新增固定资产价值的其他投资，应随同受益工程交付使用的同时一并计入。

5）交付使用财产的成本，应按下列内容计算：

① 房屋、建筑物、管道、线路等固定资产的成本包括：建筑工程成果和应分摊的待摊投资。

② 动力设备和生产设备等固定资产的成本包括：需要安装设备的采购成本、安装工程成本、设备基础支柱等建筑工程成本或砌筑锅炉及各种特殊的建筑工程成本，应分摊的待摊投资。

③ 运输设备及其他不需要安装的设备、工具、器具、家具等固定资产一般仅计算采购成本，不计分摊的“待摊投资”。

6）共同费用的分摊方法。新增固定资产的其他费用，如果是属于整个建设项目或两个以上单项工程的，在计算新增固定资产价值时，应在各单项工程中按比例分摊。分摊时，什么费用由什么工程负担应按具体规定进行。一般情况下，建设单位管理费按建筑工程、安装工程、需安装设备价值总额作比例分摊，而土地征用费、勘察设计费等费用则按建筑工程造价分摊。

（2）新增固定资产的计算必须具备以下三个条件：

1）设计文件或计划方案中规定的形成生产能力所需的主体工程和相应的辅助工程均已建成，形成产品生产作业线，具备生产设计规定的条件。

2）经过负荷试运转，并由有关部门验收鉴定合格，证明已具备正常生产条件，并正式移交生产部门。

3）设计规定配套建设的三废治理和环境保护工程同时建成并移交使用。

三、新增固定资产价值的作用

（1）如实反映企业固定资产价值的增减变化，保证核算的统一性。

（2）真实反映企业固定资产的占用额。

（3）正确计提企业固定资产折旧。

（4）反映一定范围内固定资产再生产的规模和速度。

（5）分析国民经济各部门的技术构成变化及相互间适应的情况。

8.3　保修费用的处理

《中华人民共和国建筑法》第六十二条规定：“建筑工程实行质量保修制度”。建筑工程质量保修制度是指建筑工程直接办理交工验收手续后，在规定的保修期限内，因勘查设计、施工、材料等原因造成的质量缺陷，应当由施工单位负责维修的制度。建筑工程质量保修制度对于促进承包方加强质量管理，保护用户及消费者的合法权益起着相当重要的作用。而在对建设项目的维修过程中发生的费用支出，应该根据所出现问题的不同责任，由相关单位承担。

8.3.1 建设项目保修的范围及期限

一、保修的含义

工程保修是工程竣工交付使用后，在一定期限内由施工单位到建设单位或用户进行回访，对工程发生的确实是由施工单位施工责任造成的建筑物使用功能不佳或无法使用的问题，由施工单位负责修理，直到达到正常使用的标准。

二、保修的范围及期限

按照国务院颁布的279号令《建设工程质量管理条件》第40条规定，在正常使用条件下，建设工程的保修范围和期限为：

(1) 基础设施工程、房屋建筑的地基、基础工程和主体结构工程，为设计文件中规定的该工程的合理使用年限。

(2) 屋面防水工程，有防水要求的卫生间、房间和外墙面的防渗漏，为5年。

(3) 供热与供冷系统，为2个采暖期、供冷期。

(4) 电气管线、给排水管道设备安装和装修工程，为2年。

(5) 其他项目的保修期限由建设单位与施工单位约定。如对有地下室的工程其地下室的防渗漏，保修期规定为5年。

建筑工程的保修期，自工程竣工验收合格之日算起。

【例8-1】 某建筑公司承建阳光集团工程的施工任务，该工程于2000年5月15日开工建设，于2001年7月20日竣工验收交付使用，工程保修期为正常使用条件下，建设工程的最低保修期。2007年8月份，用户发现屋面大面积漏水。经调查，屋面漏水的主要原因是施工单位施工过程中，使用的防水材料质量存在问题。项目经理瞒过了监理工程师。

问题：在正常使用条件下，屋面防水工程保修期为多久？该屋面防水漏水时，是否已过保修期？施工单位是否对该质量问题负责，为什么？

解析： 在正常使用条件下，屋面防水工程的最低保修期限为5年。该屋面防水漏水时，已经过了保修期。虽然已经过了保修期，但施工单位仍要对该质量问题负责。原因是：该质量问题是由施工单位采用不合格材料所造成，是施工过程中造成的质量隐患，所以不属于保修期的范围，因此不存在超过保修期的说法。

8.3.2 保修费用的处理

根据《中华人民共和国建筑法》规定：保修费的处理，必须根据修理项目的性质，内容及修理等多种因素的实际情况，各方按责任承担相关的保修费用。一般由建设单位和施工单位共同协商处理费用问题。常规的有以下几种处理办法：

(1) 施工单位未按国家有关规定、规范、标准和设计要求施工，出现了质量和使用功能上的问题，施工单位负责修理并承担费用。

(2) 因设计方面的原因，出现了质量和使用功能上的问题，由设计单位承担相应的经济责任，由施工单位负责修理，其费用按有关规定通过建设单位向设计单位索赔，再经建设单位付给施工方。

(3) 因建筑材料设备等质量不合格引起的质量和使用上的问题，属于施工单位采购的或经其验收同意的，由施工单位承担经济责任；属于建设单位采购的，由建设单位承担经济责任。

(4) 因使用单位使用不当造成的房屋损坏问题，由使用单位自行负责。

(5) 因自然灾害和社会条件等不可抗拒原因造成的房屋损坏，不管是否在保修期内，修理所发生的费用均由建设单位承担。

(6) 在保修期间，因工程质量不合格而给用户造成损失，受损者有权向责任者要求赔偿，责任者不仅要做好修理工作，而且应承担相应的赔偿责任。

【例 8－2】 某市建设单位编制某项生产项目的竣工决算。该工程包括以下 A、B 两个生产车间和 C、D、E、F 四个辅助生产车间，以及部分附属办公、生活建筑工程。在该建设项目的建设期内，以各单项工程为单位进行核算。各单项工程竣工结算数据见表 8－6，建设工程其他费用支出包括：

(1) 支付土地使用权出让金 650 万元。

(2) 支付土地征用费和拆迁补偿费 600 万元。

(3) 建设单位管理经费 560 万元，其中 300 万元可以构成固定资产。

(4) 勘察设计费 280 万元。

(5) 商标权费 40 万元、专利权费 70 万元。

(6) 职工提前进厂费 20 万元、生产职工培训费 55 万元、生产线联合试运转费 30 万元，同时出售试生产期间生产的产品，获得收入 4 万元。

(7) 建设项目剩余钢材价值 20 万元，木材价值 15 万元。

表 8－6　建设工程竣工决算统计表　万元

项目名称	建筑工程投资	安装工程投资	需要安装设备	不需要安装设备	生产器具
A 生产车间	1800	450	1600	300	100
B 生产车间	1500	300	1200	210	80
辅助生产车间	2000	200	800	120	50
其他建筑物	700	50		20	
小　计	6000	1000	3600	650	230

根据以上资料回答如下问题。

(1) 什么是建设项目的竣工决算？建设项目的竣工决算由哪些内容构成？

(2) 新增固定资产的概念？新增固定资产价值的构成？

(3) 确定 A 生产车间的新增固定资产的价值？

(4) 如果该项目在使用两年半后发生屋面漏水，建设单位应该如何处理？

(5) 该项目所在地为沿海城市，在一次台风袭击后发生厂房部分毁损，发生维修费用 40 万元，建设单位应该如何处理？

解析：(1) 竣工决算是建设工程经济效益的全面反映，是以实物量和货币指标为计量单位，综合反映竣工项目从筹建开始到项目竣工交付使用为止的全部建设费用、建设成果和财务情况的总结性文件，是竣工验收报告的重要组成部分。

建设项目竣工决算由竣工财务决算说明书、竣工财务决算报表、竣工工程平面示意图、工程造价比较分析四部分组成。前两个部分又称为工程项目竣工财务决算，是竣工决算的核心部分。

(2) 新增固定资产指通过投资活动所形成的新的固定资产价值，包括已经建成投入生产或交付使用的工程价值和达到固定资产标准的设备、工具、器具的价值及有关应摊入的费用。它是以价值形式表示的固定资产投资成果的综合性指标，可以综合反映不同时期、不同部门、不同地区的固定资产投资成果。

新增固定资产价值主要有以下几部分组成：

1）已经投入生产或者交付使用的建筑安装工程价值，主要包括建筑工程费、安装工程费。

2）达到固定资产使用标准的设备、工具及器具的购置费用。

3）预备费，主要包括基本预备费和涨价预备费。

4）增加固定资产价值的其他费用，主要包括建设单位管理费、研究试验费、设计勘察费、工程监理费、联合试运转费、引进技术和进口设备的其他费用等。

5）新增固定资产建设期间的融资费用，主要包括建设期利息和其他相关融资费。

(3) 计算。

确定A车间新增固定资产价值如下

分摊建设单位管理费＝300×(1800＋450＋1600)/(6000＋1000＋3600)＝222.16万元

分摊土地征用、土地补偿及勘察设计费＝(600＋280＋30－4)×(1800/6000)＝271.8万元

甲车间新增固定资产价值＝(1800＋450＋1600＋300)＋222.16＋271.8＝4643.96万元

(4) 根据我国对房屋保修期限的规定，屋面防水工程、有防水要求的卫生间、房间和外墙面的防渗漏，保修期限为5年，所以应该由施工单位对该项目的缺陷处进行维修。

(5) 由于台风属于不可抗拒原因，所以根据保修处理的相关规定，因自然灾害和社会条件等不可抗拒原因造成的房屋损坏，不管是否在保修期内，修理所发生的费用均由建设单位承担。所以在该案例中对于台风导致项目发生的质量缺陷，由施工单位进行维修，发生的费用由建设单位承担。

本章小结

本章阐述了竣工决算阶段的投资控制，主要包括建设工程项目竣工决算、新增资产价值以及工程的保修。在建设工程项目竣工决算这一任务中包括竣工决算的基本知识点，要求掌握竣工决算与竣工结算的区别以及新增固定资产价值的计算。最后一个任务是关于保修费用的处理，重点是掌握建设工程保修的最低期限及国家关于保修费用的处理的规定。

本章的教学目标是使学生熟悉竣工决算阶段投资控制所涉及的相关知识点，通过案例来了解实践中编制相关内容的一些基本要求。

习题

一、单选题（每题的备选项中，只有1项为正确选项）

1. 建设项目竣工决算由（　　）进行。

A. 建设单位　　B. 施工单位

C. 监理单位　　D. 第三方

2. 根据《建设工程质量管理条件》的有关规定，电气管线、给排水管道、设备安装和装修工程的保修期为（　　）。

A. 5 年　　B. 2 年

C. 双方协商　　D. 合同规定

3. 在房屋的保修期，由于不可抗拒原因造成的房屋损坏，损失由（　　）负责。

A. 施工单位　　B. 使用者

C. 建设单位　　D. 互相协商

4. 建设项目竣工财务决算说明书和（　　）是竣工决算的核心部分。

A. 竣工工程平面示意图

B. 建设项目主要技术经济指标分析

C. 竣工财务决算报表

D. 工程造价比较分析

5. 商标权属于（　　）。

A. 固定资产　　B. 无形资产

C. 流动资产　　D. 递延资产

6. 建筑工程的保修期从（　　）开始算起。

A. 工程完工　　B. 合同规定

C. 工程竣工验收合格之日　　D. 其他约定

7. 新增固定资产价值的计算是以（　　）为对象。

A. 独立发挥生产能力的单项工程　　B. 单位工程

C. 分项工程　　D. 分部工程

二、多选题（每题的备选项中，有 2 项或 2 项以上符合题意，至少有 1 项错项）

1. 竣工决算由（　　）四部分组成。

A. 竣工财务决算说明书　　B. 竣工工程平面示意图

C. 财务决算报表　　D. 工程造价比较分析

E. 工程概况表

2. 下列费用属于新增固定资产价值的有（　　）。

A. 安装工程费　　B. 建筑工程费

C. 工器具购置费　　D. 建设期利息

E. 勘察费

3. 建设项目建成后形成的新增资产按性质可划分为（　　）。

A. 可变资产　　B. 无形资产

C. 固定资产　　D. 流动资产

E. 递延资产

4. 建设项目竣工决算的主要作用有（　　）。

A. 正确反映建设工程的计划支出

B. 正确反映建设工程的实际造价

C. 正确反映建设工程的实际投资效果

D. 建设单位确定各类新增资产价值的依据

E. 建设单位总结经验，提高未来建设工程投资效益的重要资料

5. 以下属于固定资产的是（　　）。

A. 著作权　　B. 开办费

C. 短期投资　　D. 商标权

E. 存款

6. 从会计的角度划分，固定资产一般被分为（　　）。

A. 生产用的固定资产

B. 非生产用的固定资产

C. 未使用的固定资产

D. 租用的固定资产

E. 报废的固定资产

7. 属于竣工决算的核心部分的是（　　）。

A. 竣工财务决算说明书　　B. 竣工财务决算报表

C. 竣工工程平面示意图　　D. 工程造价比较分析

E. 竣工工程概况

三、简答题

1. 简述新增固定资产计算具备的三个条件。

2. 简述建设工程的保修期限。

3. 简述建设项目竣工验收的程序。

4. 简述新增固定资产价值的构成。

四、案例分析

1. 某建筑公司承建阳光集团工程的施工任务，该工程于 1995 年 5 月 15 日开工建设，于 1996 年 7 月 20 日竣工验收交付使用，工程保修期为正常使用条件下，建设工程的最低保修期。2002 年 8 月，用户发现屋面大面积漏水。经调查，屋面漏水的主要原因是施工单位施工过程中，使用的防水材料质量存在问题。项目经理瞒过了监理工程师。

问题：

(1) 在正常使用条件下，屋面防水工程保修期为多久？该屋面防水漏水时，是否已过保修期？

(2) 施工单位是否对该质量问题负责，为什么？

(3) 为避免出现质量为题，施工单位应事前对哪些因素进行控制？

2. 某沿海城市的某建设企业正在建设一工业厂房工程。该工程包括以下甲、乙两个生产车间和四个辅助生产车间，以及部分附属办公、生活建筑工程。在建设期内，各单项工程竣工结算数据见表 8-7。工程建设其他投资完成情况如下：支付行政划拨土地的土地征用及迁移费 500 万元；支付土地使用权出让金 700 万元；建设单位管理费用 400 万元（其中 300 万元的固定资产）；勘察设计费用 340 万元；专利费用 70 万元；非专利技术费用 30 万元；获得商标权 90 万元；生产职工培训费用 50 万元；报废工程损失 20 万元；生产线试运转支出 20 万元；试生产品销售款 5 万元。

表 8-7　　建设工程竣工决算统计表　　万元

项目名称	建筑工程投资	安装工程投资	需要安装设备	不需要安装设备	生产器具
甲生产车间	1800	380	1600	300	130
乙生产车间	1500	350	1200	210	100
辅助生产车间	2000	230	800	160	90
其他建筑物	700	40		20	
小　　计	6000	1000	3600	720	3200

根据根据上述资料思考如下问题。

(1) 建设项目的竣工决算的概念？建设项目的竣工决算的内容？

(2) 新增固定资产的概念？新增固定资产价值的确定？

(3) 由于该项目所在地为沿海城市，如果发生自然灾害如台风过境等使厂房部分毁损，那么所发生得维修费用应该如何处理？我国对于房屋最低保修的期限是如何规定的？

附录 复利系数表

i=1%的复利系数表

计息期	一次支付		等额多次支付			
	终值系数	现值系数	等额终值系数	等额现值系数	偿债基金系数	资金回收系数
n	F/P，i，n	P/F，i，n	F/A，i，n	P/A，i，n	A/F，i，n	A/P，i，n
1	1.0100	0.9901	1.0000	0.9901	1.0000	1.0100
2	1.0201	0.9803	2.0100	1.9704	0.4975	0.5075
3	1.0303	0.9706	3.0301	2.9410	0.3300	0.3400
4	1.0406	0.9610	4.0604	3.9020	0.2463	0.2563
5	1.0510	0.9515	5.1010	4.8534	0.1960	0.2060
6	1.0615	0.9420	6.1520	5.7955	0.1625	0.1725
7	1.0721	0.9327	7.2135	6.7282	0.1386	0.1486
8	1.0829	0.9235	8.2857	7.6517	0.1207	0.1307
9	1.0937	0.9143	9.3685	8.5660	0.1067	0.1167
10	1.1046	0.9053	10.4622	9.4713	0.0956	0.1056
11	1.1157	0.8963	11.5668	10.3676	0.0865	0.0965
12	1.1268	0.8874	12.6825	11.2551	0.0788	0.0888
13	1.1381	0.8787	13.8093	12.1337	0.0724	0.0824
14	1.1495	0.8700	14.9474	13.0037	0.0669	0.0769
15	1.1610	0.8613	16.0969	13.8651	0.0621	0.0721
16	1.1726	0.8528	17.2579	14.7179	0.0579	0.0679
17	1.1843	0.8444	18.4304	15.5623	0.0543	0.0643
18	1.1961	0.8360	19.6147	16.3983	0.0510	0.0610
19	1.2081	0.8277	20.8109	17.2260	0.0481	0.0581
20	1.2202	0.8195	22.0190	18.0456	0.0454	0.0554
21	1.2324	0.8114	23.2392	18.8570	0.0430	0.0530
22	1.2447	0.8034	24.4716	19.6604	0.0409	0.0509
23	1.2572	0.7954	25.7163	20.4558	0.0389	0.0489
24	1.2697	0.7876	26.9735	21.2434	0.0371	0.0471
25	1.2824	0.7798	28.2432	22.0232	0.0354	0.0454
26	1.2953	0.7720	29.5256	22.7952	0.0339	0.0439
27	1.3082	0.7644	30.8209	23.5596	0.0324	0.0424
28	1.3213	0.7568	32.1291	24.3164	0.0311	0.0411
29	1.3345	0.7493	33.4504	25.0658	0.0299	0.0399
30	1.3478	0.7419	34.7849	25.8077	0.0287	0.0387
31	1.3613	0.7346	36.1327	26.5423	0.0277	0.0377
32	1.3749	0.7273	37.4941	27.2696	0.0267	0.0367
33	1.3887	0.7201	38.8690	27.9897	0.0257	0.0357
34	1.4026	0.7130	40.2577	28.7027	0.0248	0.0348
35	1.4166	0.7059	41.6603	29.4086	0.0240	0.0340

i=2%的复利系数表

计息期	一次支付		等额多次支付			
	终值系数	现值系数	等额终值系数	等额现值系数	偿债基金系数	资金回收系数
n	$F/P, i, n$	$P/F, i, n$	$F/A, i, n$	$P/A, i, n$	$A/F, i, n$	$A/P, i, n$
1	1.0200	0.9804	1.0000	0.9804	1.0000	1.0200
2	1.0404	0.9612	2.0200	1.9416	0.4950	0.5150
3	1.0612	0.9423	3.0604	2.8839	0.3268	0.3468
4	1.0824	0.9238	4.1216	3.8077	0.2426	0.2626
5	1.1041	0.9057	5.2040	4.7135	0.1922	0.2122
6	1.1262	0.8880	6.3081	5.6014	0.1585	0.1785
7	1.1487	0.8706	7.4343	6.4720	0.1345	0.1545
8	1.1717	0.8535	8.5830	7.3255	0.1165	0.1365
9	1.1951	0.8368	9.7546	8.1622	0.1025	0.1225
10	1.2190	0.8203	10.9497	8.9826	0.0913	0.1113
11	1.2434	0.8043	12.1687	9.7868	0.0822	0.1022
12	1.2682	0.7885	13.4121	10.5753	0.0746	0.0946
13	1.2936	0.7730	14.6803	11.3484	0.0681	0.0881
14	1.3195	0.7579	15.9739	12.1062	0.0626	0.0826
15	1.3459	0.7430	17.2934	12.8493	0.0578	0.0778
16	1.3728	0.7284	18.6393	13.5777	0.0537	0.0737
17	1.4002	0.7142	20.0121	14.2919	0.0500	0.0700
18	1.4282	0.7002	21.4123	14.9920	0.0467	0.0667
19	1.4568	0.6864	22.8406	15.6785	0.0438	0.0638
20	1.4859	0.6730	24.2974	16.3514	0.0412	0.0612
21	1.5157	0.6598	25.7833	17.0112	0.0388	0.0588
22	1.5460	0.6468	27.2990	17.6580	0.0366	0.0566
23	1.5769	0.6342	28.8450	18.2922	0.0347	0.0547
24	1.6084	0.6217	30.4219	18.9139	0.0329	0.0529
25	1.6406	0.6095	32.0303	19.5235	0.0312	0.0512
26	1.6734	0.5976	33.6709	20.1210	0.0297	0.0497
27	1.7069	0.5859	35.3443	20.7069	0.0283	0.0483
28	1.7410	0.5744	37.0512	21.2813	0.0270	0.0470
29	1.7758	0.5631	38.7922	21.8444	0.0258	0.0458
30	1.8114	0.5521	40.5681	22.3965	0.0246	0.0446
31	1.8476	0.5412	42.3794	22.9377	0.0236	0.0436
32	1.8845	0.5306	44.2270	23.4683	0.0226	0.0426
33	1.9222	0.5202	46.1116	23.9886	0.0217	0.0417
34	1.9607	0.5100	48.0338	24.4986	0.0208	0.0408
35	1.9999	0.5000	49.9945	24.9986	0.0200	0.0400

i=3%的复利系数表

计息期	一次支付		等额多次支付			
	终值系数	现值系数	等额终值系数	等额现值系数	偿债基金系数	资金回收系数
n	$F/P, i, n$	$P/F, i, n$	$F/A, i, n$	$P/A, i, n$	$A/F, i, n$	$A/P, i, n$
1	1.0300	0.9709	1.0000	0.9709	1.0000	1.0300
2	1.0609	0.9426	2.0300	1.9135	0.4926	0.5226
3	1.0927	0.9151	3.0909	2.8286	0.3235	0.3535
4	1.1255	0.8885	4.1836	3.7171	0.2390	0.2690
5	1.1593	0.8626	5.3091	4.5797	0.1884	0.2184
6	1.1941	0.8375	6.4684	5.4172	0.1546	0.1846
7	1.2299	0.8131	7.6625	6.2303	0.1305	0.1605
8	1.2668	0.7894	8.8923	7.0197	0.1125	0.1425
9	1.3048	0.7664	10.1591	7.7861	0.0984	0.1284
10	1.3439	0.7441	11.4639	8.5302	0.0872	0.1172
11	1.3842	0.7224	12.8078	9.2526	0.0781	0.1081
12	1.4258	0.7014	14.1920	9.9540	0.0705	0.1005
13	1.4685	0.6810	15.6178	10.6350	0.0640	0.0940
14	1.5126	0.6611	17.0863	11.2961	0.0585	0.0885
15	1.5580	0.6419	18.5989	11.9379	0.0538	0.0838
16	1.6047	0.6232	20.1569	12.5611	0.0496	0.0796
17	1.6528	0.6050	21.7616	13.1661	0.0460	0.0760
18	1.7024	0.5874	23.4144	13.7535	0.0427	0.0727
19	1.7535	0.5703	25.1169	14.3238	0.0398	0.0698
20	1.8061	0.5537	26.8704	14.8775	0.0372	0.0672
21	1.8603	0.5375	28.6765	15.4150	0.0349	0.0649
22	1.9161	0.5219	30.5368	15.9369	0.0327	0.0627
23	1.9736	0.5067	32.4529	16.4436	0.0308	0.0608
24	2.0328	0.4919	34.4265	16.9355	0.0290	0.0590
25	2.0938	0.4776	36.4593	17.4131	0.0274	0.0574
26	2.1566	0.4637	38.5530	17.8768	0.0259	0.0559
27	2.2213	0.4502	40.7096	18.3270	0.0246	0.0546
28	2.2879	0.4371	42.9309	18.7641	0.0233	0.0533
29	2.3566	0.4243	45.2189	19.1885	0.0221	0.0521
30	2.4273	0.4120	47.5754	19.6004	0.0210	0.0510
31	2.5001	0.4000	50.0027	20.0004	0.0200	0.0500
32	2.5751	0.3883	52.5028	20.3888	0.0190	0.0490
33	2.6523	0.3770	55.0778	20.7658	0.0182	0.0482
34	2.7319	0.3660	57.7302	21.1318	0.0173	0.0473
35	2.8139	0.3554	60.4621	21.4872	0.0165	0.0465

i=4%的复利系数表

计息期	一次支付		等额多次支付			
	终值系数	现值系数	等额终值系数	等额现值系数	偿债基金系数	资金回收系数
n	$F/P, i, n$	$P/F, i, n$	$F/A, i, n$	$P/A, i, n$	$A/F, i, n$	$A/P, i, n$
1	1.0400	0.9615	1.0000	0.9615	1.0000	1.0400
2	1.0816	0.9246	2.0400	1.8861	0.4902	0.5302
3	1.1249	0.8890	3.1216	2.7751	0.3203	0.3603
4	1.1699	0.8548	4.2465	3.6299	0.2355	0.2755
5	1.2167	0.8219	5.4163	4.4518	0.1846	0.2246
6	1.2653	0.7903	6.6330	5.2421	0.1508	0.1908
7	1.3159	0.7599	7.8983	6.0021	0.1266	0.1666
8	1.3686	0.7307	9.2142	6.7327	0.1085	0.1485
9	1.4233	0.7026	10.5828	7.4353	0.0945	0.1345
10	1.4802	0.6756	12.0061	8.1109	0.0833	0.1233
11	1.5395	0.6496	13.4864	8.7605	0.0741	0.1141
12	1.6010	0.6246	15.0258	9.3851	0.0666	0.1066
13	1.6651	0.6006	16.6268	9.9856	0.0601	0.1001
14	1.7317	0.5775	18.2919	10.5631	0.0547	0.0947
15	1.8009	0.5553	20.0236	11.1184	0.0499	0.0899
16	1.8730	0.5339	21.8245	11.6523	0.0458	0.0858
17	1.9479	0.5134	23.6975	12.1657	0.0422	0.0822
18	2.0258	0.4936	25.6454	12.6593	0.0390	0.0790
19	2.1068	0.4746	27.6712	13.1339	0.0361	0.0761
20	2.1911	0.4564	29.7781	13.5903	0.0336	0.0736
21	2.2788	0.4388	31.9692	14.0292	0.0313	0.0713
22	2.3699	0.4220	34.2480	14.4511	0.0292	0.0692
23	2.4647	0.4057	36.6179	14.8568	0.0273	0.0673
24	2.5633	0.3901	39.0826	15.2470	0.0256	0.0656
25	2.6658	0.3751	41.6459	15.6221	0.0240	0.0640
26	2.7725	0.3607	44.3117	15.9828	0.0226	0.0626
27	2.8834	0.3468	47.0842	16.3296	0.0212	0.0612
28	2.9987	0.3335	49.9676	16.6631	0.0200	0.0600
29	3.1187	0.3207	52.9663	16.9837	0.0189	0.0589
30	3.2434	0.3083	56.0849	17.2920	0.0178	0.0578
31	3.3731	0.2965	59.3283	17.5885	0.0169	0.0569
32	3.5081	0.2851	62.7015	17.8736	0.0159	0.0559
33	3.6484	0.2741	66.2095	18.1476	0.0151	0.0551
34	3.7943	0.2636	69.8579	18.4112	0.0143	0.0543
35	3.9461	0.2534	73.6522	18.6646	0.0136	0.0536

i=5%的复利系数表

计息期	一次支付		等额多次支付			
	终值系数	现值系数	等额终值系数	等额现值系数	偿债基金系数	资金回收系数
n	$F/P, i, n$	$P/F, i, n$	$F/A, i, n$	$P/A, i, n$	$A/F, i, n$	$A/P, i, n$
1	1.0500	0.9524	1.0000	0.9524	1.0000	1.0500
2	1.1025	0.9070	2.0500	1.8594	0.4878	0.5378
3	1.1576	0.8638	3.1525	2.7232	0.3172	0.3672
4	1.2155	0.8227	4.3101	3.5460	0.2320	0.2820
5	1.2763	0.7835	5.5256	4.3295	0.1810	0.2310
6	1.3401	0.7462	6.8019	5.0757	0.1470	0.1970
7	1.4071	0.7107	8.1420	5.7864	0.1228	0.1728
8	1.4775	0.6768	9.5491	6.4632	0.1047	0.1547
9	1.5513	0.6446	11.0266	7.1078	0.0907	0.1407
10	1.6289	0.6139	12.5779	7.7217	0.0795	0.1295
11	1.7103	0.5847	14.2068	8.3064	0.0704	0.1204
12	1.7959	0.5568	15.9171	8.8633	0.0628	0.1128
13	1.8856	0.5303	17.7130	9.3936	0.0565	0.1065
14	1.9799	0.5051	19.5986	9.8986	0.0510	0.1010
15	2.0789	0.4810	21.5786	10.3797	0.0463	0.0963
16	2.1829	0.4581	23.6575	10.8378	0.0423	0.0923
17	2.2920	0.4363	25.8404	11.2741	0.0387	0.0887
18	2.4066	0.4155	28.1324	11.6896	0.0355	0.0855
19	2.5270	0.3957	30.5390	12.0853	0.0327	0.0827
20	2.6533	0.3769	33.0660	12.4622	0.0302	0.0802
21	2.7860	0.3589	35.7193	12.8212	0.0280	0.0780
22	2.9253	0.3418	38.5052	13.1630	0.0260	0.0760
23	3.0715	0.3256	41.4305	13.4886	0.0241	0.0741
24	3.2251	0.3101	44.5020	13.7986	0.0225	0.0725
25	3.3864	0.2953	47.7271	14.0939	0.0210	0.0710
26	3.5557	0.2812	51.1135	14.3752	0.0196	0.0696
27	3.7335	0.2678	54.6691	14.6430	0.0183	0.0683
28	3.9201	0.2551	58.4026	14.8981	0.0171	0.0671
29	4.1161	0.2429	62.3227	15.1411	0.0160	0.0660
30	4.3219	0.2314	66.4388	15.3725	0.0151	0.0651
31	4.5380	0.2204	70.7608	15.5928	0.0141	0.0641
32	4.7649	0.2099	75.2988	15.8027	0.0133	0.0633
33	5.0032	0.1999	80.0638	16.0025	0.0125	0.0625
34	5.2533	0.1904	85.0670	16.1929	0.0118	0.0618
35	5.5160	0.1813	90.3203	16.3742	0.0111	0.0611

i=6%的复利系数表

计息期	一次支付		等额多次支付			
	终值系数	现值系数	等额终值系数	等额现值系数	偿债基金系数	资金回收系数
n	F/P，i，n	P/F，i，n	F/A，i，n	P/A，i，n	A/F，i，n	A/P，i，n
1	1.0600	0.9434	1.0000	0.9434	1.0000	1.0600
2	1.1236	0.8900	2.0600	1.8334	0.4854	0.5454
3	1.1910	0.8396	3.1836	2.6730	0.3141	0.3741
4	1.2625	0.7921	4.3746	3.4651	0.2286	0.2886
5	1.3382	0.7473	5.6371	4.2124	0.1774	0.2374
6	1.4185	0.7050	6.9753	4.9173	0.1434	0.2034
7	1.5036	0.6651	8.3938	5.5824	0.1191	0.1791
8	1.5938	0.6274	9.8975	6.2098	0.1010	0.1610
9	1.6895	0.5919	11.4913	6.8017	0.0870	0.1470
10	1.7908	0.5584	13.1808	7.3601	0.0759	0.1359
11	1.8983	0.5268	14.9716	7.8869	0.0668	0.1268
12	2.0122	0.4970	16.8699	8.3838	0.0593	0.1193
13	2.1329	0.4688	18.8821	8.8527	0.0530	0.1130
14	2.2609	0.4423	21.0151	9.2950	0.0476	0.1076
15	2.3966	0.4173	23.2760	9.7122	0.0430	0.1030
16	2.5404	0.3936	25.6725	10.1059	0.0390	0.0990
17	2.6928	0.3714	28.2129	10.4773	0.0354	0.0954
18	2.8543	0.3503	30.9057	10.8276	0.0324	0.0924
19	3.0256	0.3305	33.7600	11.1581	0.0296	0.0896
20	3.2071	0.3118	36.7856	11.4699	0.0272	0.0872
21	3.3996	0.2942	39.9927	11.7641	0.0250	0.0850
22	3.6035	0.2775	43.3923	12.0416	0.0230	0.0830
23	3.8197	0.2618	46.9958	12.3034	0.0213	0.0813
24	4.0489	0.2470	50.8156	12.5504	0.0197	0.0797
25	4.2919	0.2330	54.8645	12.7834	0.0182	0.0782
26	4.5494	0.2198	59.1564	13.0032	0.0169	0.0769
27	4.8223	0.2074	63.7058	13.2105	0.0157	0.0757
28	5.1117	0.1956	68.5281	13.4062	0.0146	0.0746
29	5.4184	0.1846	73.6398	13.5907	0.0136	0.0736
30	5.7435	0.1741	79.0582	13.7648	0.0126	0.0726
31	6.0881	0.1643	84.8017	13.9291	0.0118	0.0718
32	6.4534	0.1550	90.8898	14.0840	0.0110	0.0710
33	6.8406	0.1462	97.3432	14.2302	0.0103	0.0703
34	7.2510	0.1379	104.1838	14.3681	0.0096	0.0696
35	7.6861	0.1301	111.4348	14.4982	0.0090	0.0690

i=7%的复利系数表

计息期	一次支付		等额多次支付			
	终值系数	现值系数	等额终值系数	等额现值系数	偿债基金系数	资金回收系数
n	$F/P,i,n$	$P/F,i,n$	$F/A,i,n$	$P/A,i,n$	$A/F,i,n$	$A/P,i,n$
1	1.0700	0.9346	1.0000	0.9346	1.0000	1.0700
2	1.1449	0.8734	2.0700	1.8080	0.4831	0.5531
3	1.2250	0.8163	3.2149	2.6243	0.3111	0.3811
4	1.3108	0.7629	4.4399	3.3872	0.2252	0.2952
5	1.4026	0.7130	5.7507	4.1002	0.1739	0.2439
6	1.5007	0.6663	7.1533	4.7665	0.1398	0.2098
7	1.6058	0.6227	8.6540	5.3893	0.1156	0.1856
8	1.7182	0.5820	10.2598	5.9713	0.0975	0.1675
9	1.8385	0.5439	11.9780	6.5152	0.0835	0.1535
10	1.9672	0.5083	13.8164	7.0236	0.0724	0.1424
11	2.1049	0.4751	15.7836	7.4987	0.0634	0.1334
12	2.2522	0.4440	17.8885	7.9427	0.0559	0.1259
13	2.4098	0.4150	20.1406	8.3577	0.0497	0.1197
14	2.5785	0.3878	22.5505	8.7455	0.0443	0.1143
15	2.7590	0.3624	25.1290	9.1079	0.0398	0.1098
16	2.9522	0.3387	27.8881	9.4466	0.0359	0.1059
17	3.1588	0.3166	30.8402	9.7632	0.0324	0.1024
18	3.3799	0.2959	33.9990	10.0591	0.0294	0.0994
19	3.6165	0.2765	37.3790	10.3356	0.0268	0.0968
20	3.8697	0.2584	40.9955	10.5940	0.0244	0.0944
21	4.1406	0.2415	44.8652	10.8355	0.0223	0.0923
22	4.4304	0.2257	49.0057	11.0612	0.0204	0.0904
23	4.7405	0.2109	53.4361	11.2722	0.0187	0.0887
24	5.0724	0.1971	58.1767	11.4693	0.0172	0.0872
25	5.4274	0.1842	63.2490	11.6536	0.0158	0.0858
26	5.8074	0.1722	68.6765	11.8258	0.0146	0.0846
27	6.2139	0.1609	74.4838	11.9867	0.0134	0.0834
28	6.6488	0.1504	80.6977	12.1371	0.0124	0.0824
29	7.1143	0.1406	87.3465	12.2777	0.0114	0.0814
30	7.6123	0.1314	94.4608	12.4090	0.0106	0.0806
31	8.1451	0.1228	102.0730	12.5318	0.0098	0.0798
32	8.7153	0.1147	110.2182	12.6466	0.0091	0.0791
33	9.3253	0.1072	118.9334	12.7538	0.0084	0.0784
34	9.9781	0.1002	128.2588	12.8540	0.0078	0.0778
35	10.6766	0.0937	138.2369	12.9477	0.0072	0.0772

i=8%的复利系数表

计息期	一次支付		等额多次支付			
	终值系数	现值系数	等额终值系数	等额现值系数	偿债基金系数	资金回收系数
n	$F/P, i, n$	$P/F, i, n$	$F/A, i, n$	$P/A, i, n$	$A/F, i, n$	$A/P, i, n$
1	1.0800	0.9259	1.0000	0.9259	1.0000	1.0800
2	1.1664	0.8573	2.0800	1.7833	0.4808	0.5608
3	1.2597	0.7938	3.2464	2.5771	0.3080	0.3880
4	1.3605	0.7350	4.5061	3.3121	0.2219	0.3019
5	1.4693	0.6806	5.8666	3.9927	0.1705	0.2505
6	1.5869	0.6302	7.3359	4.6229	0.1363	0.2163
7	1.7138	0.5835	8.9228	5.2064	0.1121	0.1921
8	1.8509	0.5403	10.6366	5.7466	0.0940	0.1740
9	1.9990	0.5002	12.4876	6.2469	0.0801	0.1601
10	2.1589	0.4632	14.4866	6.7101	0.0690	0.1490
11	2.3316	0.4289	16.6455	7.1390	0.0601	0.1401
12	2.5182	0.3971	18.9771	7.5361	0.0527	0.1327
13	2.7196	0.3677	21.4953	7.9038	0.0465	0.1265
14	2.9372	0.3405	24.2149	8.2442	0.0413	0.1213
15	3.1722	0.3152	27.1521	8.5595	0.0368	0.1168
16	3.4259	0.2919	30.3243	8.8514	0.0330	0.1130
17	3.7000	0.2703	33.7502	9.1216	0.0296	0.1096
18	3.9960	0.2502	37.4502	9.3719	0.0267	0.1067
19	4.3157	0.2317	41.4463	9.6036	0.0241	0.1041
20	4.6610	0.2145	45.7620	9.8181	0.0219	0.1019
21	5.0338	0.1987	50.4229	10.0168	0.0198	0.0998
22	5.4365	0.1839	55.4568	10.2007	0.0180	0.0980
23	5.8715	0.1703	60.8933	10.3711	0.0164	0.0964
24	6.3412	0.1577	66.7648	10.5288	0.0150	0.0950
25	6.8485	0.1460	73.1059	10.6748	0.0137	0.0937
26	7.3964	0.1352	79.9544	10.8100	0.0125	0.0925
27	7.9881	0.1252	87.3508	10.9352	0.0114	0.0914
28	8.6271	0.1159	95.3388	11.0511	0.0105	0.0905
29	9.3173	0.1073	103.9659	11.1584	0.0096	0.0896
30	10.0627	0.0994	113.2832	11.2578	0.0088	0.0888
31	10.8677	0.0920	123.3459	11.3498	0.0081	0.0881
32	11.7371	0.0852	134.2135	11.4350	0.0075	0.0875
33	12.6760	0.0789	145.9506	11.5139	0.0069	0.0869
34	13.6901	0.0730	158.6267	11.5869	0.0063	0.0863
35	14.7853	0.0676	172.3168	11.6546	0.0058	0.0858

i=9%的复利系数表

计息期	一次支付		等额多次支付			
	终值系数	现值系数	等额终值系数	等额现值系数	偿债基金系数	资金回收系数
n	$F/P, i, n$	$P/F, i, n$	$F/A, i, n$	$P/A, i, n$	$A/F, i, n$	$A/P, i, n$
1	1.0900	0.9174	1.0000	0.9174	1.0000	1.0900
2	1.1881	0.8417	2.0900	1.7591	0.4785	0.5685
3	1.2950	0.7722	3.2781	2.5313	0.3051	0.3951
4	1.4116	0.7084	4.5731	3.2397	0.2187	0.3087
5	1.5386	0.6499	5.9847	3.8897	0.1671	0.2571
6	1.6771	0.5963	7.5233	4.4859	0.1329	0.2229
7	1.8280	0.5470	9.2004	5.0330	0.1087	0.1987
8	1.9926	0.5019	11.0285	5.5348	0.0907	0.1807
9	2.1719	0.4604	13.0210	5.9952	0.0768	0.1668
10	2.3674	0.4224	15.1929	6.4177	0.0658	0.1558
11	2.5804	0.3875	17.5603	6.8052	0.0569	0.1469
12	2.8127	0.3555	20.1407	7.1607	0.0497	0.1397
13	3.0658	0.3262	22.9534	7.4869	0.0436	0.1336
14	3.3417	0.2992	26.0192	7.7862	0.0384	0.1284
15	3.6425	0.2745	29.3609	8.0607	0.0341	0.1241
16	3.9703	0.2519	33.0034	8.3126	0.0303	0.1203
17	4.3276	0.2311	36.9737	8.5436	0.0270	0.1170
18	4.7171	0.2120	41.3013	8.7556	0.0242	0.1142
19	5.1417	0.1945	46.0185	8.9501	0.0217	0.1117
20	5.6044	0.1784	51.1601	9.1285	0.0195	0.1095
21	6.1088	0.1637	56.7645	9.2922	0.0176	0.1076
22	6.6586	0.1502	62.8733	9.4424	0.0159	0.1059
23	7.2579	0.1378	69.5319	9.5802	0.0144	0.1044
24	7.9111	0.1264	76.7898	9.7066	0.0130	0.1030
25	8.6231	0.1160	84.7009	9.8226	0.0118	0.1018
26	9.3992	0.1064	93.3240	9.9290	0.0107	0.1007
27	10.2451	0.0976	102.7231	10.0266	0.0097	0.0997
28	11.1671	0.0895	112.9682	10.1161	0.0089	0.0989
29	12.1722	0.0822	124.1354	10.1983	0.0081	0.0981
30	13.2677	0.0754	136.3075	10.2737	0.0073	0.0973
31	14.4618	0.0691	149.5752	10.3428	0.0067	0.0967
32	15.7633	0.0634	164.0370	10.4062	0.0061	0.0961
33	17.1820	0.0582	179.8003	10.4644	0.0056	0.0956
34	18.7284	0.0534	196.9823	10.5178	0.0051	0.0951
35	20.4140	0.0490	215.7108	10.5668	0.0046	0.0946

i=10%的复利系数表

计息期	一次支付		等额多次支付			
	终值系数	现值系数	等额终值系数	等额现值系数	偿债基金系数	资金回收系数
n	$F/P, i, n$	$P/F, i, n$	$F/A, i, n$	$P/A, i, n$	$A/F, i, n$	$A/P, i, n$
1	1.1000	0.9091	1.0000	0.9091	1.0000	1.1000
2	1.2100	0.8264	2.1000	1.7355	0.4762	0.5762
3	1.3310	0.7513	3.3100	2.4869	0.3021	0.4021
4	1.4641	0.6830	4.6410	3.1699	0.2155	0.3155
5	1.6105	0.6209	6.1051	3.7908	0.1638	0.2638
6	1.7716	0.5645	7.7156	4.3553	0.1296	0.2296
7	1.9487	0.5132	9.4872	4.8684	0.1054	0.2054
8	2.1436	0.4665	11.4359	5.3349	0.0874	0.1874
9	2.3579	0.4241	13.5795	5.7590	0.0736	0.1736
10	2.5937	0.3855	15.9374	6.1446	0.0627	0.1627
11	2.8531	0.3505	18.5312	6.4951	0.0540	0.1540
12	3.1384	0.3186	21.3843	6.8137	0.0468	0.1468
13	3.4523	0.2897	24.5227	7.1034	0.0408	0.1408
14	3.7975	0.2633	27.9750	7.3667	0.0357	0.1357
15	4.1772	0.2394	31.7725	7.6061	0.0315	0.1315
16	4.5950	0.2176	35.9497	7.8237	0.0278	0.1278
17	5.0545	0.1978	40.5447	8.0216	0.0247	0.1247
18	5.5599	0.1799	45.5992	8.2014	0.0219	0.1219
19	6.1159	0.1635	51.1591	8.3649	0.0195	0.1195
20	6.7275	0.1486	57.2750	8.5136	0.0175	0.1175
21	7.4002	0.1351	64.0025	8.6487	0.0156	0.1156
22	8.1403	0.1228	71.4027	8.7715	0.0140	0.1140
23	8.9543	0.1117	79.5430	8.8832	0.0126	0.1126
24	9.8497	0.1015	88.4973	8.9847	0.0113	0.1113
25	10.8347	0.0923	98.3471	9.0770	0.0102	0.1102
26	11.9182	0.0839	109.1818	9.1609	0.0092	0.1092
27	13.1100	0.0763	121.0999	9.2372	0.0083	0.1083
28	14.4210	0.0693	134.2099	9.3066	0.0075	0.1075
29	15.8631	0.0630	148.6309	9.3696	0.0067	0.1067
30	17.4494	0.0573	164.4940	9.4269	0.0061	0.1061
31	19.1943	0.0521	181.9434	9.4790	0.0055	0.1055
32	21.1138	0.0474	201.1378	9.5264	0.0050	0.1050
33	23.2252	0.0431	222.2515	9.5694	0.0045	0.1045
34	25.5477	0.0391	245.4767	9.6086	0.0041	0.1041
35	28.1024	0.0356	271.0244	9.6442	0.0037	0.1037

i=11%的复利系数表

计息期	一次支付		等额多次支付			
	终值系数	现值系数	等额终值系数	等额现值系数	偿债基金系数	资金回收系数
n	$F/P, i, n$	$P/F, i, n$	$F/A, i, n$	$P/A, i, n$	$A/F, i, n$	$A/P, i, n$
1	1.1100	0.9009	1.0000	0.9009	1.0000	1.1100
2	1.2321	0.8116	2.1100	1.7125	0.4739	0.5839
3	1.3676	0.7312	3.3421	2.4437	0.2992	0.4092
4	1.5181	0.6587	4.7097	3.1024	0.2123	0.3223
5	1.6851	0.5935	6.2278	3.6959	0.1606	0.2706
6	1.8704	0.5346	7.9129	4.2305	0.1264	0.2364
7	2.0762	0.4817	9.7833	4.7122	0.1022	0.2122
8	2.3045	0.4339	11.8594	5.1461	0.0843	0.1943
9	2.5580	0.3909	14.1640	5.5370	0.0706	0.1806
10	2.8394	0.3522	16.7220	5.8892	0.0598	0.1698
11	3.1518	0.3173	19.5614	6.2065	0.0511	0.1611
12	3.4985	0.2858	22.7132	6.4924	0.0440	0.1540
13	3.8833	0.2575	26.2116	6.7499	0.0382	0.1482
14	4.3104	0.2320	30.0949	6.9819	0.0332	0.1432
15	4.7846	0.2090	34.4054	7.1909	0.0291	0.1391
16	5.3109	0.1883	39.1899	7.3792	0.0255	0.1355
17	5.8951	0.1696	44.5008	7.5488	0.0225	0.1325
18	6.5436	0.1528	50.3959	7.7016	0.0198	0.1298
19	7.2633	0.1377	56.9395	7.8393	0.0176	0.1276
20	8.0623	0.1240	64.2028	7.9633	0.0156	0.1256
21	8.9492	0.1117	72.2651	8.0751	0.0138	0.1238
22	9.9336	0.1007	81.2143	8.1757	0.0123	0.1223
23	11.0263	0.0907	91.1479	8.2664	0.0110	0.1210
24	12.2392	0.0817	102.1742	8.3481	0.0098	0.1198
25	13.5855	0.0736	114.4133	8.4217	0.0087	0.1187
26	15.0799	0.0663	127.9988	8.4881	0.0078	0.1178
27	16.7386	0.0597	143.0786	8.5478	0.0070	0.1170
28	18.5799	0.0538	159.8173	8.6016	0.0063	0.1163
29	20.6237	0.0485	178.3972	8.6501	0.0056	0.1156
30	22.8923	0.0437	199.0209	8.6938	0.0050	0.1150
31	25.4104	0.0394	221.9132	8.7331	0.0045	0.1145
32	28.2056	0.0355	247.3236	8.7686	0.0040	0.1140
33	31.3082	0.0319	275.5292	8.8005	0.0036	0.1136
34	34.7521	0.0288	306.8374	8.8293	0.0033	0.1133
35	38.5749	0.0259	341.5896	8.8552	0.0029	0.1129

i=12%的复利系数表

计息期	一次支付		等额多次支付			
	终值系数	现值系数	等额终值系数	等额现值系数	偿债基金系数	资金回收系数
n	$F/P, i, n$	$P/F, i, n$	$F/A, i, n$	$P/A, i, n$	$A/F, i, n$	$A/P, i, n$
1	1.1200	0.8929	1.0000	0.8929	1.0000	1.1200
2	1.2544	0.7972	2.1200	1.6901	0.4717	0.5917
3	1.4049	0.7118	3.3744	2.4018	0.2963	0.4163
4	1.5735	0.6355	4.7793	3.0373	0.2092	0.3292
5	1.7623	0.5674	6.3528	3.6048	0.1574	0.2774
6	1.9738	0.5066	8.1152	4.1114	0.1232	0.2432
7	2.2107	0.4523	10.0890	4.5638	0.0991	0.2191
8	2.4760	0.4039	12.2997	4.9676	0.0813	0.2013
9	2.7731	0.3606	14.7757	5.3282	0.0677	0.1877
10	3.1058	0.3220	17.5487	5.6502	0.0570	0.1770
11	3.4785	0.2875	20.6546	5.9377	0.0484	0.1684
12	3.8960	0.2567	24.1331	6.1944	0.0414	0.1614
13	4.3635	0.2292	28.0291	6.4235	0.0357	0.1557
14	4.8871	0.2046	32.3926	6.6282	0.0309	0.1509
15	5.4736	0.1827	37.2797	6.8109	0.0268	0.1468
16	6.1304	0.1631	42.7533	6.9740	0.0234	0.1434
17	6.8660	0.1456	48.8837	7.1196	0.0205	0.1405
18	7.6900	0.1300	55.7497	7.2497	0.0179	0.1379
19	8.6128	0.1161	63.4397	7.3658	0.0158	0.1358
20	9.6463	0.1037	72.0524	7.4694	0.0139	0.1339
21	10.8038	0.0926	81.6987	7.5620	0.0122	0.1322
22	12.1003	0.0826	92.5026	7.6446	0.0108	0.1308
23	13.5523	0.0738	104.6029	7.7184	0.0096	0.1296
24	15.1786	0.0659	118.1552	7.7843	0.0085	0.1285
25	17.0001	0.0588	133.3339	7.8431	0.0075	0.1275
26	19.0401	0.0525	150.3339	7.8957	0.0067	0.1267
27	21.3249	0.0469	169.3740	7.9426	0.0059	0.1259
28	23.8839	0.0419	190.6989	7.9844	0.0052	0.1252
29	26.7499	0.0374	214.5828	8.0218	0.0047	0.1247
30	29.9599	0.0334	241.3327	8.0552	0.0041	0.1241
31	33.5551	0.0298	271.2926	8.0850	0.0037	0.1237
32	37.5817	0.0266	304.8477	8.1116	0.0033	0.1233
33	42.0915	0.0238	342.4294	8.1354	0.0029	0.1229
34	47.1425	0.0212	384.5210	8.1566	0.0026	0.1226
35	52.7996	0.0189	431.6635	8.1755	0.0023	0.1223

i=15%的复利系数表

计息期	一次支付		等额多次支付			
	终值系数	现值系数	等额终值系数	等额现值系数	偿债基金系数	资金回收系数
n	$F/P, i, n$	$P/F, i, n$	$F/A, i, n$	$P/A, i, n$	$A/F, i, n$	$A/P, i, n$
1	1.1500	0.8696	1.0000	0.8696	1.0000	1.1500
2	1.3225	0.7561	2.1500	1.6257	0.4651	0.6151
3	1.5209	0.6575	3.4725	2.2832	0.2880	0.4380
4	1.7490	0.5718	4.9934	2.8550	0.2003	0.3503
5	2.0114	0.4972	6.7424	3.3522	0.1483	0.2983
6	2.3131	0.4323	8.7537	3.7845	0.1142	0.2642
7	2.6600	0.3759	11.0668	4.1604	0.0904	0.2404
8	3.0590	0.3269	13.7268	4.4873	0.0729	0.2229
9	3.5179	0.2843	16.7858	4.7716	0.0596	0.2096
10	4.0456	0.2472	20.3037	5.0188	0.0493	0.1993
11	4.6524	0.2149	24.3493	5.2337	0.0411	0.1911
12	5.3503	0.1869	29.0017	5.4206	0.0345	0.1845
13	6.1528	0.1625	34.3519	5.5831	0.0291	0.1791
14	7.0757	0.1413	40.5047	5.7245	0.0247	0.1747
15	8.1371	0.1229	47.5804	5.8474	0.0210	0.1710
16	9.3576	0.1069	55.7175	5.9542	0.0179	0.1679
17	10.7613	0.0929	65.0751	6.0472	0.0154	0.1654
18	12.3755	0.0808	75.8364	6.1280	0.0132	0.1632
19	14.2318	0.0703	88.2118	6.1982	0.0113	0.1613
20	16.3665	0.0611	102.4436	6.2593	0.0098	0.1598
21	18.8215	0.0531	118.8101	6.3125	0.0084	0.1584
22	21.6447	0.0462	137.6316	6.3587	0.0073	0.1573
23	24.8915	0.0402	159.2764	6.3988	0.0063	0.1563
24	28.6252	0.0349	184.1678	6.4338	0.0054	0.1554
25	32.9190	0.0304	212.7930	6.4641	0.0047	0.1547
26	37.8568	0.0264	245.7120	6.4906	0.0041	0.1541
27	43.5353	0.0230	283.5688	6.5135	0.0035	0.1535
28	50.0656	0.0200	327.1041	6.5335	0.0031	0.1531
29	57.5755	0.0174	377.1697	6.5509	0.0027	0.1527
30	66.2118	0.0151	434.7451	6.5660	0.0023	0.1523
31	76.1435	0.0131	500.9569	6.5791	0.0020	0.1520
32	87.5651	0.0114	577.1005	6.5905	0.0017	0.1517
33	100.6998	0.0099	664.6655	6.6005	0.0015	0.1515
34	115.8048	0.0086	765.3654	6.6091	0.0013	0.1513
35	133.1755	0.0075	881.1702	6.6166	0.0011	0.1511

i=20%的复利系数表

计息期	一次支付		等额多次支付			
	终值系数	现值系数	等额终值系数	等额现值系数	偿债基金系数	资金回收系数
n	F/P，i，n	P/F，i，n	F/A，i，n	P/A，i，n	A/F，i，n	A/P，i，n
1	1.2000	0.8333	1.0000	0.8333	1.0000	1.2000
2	1.4400	0.6944	2.2000	1.5278	0.4545	0.6545
3	1.7280	0.5787	3.6400	2.1065	0.2747	0.4747
4	2.0736	0.4823	5.3680	2.5887	0.1863	0.3863
5	2.4883	0.4019	7.4416	2.9906	0.1344	0.3344
6	2.9860	0.3349	9.9299	3.3255	0.1007	0.3007
7	3.5832	0.2791	12.9159	3.6046	0.0774	0.2774
8	4.2998	0.2326	16.4991	3.8372	0.0606	0.2606
9	5.1598	0.1938	20.7989	4.0310	0.0481	0.2481
10	6.1917	0.1615	25.9587	4.1925	0.0385	0.2385
11	7.4301	0.1346	32.1504	4.3271	0.0311	0.2311
12	8.9161	0.1122	39.5805	4.4392	0.0253	0.2253
13	10.6993	0.0935	48.4966	4.5327	0.0206	0.2206
14	12.8392	0.0779	59.1959	4.6106	0.0169	0.2169
15	15.4070	0.0649	72.0351	4.6755	0.0139	0.2139
16	18.4884	0.0541	87.4421	4.7296	0.0114	0.2114
17	22.1861	0.0451	105.9306	4.7746	0.0094	0.2094
18	26.6233	0.0376	128.1167	4.8122	0.0078	0.2078
19	31.9480	0.0313	154.7400	4.8435	0.0065	0.2065
20	38.3376	0.0261	186.6880	4.8696	0.0054	0.2054
21	46.0051	0.0217	225.0256	4.8913	0.0044	0.2044
22	55.2061	0.0181	271.0307	4.9094	0.0037	0.2037
23	66.2474	0.0151	326.2369	4.9245	0.0031	0.2031
24	79.4968	0.0126	392.4842	4.9371	0.0025	0.2025
25	95.3962	0.0105	471.9811	4.9476	0.0021	0.2021
26	114.4755	0.0087	567.3773	4.9563	0.0018	0.2018
27	137.3706	0.0073	681.8528	4.9636	0.0015	0.2015
28	164.8447	0.0061	819.2233	4.9697	0.0012	0.2012
29	197.8136	0.0051	984.0680	4.9747	0.0010	0.2010
30	237.3763	0.0042	1181.8816	4.9789	0.0008	0.2008
31	284.8516	0.0035	1419.2579	4.9824	0.0007	0.2007
32	341.8219	0.0029	1704.1095	4.9854	0.0006	0.2006
33	410.1863	0.0024	2045.9314	4.9878	0.0005	0.2005
34	492.2235	0.0020	2456.1176	4.9898	0.0004	0.2004
35	590.6682	0.0017	2948.3411	4.9915	0.0003	0.2003

i=25%的复利系数表

计息期	一次支付		等额多次支付			
	终值系数	现值系数	等额终值系数	等额现值系数	偿债基金系数	资金回收系数
n	$F/P, i, n$	$P/F, i, n$	$F/A, i, n$	$P/A, i, n$	$A/F, i, n$	$A/P, i, n$
1	1.2500	0.8000	1.0000	0.8000	1.0000	1.2500
2	1.5625	0.6400	2.2500	1.4400	0.4444	0.6944
3	1.9531	0.5120	3.8125	1.9520	0.2623	0.5123
4	2.4414	0.4096	5.7656	2.3616	0.1734	0.4234
5	3.0518	0.3277	8.2070	2.6893	0.1218	0.3718
6	3.8147	0.2621	11.2588	2.9514	0.0888	0.3388
7	4.7684	0.2097	15.0735	3.1611	0.0663	0.3163
8	5.9605	0.1678	19.8419	3.3289	0.0504	0.3004
9	7.4506	0.1342	25.8023	3.4631	0.0388	0.2888
10	9.3132	0.1074	33.2529	3.5705	0.0301	0.2801
11	11.6415	0.0859	42.5661	3.6564	0.0235	0.2735
12	14.5519	0.0687	54.2077	3.7251	0.0184	0.2684
13	18.1899	0.0550	68.7596	3.7801	0.0145	0.2645
14	22.7374	0.0440	86.9495	3.8241	0.0115	0.2615
15	28.4217	0.0352	109.6868	3.8593	0.0091	0.2591
16	35.5271	0.0281	138.1085	3.8874	0.0072	0.2572
17	44.4089	0.0225	173.6357	3.9099	0.0058	0.2558
18	55.5112	0.0180	218.0446	3.9279	0.0046	0.2546
19	69.3889	0.0144	273.5558	3.9424	0.0037	0.2537
20	86.7362	0.0115	342.9447	3.9539	0.0029	0.2529
21	108.4202	0.0092	429.6809	3.9631	0.0023	0.2523
22	135.5253	0.0074	538.1011	3.9705	0.0019	0.2519
23	169.4066	0.0059	673.6264	3.9764	0.0015	0.2515
24	211.7582	0.0047	843.0329	3.9811	0.0012	0.2512
25	264.6978	0.0038	1054.7912	3.9849	0.0009	0.2509
26	330.8722	0.0030	1319.4890	3.9879	0.0008	0.2508
27	413.5903	0.0024	1650.3612	3.9903	0.0006	0.2506
28	516.9879	0.0019	2063.9515	3.9923	0.0005	0.2505
29	646.2349	0.0015	2580.9394	3.9938	0.0004	0.2504
30	807.7936	0.0012	3227.1743	3.9950	0.0003	0.2503
31	1009.7420	0.0010	4034.9678	3.9960	0.0002	0.2502
32	1262.1774	0.0008	5044.7098	3.9968	0.0002	0.2502
33	1577.7218	0.0006	6306.8872	3.9975	0.0002	0.2502
34	1972.1523	0.0005	7884.6091	3.9980	0.0001	0.2501
35	2465.1903	0.0004	9856.7613	3.9984	0.0001	0.2501

i=30%的复利系数表

计息期	一次支付		等额多次支付			
	终值系数	现值系数	等额终值系数	等额现值系数	偿债基金系数	资金回收系数
n	$F/P, i, n$	$P/F, i, n$	$F/A, i, n$	$P/A, i, n$	$A/F, i, n$	$A/P, i, n$
1	1.3000	0.7692	1.0000	0.7692	1.0000	1.3000
2	1.6900	0.5917	2.3000	1.3609	0.4348	0.7348
3	2.1970	0.4552	3.9900	1.8161	0.2506	0.5506
4	2.8561	0.3501	6.1870	2.1662	0.1616	0.4616
5	3.7129	0.2693	9.0431	2.4356	0.1106	0.4106
6	4.8268	0.2072	12.7560	2.6427	0.0784	0.3784
7	6.2749	0.1594	17.5828	2.8021	0.0569	0.3569
8	8.1573	0.1226	23.8577	2.9247	0.0419	0.3419
9	10.6045	0.0943	32.0150	3.0190	0.0312	0.3312
10	13.7858	0.0725	42.6195	3.0915	0.0235	0.3235
11	17.9216	0.0558	56.4053	3.1473	0.0177	0.3177
12	23.2981	0.0429	74.3270	3.1903	0.0135	0.3135
13	30.2875	0.0330	97.6250	3.2233	0.0102	0.3102
14	39.3738	0.0254	127.9125	3.2487	0.0078	0.3078
15	51.1859	0.0195	167.2863	3.2682	0.0060	0.3060
16	66.5417	0.0150	218.4722	3.2832	0.0046	0.3046
17	86.5042	0.0116	285.0139	3.2948	0.0035	0.3035
18	112.4554	0.0089	371.5180	3.3037	0.0027	0.3027
19	146.1920	0.0068	483.9734	3.3105	0.0021	0.3021
20	190.0496	0.0053	630.1655	3.3158	0.0016	0.3016
21	247.0645	0.0040	820.2151	3.3198	0.0012	0.3012
22	321.1839	0.0031	1067.2796	3.3230	0.0009	0.3009
23	417.5391	0.0024	1388.4635	3.3254	0.0007	0.3007
24	542.8008	0.0018	1806.0026	3.3272	0.0006	0.3006
25	705.6410	0.0014	2348.8033	3.3286	0.0004	0.3004
26	917.3333	0.0011	3054.4443	3.3297	0.0003	0.3003
27	1192.5333	0.0008	3971.7776	3.3305	0.0003	0.3003
28	1550.2933	0.0006	5164.3109	3.3312	0.0002	0.3002
29	2015.3813	0.0005	6714.6042	3.3317	0.0001	0.3001
30	2619.9956	0.0004	8729.9855	3.3321	0.0001	0.3001
31	3405.9943	0.0003	11 349.9811	3.3324	0.0001	0.3001
32	4427.7926	0.0002	14 755.9755	3.3326	0.0001	0.3001
33	5756.1304	0.0002	19 183.7681	3.3328	0.0001	0.3001
34	7482.9696	0.0001	24 939.8985	3.3329	—	0.3000
35	9727.8604	0.0001	32 422.8681	3.3330	—	0.3000

参 考 文 献

[1] 斯庆，宋显锐. 工程造价控制 [M]. 北京：北京大学出版社，2009.

[2] 全国造价工程师执业资格考试培训教材编审委员会. 工程造价管理基础理论与相关法规 [M]. 北京：中国计划出版社，2009.

[3] 全国造价工程师执业资格考试培训教材编审委员会. 工程造价计价与控制 [M]. 北京：中国计划出版社，2009.

[4] 全国造价工程师执业资格考试培训教材编审委员会. 工程造价案例分析 [M]. 北京：中国计划出版社，2009.

[5] 一级建造师执业资格考试用书编写委员会. 建设工程经济 [M]. 北京：中国建筑工业出版社，2010.

[6] 一级建造师执业资格考试用书编写委员会. 建设工程项目管理 [M]. 北京：中国建筑工业出版社，2010.

[7] 中国建设监理协会. 建设工程投资控制 [M]. 北京：中国建筑工业出版社，2010.

[8] 刘力，钱雅丽. 建设工程合同管理与索赔 [M]. 北京：机械工业出版社，2004.

[9] 宋春岩，付庆向. 建设工程招投标与合同管理 [M]. 北京：北京大学出版社，2010.

[10] 马永军. 工程造价控制 [M]. 北京：机械工业出版社，2009.

[11] 李相然. 工程经济学 [M]. 北京：中国电力出版社，2008.

[12] 刘镇. 工程造价控制 [M]. 北京：中国建材工业出版社，2010.

[13] 建筑考试培训研究中心. 建设工程质量、投资、进度控制 [M]. 北京：中国铁道出版社，2010.

[14] 张英. 建设工程计价与投资控制 [M]. 北京：机械工业出版社，2010.